[シリーズ 認知と文化]

心とことばの起源を探る
文化と認知

The Cultural Origins of Human Cognition

マイケル・トマセロ *Michael Tomasello*
大堀壽夫・中澤恒子・西村義樹・本多啓[訳]

THE CULTURAL ORIGINS OF HUMAN COGNITION
by Michael Tomasello

Copyright © 1999 by Michael Tomasello
This translation published by arrangement
with Harvard University Press
through The English Agency (Japan) Ltd.

心とことばの起源を探る　文化と認知

目　次

目次

謝辞 1

第一章 謎と仮説 15

第二章 生物学的遺伝・文化的継承
1 生物学的遺伝 18
2 ヒト以外の霊長類の文化 32
3 ヒトの文化進化 46
4 ヒトの個体発生 60
5 二重継承モデル 67

第三章 共同注意と文化学習 71
1 赤ちゃんの初期認知 72
2 九か月革命 79
3 九か月革命についてのシミュレーションによる説明 92
4 初期の文化学習 104

ii

目次

5　文化の個体発生的な起源　123

第四章　言語的コミュニケーションと記号的表示 …… 127
1　言語習得における社会的認知の基盤　129
2　言語習得における社会的やりとりの基盤　144
3　感覚運動的表示と記号的表示　165
4　注意の操作としての記号的表示　174

第五章　言語の構文と出来事の認知 …… 179
1　言語の最初の構文　181
2　言語の構文学習　192
3　言語的認知　201
4　言語と認知　212

第六章　談話と表示上の再記述 …… 215
1　言語的コミュニケーションと認知発達　219

iii

2　社会的知識と物理的知識
　　3　メタ認知と表示上の再記述 …… 232
　　4　視点の内面化 …… 254

第七章　文化的認知 …………………………………… 263
　　1　系統発生 …… 269
　　2　歴　史 …… 272
　　3　個体発生 …… 277
　　4　プロセスの重視 …… 283
　　　　　　　　　　　　288

訳者解説
参考文献
事項索引
人名索引
　　　　　　　　　　　　　　　　　　　　　　　　291

iv

謝辞

個人は、ほかの人々や社会的な組織から多くの援助を受けた時にのみ、文化的に重要な遺産を創造することができる。私のこの本も、欠陥も多いし文化的重要性も限られているとしても、次のような人々、組織から直接の援助を受けて初めて可能となった。(そしてもちろん、過去二五〇〇年にわたる西洋文明において、人間の認知について基本的な疑問について考え、書き続けた人々の間接の援助があったからだ。)

グッゲンハイム財団、エモリー大学 (エモリー・カレッジの学部長 Dr. Steven Sanderson)、およびマックス・プランク研究所から、この本の大部分が書かれた一年間の研究休暇のために経済的支援を受けた。スペンサー財団、自然科学財団 (The National Science Foundation) (動物行動学部門)、および国立子どもの健康と発達研究所 (The National Institute of Child Health and Human Development) からは、過去一〇年以上にわたり私の経験的研究のため支援をいただいた。これらすべての人々、組織に心から感謝を表明したい。その援助にふさわしい成果があったと思っていただけること

謝辞

を心より願っている。

この本で取り上げたさまざまな点について、多くの友人、同僚との議論を通して限りない恩恵を受けた。中でも、Philippe Rochat、Josep Call、Malinda Carpenter、Nameera Akhtar、Gina Conti-Ramsden、Elena Lieven、Tricia Stariano、Holger Diessel、Nancy Budwig、Ann Kruger との議論は重要であったことを特筆したい。これらすべての人々に、原稿の一部あるいは全部を読んでいただき、非常に有益なコメントをいただいた。Michael Cole と Katherine Nelson には、ハーバード大学出版局の原稿に対する論評および迅速なフィードバックをいただいた。

最後に、Katharina Haberl と Anke Förster には、ライプチッヒの現地での、Elizabeth Knoll と Camille Smith には、ハーバード大学出版局での、編集およびそのほかの支援を感謝したい。

第一章 謎と仮説

> 精神がなしとげた最も偉大な成果は、すべてよるべなき個人の力を越えたものであった。
> ——チャールズ・サンダース・パース

アフリカのどこかで、およそ六〇〇万年前に、ふつうの進化上の出来事として、大型類人猿の一群が同種の者たちから分離して子孫を残すことになった。この新しい集団は進化をしてさらに何種類かの集団に分かれ、やがてアウストラロピテクス（Austoralopithecus）という属に数えられる、何種類かの異なった二足歩行の類人猿が生まれた。これらの新しい種族はその後、およそ二〇〇万年前ころまでには、一つの種をのぞいて滅亡した。この時になると、その種は大きな変貌をとげていたので、もはや種としてでなく、属として新しい命名をすることが必要となっていた。すなわち、ヒト（Homo）である。彼らを先祖のアウストラロピテクスと比べると——アウストラロピテクスは身長四フィート、脳の大きさは類人猿なみで、石器をもたない——ヒトは身体も大きく、大きな脳をもち、石器を作った。ほどなくヒトは地球上を広範囲に移動するようになった。しかし、早い時期にアフリカを出た者たちは、移り住んだ先で永続的に残る個体群を確立することはできなかった。

第一章　謎と仮説

やがて、今度もアフリカのどこかで二〇万年ほど前に、ヒトの一群が新たな、これまでとは違う進化の道筋を歩むことになった。この集団は新しい生活様式をアフリカで始め、それから世界中に広がっていった。彼らは他のヒト属の集団をすべて淘汰し、今日ホモ・サピエンス（Homo sapiens）として知られる子孫を残すこととなった（図1-1を参照）。この新しい種に属する者たちは、いくつもの新しい身体特徴をもっていた。脳がやや大きくなったのも事実だが、もっとも目をひくのは、次にあげるような新しい認知スキルと、彼らが創り出したさまざまな物である。

- ヒトは大量の新しい石器を生み出すようになった。それらは特定の目的に合わせて作られ、個体群ごとに独自の道具使用による「産業」を創り出していった——結果、一部の個体群ではコンピュータ化された生産プロセスのようなものを創り出すほどになった。
- ヒトは記号を使って伝達を行い、社会生活に構造を与えるようになった。そこには言語記号だけでなく、石の彫刻や洞窟壁画のような芸術的な記号も含まれる——結果、一部の個体群では文字言語、金銭、数学の表記、美術などを創り出すほどになった。
- ヒトは死者を祭祀によって埋葬することから、動植物の利用（家畜化や栽培）にいたるまで、新しい種類の社会的な活動や組織に参加するようになった——結果、一部の個体群では形式化された宗教、政治、教育、商業上の制度を創り出すほどになった。

ここでの根本的な謎とは、次のようなものである。ヒトと他の大型類人猿とが系統の上で分かれる

第一章　謎と仮説

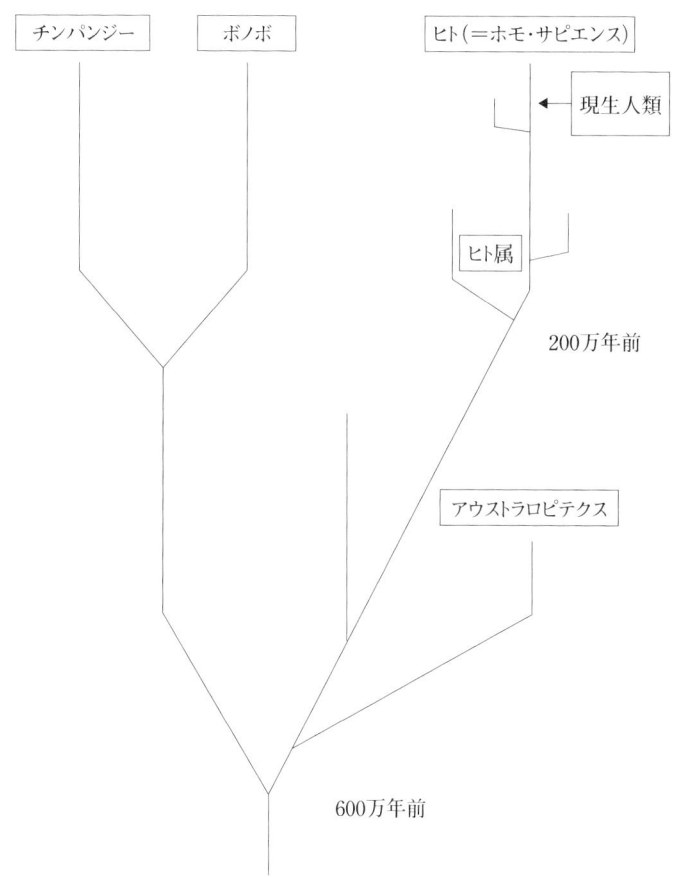

図1−1　ヒト進化のタイム・スケールの簡略図

第一章　謎と仮説

のに要した六〇〇万年という歳月は、進化論的にはきわめて短い時間である。現生人類とチンパンジーとは、遺伝子の約九九パーセントを共有している。この関係は、ライオンとトラ、ウマとシマウマ、ドブネズミとハツカネズミといった近親種の間の関係と同じくらいの近さである (King and Wilson, 1975)。したがって、解決すべきは時間の問題である。じっさい、遺伝子のバリエーションと自然選択という通常の生物学的進化プロセスによって、現生人類のもつ各種認知スキル、すなわち高度な道具使用をともなう産業や技術、記号による込み入った伝達・表示、複雑な社会組織や制度、などを発明し維持するために必要なスキルが一つ一つ生み出されてきたとするには、まったくの時間不足なのだ。さらに、最新の考古人類学の研究を真剣に受けとめるならば、謎は膨らむばかりである。そこで示されているのは、(a)過去二〇〇万年を除くと、ヒトの系統は典型的な大型類人猿の認知スキル以上のものをまったく示していないし、(b)種に特有の認知スキルが見られる最初の劇的な証しは、現生人類であるホモ・サピエンスとともに、わずか過去二五万年の間に発生した、という事実である (Foley and Lahr, 1977 ; Klein, 1989 ; Stringer and McKie, 1996)。

この謎に対する解答は、一つしかない。すなわち、これほど短時間の間に上で見たような行動・認知両面にわたる変化をもたらし得た生物学的なメカニズムは、ただ一つに収束するということである。それは時間の幅を六〇〇万年、二〇〇万年、二五万年のどれにとって考えても同じである。この生物学的メカニズムとは、ヒトに特有のやり方で社会的あるいは文化的な継承を行う能力であり、それは生命体の進化にくらべて桁違いに速いスピードではたらく。広い意味では、文化的継承とはわりあいよく見られる進化プロセスの一つで、個々の生体は同種の者がもつ既存の知識やスキルを利用するこ

第一章　謎と仮説

とによって、危険の回避はもとより、多くの時間と労力を節約できる。広義の文化的継承には、次のようなものが数えられる——雛鳥が種に特有の鳴き声を親からまねる、子ネズミが母親の食べるものだけを食べる、アリが同種の者が残したフェロモンの跡をたどって食物を見つける、子供のチンパンジーが周りにいる大人の道具使用を学習する、などの場合である (Mundinger, 1980 ; Heyes and Galef, 1996)。しかし、これらのプロセスはみな文化的継承として一括りできるとはいっても、それぞれのケースにおける行動・認知上の詳しいメカニズムは、親が子供に一定の動作パタンをとるよう誘導することから、模倣学習と教示によるスキルの継承まで実に多様であり、このことは文化的継承プロセスには重要な違いをもった下位タイプが存在する可能性を示唆している (Tomasello, 1990 ; 1994)。ここから合理性のある仮説として、現生人類が示す驚くべき認知スキルとその産物はどれも、種に固有の文化的継承の仕方によって生まれるのだという考えが出てくる。

ヒトが種に固有の文化的継承の仕方をもっているという証拠には事欠かない。最も重要なのは、ヒトの生み出す文化伝統や産物は、時間の中で他の動物にはない形で修正を重ねるという事実である。これを累進的な文化進化 (cumulative cultural evolution) という。基本的に、ヒトの作った人工物や社会的実践の中でもとりわけ複雑なものは——道具を使った産業、記号による伝達、社会制度など——単独の個人や集団が歴史のある時点で発明し、そのまま変わらずに来たというものは一つもない。実際に起きたのは、ある個人や集団が最初に人工物や実践の原始的なものを発明すると、その後に来た利用者がそこに変更すなわち「改良」を加え、それをまた他の者が多くの世代にわたっておそらく

5

第一章　謎と仮説

変更もなく採用した後に、ある時点で他の個人や集団が別の改変を行い、それがまた他の者によって学習・利用されるという繰り返しであり、その結果、歴史的時間の中で「漸進作用」と呼ばれる効果が生み出されてきたのだ（Tomasello, Kruger, and Ratner, 1993）。累進的な文化進化のプロセスが起きるには、創造的な発明が求められるだけでなく、忠実な社会的継承によって歯車が逆に回らないようにすることも同じくらい重要である。これによって、新たに発明された人工物や実践が、新しく改良された形を（少なくともある程度までは）忠実に保ち、さらなる変更や改良へ備えることになる。驚くべきことかもしれないが、多くの動物種にとって困難なのは創造性の方ではなく、むしろ漸進作用の歯車を安定させることの方である。多くのヒト以外の霊長類の個体も、行動上の知的な革新や新しい物をいつも生み出しているが、彼らの仲間は時を経て文化の歯車を上向きに進めるような社会学習には参加しない（Kummer and Goodall, 1985）。

ここで根本的な重要性をもつのは、ヒトは他の動物種ではない仕方で認知的な資源を蓄積できるのだという事実である。これをふまえて、Tomasello, Kruger, and Ratner（1993）はヒトの文化学習をより広く見られる社会学習から区別した上で、模倣による学習、教示による学習、共同作業による学習という三つの基本的分類をしている。文化学習のこれら三タイプは、ある特別な形の社会的認知によって可能となっている。それは個体が同種の者について、自分と同じく意図や精神生活をもっているものとして理解する能力である。こうした理解の仕方によって、他者の心の中に自分を置いてその動きをたどることが可能となり、ヒトは他者から直接に学習するだけでなく、他者を通しても学習できるのだ。他者を自己と同じく意図をもった主体として理解する仕方は、ヒトの文化学習にと

6

第一章 謎と仮説

って不可欠である。その理由は以下のとおりである。文化的産物や社会的実践は——典型例として道具使用と言語記号をあげよう——どれもそれ自体を越えた外部の何物かの存在と結びついている。すなわち、道具はそれが解決するために作られた外界の問題と結びつき、言語記号はそれが表示するために作られた伝達の場と結びついている。したがって、道具や記号を社会的に学習するには、子供は他者がなぜ——すなわち外界のどのような目標に向けて——道具なり記号なりを使っているかを分かるようにならねばならない。言いかえれば、子供は道具使用や記号行動の意図された意味——それは「何のため」なのか、道具や記号の使用者である「私たち」がそれによって何をするのか——を理解する必要があるのだ。

さまざまな形の社会学習の中でも、文化学習のプロセスはとりわけ強力である。その理由は、文化学習が(a)文化的継承の特に忠実な形態であり(それは文化を漸進させるきわめて強力な歯車を創り出す)、同時に(b)社会的・共同的な創造性、すなわち多くの個人が単独では創りえなかったようなものを共同で創り出す社会的生成のプロセスの中でも特に強力なものだからだ。こうした特別な力は、一人の人間が他者を「通して」学習する時に、その相手の意図や、時には心理状態に同化するという事実からしかに導かれる。ヒト以外の霊長類についても、状況によっては同種の者を意図をもった主体として理解でき、同種のあるものと似た形で学習できるという示唆をする観察があるのは確かだが、経験的証拠の圧倒的多数はヒトだけが同種の者を自分と同じく意図をもった主体として理解でき、その意味でヒトだけが文化学習に参加できるということを示している(Tomasello, 1996b, 1998 ; Tomasello and Call, 1997 ; 第二章を参照)。これとの関連で、ヒトの個体発生において、きわ

7

めて特殊で生物学的な原因による症例があることに注意してもよいだろう。それは自閉症の場合である。最重度の症例を示す者たちは他者を自分と同じ意図・心理をもった主体として理解することができず、ヒトの健常者に特有の文化学習のスキルを発揮できないという（Hobson, 1993 ; Baron-Cohen, 1993 ; Sigman and Capps, 1997 ; Carpenter and Tomasello, 2000）。

ここで仮定する進化論上の出来事のシナリオの全体像は次のようなものである。ヒトは新しい形の社会的認知を進化させ、それは新たな形での文化学習を可能とした。それは新たに社会的生成と累進的な文化進化というプロセスをもたらした。このシナリオは時間の問題を解決する。なぜならそこで想定されるのはただ一つの生物学的適応だからである。それはきわめて最近であるという可能性も含め、ヒトの進化のどの時点で起こったと仮定してもかまわない。この単一の適応によって動き出した文化のプロセスは、新しい認知スキルを何も無いところから創り出すというよりは、すでに存在していた、個体のもつ認知スキル──ほとんどの霊長類がもっているような、空間、物体、道具、量、カテゴリー、社会関係、伝達、社会学習と関わるようなスキル──をもとにして、それらを新たな文化に基盤をもつ、社会的・集合的な次元の認知スキルへと変えていったのである。こうした変容は進化論的な時間ではなく、数千年から数万年で大きな変化が起きる歴史的な時間の中で生じたのだった。

累進的な文化進化はこの意味で、ヒトがもつ最も重要な認知上の多くの達成を真に説明する。しかし、現生人類がもつ認知スキルを作り上げてきた文化・歴史的プロセスの役割を真に理解するには、ヒトの個体発生で何が起きるかにも目を向けなければならない。中でも重要なのは、累進的な文化進化は、ヒトの認知の個体発生が、最新の人工物や社会的実践に囲まれた環境の中で起きることを保証すると

第一章　謎と仮説

いう点である。そうした環境はどの時点においても、社会集団がその文化史すべてを通じて蓄積した知恵の総体と近似したものだ。この時期になって、子供はこうした認知上の集合体に生後九か月ころから全面的に参加できるようになる。この時期になって、子供は初めて同種の者と注意を共有し、彼らから、また彼らを通して、模倣学習する試みを開始する（第三章を参照）。この、新たに発生する共同注意による活動は、他者に同調し、彼らを自己と同じく意図をもった主体として理解するための、ヒトに特有な社会・認知的適応が個体発生の中で生じるということに他ならない。このような新たな理解と活動の仕方は、子供が文化という世界へ初めて入っていくための土台となる。その結果、子供は同種の者を自分と同じく意図や心理をもった存在として理解できるようになると——つまり、自分のいる社会集団の中で歴史的に作られた認知的所産を手に入れるための社会・認知的な鍵をもつと——ヒトの認知という集合体に参加する能力を得るのである。そしてヒトは（アイザック・ニュートンとともに）「巨人の肩に乗って」遙か彼方まで見渡せるようになる。このような、ヒトという種に特有のあり方を次の二通りの可能性と比較してみることは意義深い。

- 自閉症の子供たちを考えてみる。彼らは累進的な文化の所産に囲まれて育ちつつも、必要とされる社会・認知的スキルを生物学的原因からもたないため、そうした所産の中にある集合的な知恵を生かすことができない。

- 架空のケースとして、無人島で育った野生児を考えてみる。彼は通常の脳、身体、感覚器官をもちつつも、道具やその他の人工物、言語、グラフィックな記号、文字、アラビア数字、絵画、も

第一章 謎と仮説

のを教えてくれる人々、行動を観察し、模倣できるような人々、共同作業ができるような人々と接することがない。

自閉症の子供については、認知の肩車をすべき蓄積は（その上に乗ることができないだけで）存在するのだが、架空の野生児の場合は、乗るべき認知の肩車がない。どちらの場合も、結果は同じで、得られるのは種に特有の認知スキルではない何物かである。

だが、文化世界で成長するということには、これよりもさらに深い認知的な意味合いがある。文化世界での成長は——そこへのアクセスを許す社会・認知的な鍵をもっているならば——ユニークな形の認知的表示を創造することを可能とする。このプロセスの中でも最も重要なのが、ヒトの子供が文化学習のスキルを使って言語やその他の伝達的記号を獲得することである。言語記号は子供の発達において特別に重要な記号的所産である。それというのも言語には、先立つ世代のヒトの社会集団が、対人的な伝達のために世界をカテゴリー化し、把握する上で有用な方法が組み込まれているからである。例えば、伝達の場面が異なれば、同じ一つの対象が、犬、動物、ペット、害獣などといった捉え方をされることがある。また、同じ一つの出来事が、走ること、動くこと、逃げること、生き延びること、などと捉えられることもある。さらに、同じ一つの場所が、湾岸、浜辺、海水浴場、砂場などと捉えられることもある。——これらはみな、話し手の伝達上の目的に合わせてなされた選択である。子供は自分のいる文化の言語記号を習得するにつれて、同じ一つの知覚された状況に対して複数の見方を同時にとりうる能力を獲得する。言語記号は何らかの見方に基づいてなされる認知的表示であり、

10

第一章　謎と仮説

直接の感覚・運動的経験を記録したものではなく(それは他の動物種やヒトの乳児の認知的表示の場合である)、個体がものごとを把握する上で選択したやり方にもとづいている。それは自分が選んだかもしれないが実際にはとらなかった、他の利用可能な言語記号に織り込まれているいくつもの可能な捉え方の中から選ばれたものだ。言語記号はこの意味で、現場にないものを指示できる(Hockett, 1960 のいう「転移」)というだけでなく、いかなる知覚状況についても複数の表示の仕方を同時に可能としているという理由で、ヒトの認知を直接に知覚された状況から解放するものである。

その後、子供の母語が上達するにつれて、ものごとを異なった見方で把握するさらなる可能性が開かれる。例えば、自然言語は世界を事象やその参加者——それは事象の中で何通りもの異なった役割を果たしうる——の構成要素へと分割し、事象や参加者の抽象的なカテゴリーを形成するための認知的資源を宿している。さらに、自然言語には事象や状況をまるごと他の事象や状況によって把握する、つまり多種多様なアナロジーやメタファーを創造するための認知的資源も含まれる。それらは成人の認知ではきわめて重要な役割をもっている——原子の構造を太陽系になぞらえ、愛を旅にたとえ、怒りを熱にたとえるような捉え方はそうした例である(Lakoff, 1987 ; Gentner and Markman, 1997 ; 第五章を参照)。また、言語による伝達のスキルが上達すると、会話の参加者それぞれの言語化された視点が衝突し、それを調整・解消せねばならないような複雑な談話のやりとりにも参加できるようになる。このような相互作用を通じて、子供は伝達行為の相手についての心の理論とでも呼ぶべきものを構成し始める。そしてある種の教育的な言語活動においては、大人の行う教示を自分のものとし、自己管理を行い、自分自身の思考について内省するようになる——これはおそらくある種のメタ認知

11

第一章　謎と仮説

や表示上の再記述へ通じると思われる(Karmiloff-Smith, 1992)。多様で葛藤をかかえたいくつもの視点を含む談話のやりとりを内面化することは、ヒトに特有な対話的思考プロセスの一種とみなすこともできるだろう(Vygotsky, 1978)。

本書では以下、これまで要約の形で示してきた一般的な議論に肉付けをしていこうと思う。私が主張する仮説とは、ヒトの認知が種に特有の性質をもつのは、次のような理由によるとするものである。

・系統発生的側面：現生人類は同種の者と「同調する」能力を進化させ、それは他者を自己と同じく、意図と心理状態をもった存在として理解することを促した。

・歴史的側面：この結果、新しい形の文化学習と社会的生成がもたらされた。それは歴史的時間の中で改良が蓄積されるような文化の産物と行動の伝統へとつながった。

・個体発生的側面：ヒトの子供はこうして社会的・歴史的に構成された人工物や伝統のただ中で成長する。それによって子供は(a)自分がいる社会集団の中で蓄積された知識やスキルを利用し、(b)特定の見方で事物を捉えるための認知的表示を言語記号という形で獲得・使用し（そこにはこうした記号から作られたアナロジーやメタファーも含まれる）、(c)ある種の談話の相互作用を自分のものとして、やがてメタ認知、表示上の再記述、対話的思考を発達させるようになる。

最初に強調しておいた方がよいが、本書で私が焦点を当てるのはヒトの認知の中でも種に特有な側面に限る。広い視野で見れば、ヒトの認知が伝統的な認知心理学の教科書の章立てのような要素、す

12

第一章　謎と仮説

　すなわち知覚、記憶、注意、カテゴリー化などから成り立っていることは確かである。だがこれらはみな、ヒトと他の霊長類に共通する認知プロセスである（Tomasello and Call, 1997 ; Tomasello, 1998）。ここでの私の説明は、これらを前提とした上で、そのような基本的スキルが、ヒトの認知という霊長類の認知の中でも特別なものに変貌していった進化論的、歴史的、個体発生的プロセスに、ヴィゴツキー的なやり方で焦点をあてていく。同時に強調しておくが、ヒトの認知の進化に関わる生物学的・歴史的プロセスについては手短かつ間接的にしか取り上げないつもりである——その主な理由は、興味を引くような出来事は遠い進化論的・歴史的な過去に起こっており、私たちのもつ情報はきわめて乏しいからである（第二章）。それに代わり、私は人間の認知的な個体発生——こちらは何十年かにわたる直接的な観察・実験の成果によってかなり詳しい知識が積み重ねられている——と、人間の子供が生物学的・文化的継承を能動的に利用していくプロセスを詳しく見ていこうと思う（第三～六章）。
　不幸なことに、今日の知的環境のもとでは、私の議論は一部の理論家たちにとっては根本的に遺伝的特性は、ヒトと他の霊長類の差異を決定づける一種の「魔法の弾丸」（＝万能の妙薬）というわけだ。だが、これは間違った見方である。それは個人や集団が、歴史的および個体発生的な時間の中で、ヒトに特有の認知スキルや産物を創造するために行わねばならない社会・文化的活動を根本的に無視している。ヒトの歴史として見るなら、二五万年というのは非常に長い期間であり、その間に文化的に多くのことが成し遂げられただろう。そして幼い子供と時間を過ごしたことのある者ならば、いかに多くの環境と絶えず積極的に関わっていくことで、数年の間に——時には数日、数時間の間に——

13

第一章　謎と仮説

くの学習経験をするかは誰でも知っている。したがって、ヒトの認知を本格的に研究しようとするなら、こうした歴史的・個体発生的プロセスについての説明を取り入れなければならない。ヒトがもつ特別な形の社会認知への生物学的適応は、そのようなプロセスを可能にしてはいるが、いかなる意味においても決定づけているわけではない。じっさい、本書で私が進める議論の軸となるのは、ホモ・サピエンスという種にとって最も特徴的で重要な生物学的適応は、このような歴史的所産や活動の（仮にすべてではなくても）ほとんどを創造してきたのは、特定の生物学的適応ではなく、このような歴史的プロセスだということなのである。そして同時に注目に値するのは、これらのプロセスを真剣に考えることで、ヒトに特有の認知がもつ普遍的特徴——例えば歴史的な蓄積をもった物質的、記号的、制度的な人工物を創造し、使用すること——だけでなく、個別の文化の特性、すなわち同じ歴史的・個体発生的プロセスを経つつも、それぞれの文化が独自に過去数万年という人類の歴史をかけて発達させてきた特有の認知スキルや産物をも説明できるということである。

14

第二章　生物学的遺伝・文化的継承

> しかし、あるプロセスから生まれたものが、そのプロセスのさらなる展開に貢献を果たしたり、あるいはその中の不可欠な要因となることも、決して不可解なことではない。
>
> ——ジョージ・ハーバート・ミード

　生命界のすべてを支配しているのは、自然選択による進化という事実である。このプロセスの鍵をにぎる要素は、生物学的遺伝である。すなわち、生命体は祖先の基本的な「設計図」を、それが知覚、行動、認知の機能にもたらす帰結ともども遺伝によって引き継ぐ。だが、あらゆる哺乳類（霊長類を含め）についていえることは、この「設計図」が形となるまでの個体発生のかなりの部分が、発達中の生命体が環境と相互作用する中で起きるということである。こうした相互作用が起きる未成熟の期間が相対的に長くなるということは、むろん生命発達上のストラテジーとしては危険なものだ。生まれてきた個体は、親（片方または両方）に食物や捕食者からの保護を一定の間は全面的に依存することになるのだから。その一方、未成熟の期間が長くなることの不利を補う利点は、それによって個体ごとに独自の学習と認知を大幅に取り入れた個体発生の道筋が開かれるということである。結果として、多くの場合、行動・認知両面にわたってずっと柔軟な適応が可能になる。局所的な環境に密接に

第二章　生物学的遺伝・文化的継承

対応した柔軟な行動・認知上の適応は、多様な環境のニッチに住む個体群や、ニッチが比較的速い速度で変化する中に住むものにとって、とりわけ有用である (Bruner, 1972)。

一部の動物種では、発達中の生命体は周囲の物理的な環境だけでなく、社会的な環境（もしくは同種の者によって重要な修正を受けた物理的な環境の諸相）からも個々に情報を獲得する。例えば、前章でもふれたように、ある種の鳥は、種に固有の歌声を親の歌声を聞くことで獲得する。また、ある種の昆虫は、生まれたその日から外部の環境内で食物を見つけることができるが、それは同種の者が残したフェロモンの跡のたどり方を本能的に知っているからである (Mundinger, 1980 ; Heyes and Galef, 1996)。最も広い定義——それは多くの進化生物学者のとる定義である——によれば、このプロセスは文化的な伝承または継承と呼ばれ、それは文化伝統を生み出すものである。最近になって、多くの動物種にとっての文化的継承の重要さが認められるにつれ、二重継承理論 (dual inheritance theory) といわれるものが考え出されるようになった。この考えによれば、多くの種の成熟した表現型は、先祖から生物学的な面と文化的な面の両方において継承した特性に基づいているとされる (Boyd and Richerson, 1985 ; Durham, 1991)。

ヒトはもちろん、二重継承理論のあてはまる典型例である。通常のヒトの発達は、生物学的遺伝と文化的継承の両方に決定的に依存している。私が特に主張したいのは、認知の領域においては、ヒトが生物学的遺伝によってもつ特性は、他の霊長類とほとんど同じだという点である。大きな相違はただ一点、それは他の霊長類に比べ、ヒトがより深いレベルで、同種の者を自らと「同一視」するという事実である。こうした同一視の作用は、何ら不可思議なものではない。それはヒトの子供が、他の

第二章　生物学的遺伝・文化的継承

者もまた自分と同じような存在だと──例えば無生物とは違う、というように──理解するプロセスである。結果として、子供は事物に対し、他者の観点から理解しようとする。個体発達の初期においては（詳しいことは後の章で明らかにしていくが）、子供は自己を意図をもった主体として経験するようになる。つまり、行動や注意のストラテジーがある目的にしたがって組織されたものとして、自己を認識するのである。そして、子供は自らが同一視を行う他者についても、自動的にこのような存在として認識するようになる。その後の個体発達では、子供は自己を心的領域をもった主体として経験することになる。すなわち、思考や信念（それは他者のものとも、また現実とも異なる可能性がある）をもった存在として自己を認める。そしてこの時期から、同種の者をこのような新しい視点で見るようになる。議論の都合上、このプロセス全般を「他者を意図（または心的領域）をもった（自分と同じような）主体として理解すること」という言い方で表すことにする。

この認知上の違い一点から、多くの帰結が派生する。その理由は、この認知能力が新しくそして強力な文化的継承の方法をもたらすからである。他者を自己と同じく意図をもった主体として理解することは、次の二つのことを可能にする。(a) 社会的生成（sociogenesis）のプロセスを通じて、多くの個体が共同で歴史の蓄積をもった文化的な所産や実践を創出すること。(b) 文化学習と内在化のプロセスを通じて、同種の者が共同で創り出した所産のさまざまな側面を発達中の個体が学習し、やがて自分のものとすること。このことが意味するのは、ヒトという種に固有の認知スキルのうち、すべてではなくても、そのほとんどはヒトに独特の生物学的遺伝から直接くるものではなく、多様な歴史的・個体発生的プロセスの結果だということである。そしてヒトに独特の生物学的遺伝による認知能力は、

これらのプロセスを駆動するものと考えられる。

1 生物学的遺伝

ヒトは霊長類である。ヒトは基本的なところでは感覚器官、身体構造、および脳の構造を他のあらゆる霊長類と共有している。したがって、ヒトの認知の進化論的な基盤を特徴づけようとするならば、霊長類一般から始める必要がある。ここでの議論に照らしていえば、主要な問いは二点である。(a)霊長類の認知は他の哺乳類とどう違うのか? (b)ヒトの認知は他の霊長類とどう違うのか? これらの問いに対する私の答えは、Tomasello and Call (1997) の研究にもとづいている。そこでは、関連する実証研究と理論的な考察についてのより詳しい分析が、網羅的な文献表とともに示されている。もちろん、先に認めておかねばならないが、右の問いに対しては私の考えとは別の答えもありうる。(例えば、Byrne, 1995 による見解を参照)。

哺乳類と霊長類の認知

あらゆる哺乳類は基本的に同じ感覚運動世界——永続性をもった物体群が一定の表象空間に配置された世界——に住んでいる。ヒトを含む霊長類は、この方面においては特別なスキルはもたない。さらに、多くの哺乳類、とりわけ霊長類では基本的にすべての種が、物体間のカテゴリー的な関係や量的関係を認知的に表示することができる。これらの認知スキルは、次のようなことを行う能力によっ

1 生物学的遺伝

て証明される。

- ローカルな環境の中で、「何が」、「どこに」あるか、例えば、どんな果物がどこの樹に（どんな時期に）あるかを記憶する。
- 空間を移動するにあたり、新たな回り道や近道をとる。
- 見えかくれするものについて、物体の移動を追う（すなわち、厳格にコントロールされたピアジェの物の永続性テスト——発達の第六段階——に合格する）。
- 知覚的類似性にもとづいて物体をカテゴリー化する。
- 少数の物体の集合ならば、その数を理解し、照合する。
- 問題解決において一定の洞察を見せる。

多くの証拠によれば、哺乳類はこれらのスキルを、刺激と反応を行動主義的に連合させたり、単純に丸ごと記憶することによって獲得するのではなく、実際に空間や物体（それに物体のカテゴリーと数量）を理解し、認知的に表示することで行っている。それによって、創造的推論や洞察をもった問題解決が可能となっている。

同様に、あらゆる哺乳類は基本的に同じ社会的世界——個体認識された同種の者と、それらのタテ（支配）とヨコ（連帯）の関係からなる世界——に生きている。そして哺乳類はさまざまな手がかりや洞察にもとづいて、多くの状況下で同種の者がどう行動するかを予測する能力をもっている。これ

らの認知スキルの存在は、次のようなことを行う能力によって証明される。

- 社会集団の中で個体を認識する。
- 親族、友愛、支配の順位などにもとづいて、他の個体と直接的関係を形成する。
- 他の個体の行動をその情動や移動の方向などにもとづいて予測する。
- 多様な社会的・伝達的ストラテジーを使って、価値のある資源を得るために集団の他のメンバーとの競争に勝とうとする。
- 同種の者と協力して問題解決の作業にあたったり、社会的な連帯・連携を結んだりする。
- さまざまな形の社会学習に参加し、同種の者から価値のあることを学ぶ。

ここでもまた、多くの証拠によって、哺乳類は社会的に盲目にふるまうのではなく、右にあげたような多様で複雑な仕方で集団のメンバーと関わりあう時には、自分が行っていることを実際に理解し、認知的に表示していることが示唆されている。

しかしながら、哺乳類における認知全体のこのような共通性については、一つだけ例外がある。それは霊長類がもつ関係のカテゴリーの理解であり、これは社会的・物理的領域の両方で見られる。社会的領域においては、霊長類は他の哺乳類と違い、他の個体間の第三者的な社会関係、例えば第三者どうしの間に成り立つ親族や支配関係などを理解する。かくして霊長類は、連帯する相手を選ぶ時には注意深く選択を行い、潜在的な敵対者の上位にいる個体を選んだりする——こうした事実は、自分

1 生物学的遺伝

以外の二者間の相対的な支配関係を理解していることを示している。霊長類はまた、自分たちに加えられた攻撃に対する報復として、攻撃者だけでなく、時には攻撃者の親族を目標とすることもある——これは第三者の間の親族関係を理解している証拠である。さらに、霊長類は第三者の間の社会的関係を、個体を超えた一般的カテゴリーとして理解しているとする証拠もある。例えば、「母—子」関係の認知については多くの事例が報告されている (Dasser, 1988a, 1988b)。他の哺乳類はこの種の理解は見せない (Tomasello and Call, 1997)。ここから出てくる仮説は、あらゆる哺乳類は個体認識を行い、自己と他者の間の関係を形成するが、霊長類だけが自己を直接には含まない、外的な社会関係を理解するということである。

物理的な領域においても、霊長類は関係的カテゴリーを扱うさいに、他の哺乳類には見られないスキルを発揮する。例えば、ペアになった一連の物体の中から選択をする実験で、実験のサンプルペアにおいて成り立つのと同じ関係をもったペアを選ぶような作業では（実験のサンプルペアが「同じ」ものどうしである時、選ぶべきペアは「異なる」ものどうしでなく、「同じ」ものどうしであるというように。Thomas, 1986）、霊長類は比較的高いスキルを発揮する。ただし興味深いことに、霊長類はこうした作業ができるようになるまでには、何百回、場合によっては何千回の試行を行わねばならない。この事実は、第三者の社会的関係の理解——そこにも関係的カテゴリーの理解が関わっている——が何の苦もなく行われるように見えることと明確な対比をなしている。Humphrey (1976) の推論に大筋でしたがうなら、ここから出てくる仮説は次のようなものである。霊長類は第三者の社会的関係のカテゴリーを理解する能力を進化させたが、このようなスキルは実験室の環境で長期間の訓練を行え

21

第二章　生物学的遺伝・文化的継承

ば、社会的対象ではなく、物理的対象についても引き出せる可能性がある。両者の違いは、物理的世界においては、関係的カテゴリーの理解が直接役に立つような具体的問題はなかなか思いつかないが、社会的世界においては、第三者の社会的な関係やカテゴリーを理解することが、より有効な社会的行為に直結する状況が多いという点にあると思われる。

まとめると、関係的カテゴリーの理解は、霊長類の認知と他の哺乳類の認知とを分ける主要なスキルといえる。この仮説はわれわれの議論にとって重要である。なぜなら関係的カテゴリーの理解は、ヒトへの進化の潜在的な先駆、あるいは一種の中間点とみなされるからである。それは（自分以外の）有生の存在が外部世界に対してもつ意図的関係や、無生の物体や事象どうしの間になりたつ因果関係を理解するという、ヒトに固有の認知能力につながるものである。

意図性と因果性についてのヒトの理解

一般には、ヒト以外の霊長類も、同種の者がもつ意図性や、無生の物体や事象間に成り立つ因果性を理解していると広く信じられているが、私はそうは思わない。この結論を支持するために、私はこれまで多くの議論を行い、広く証拠を検討してきた（Tomasello, 1990, 1994, 1996b ; Tomasello, Kruger, and Ratner, 1993 ; Tomasello and Call, 1994, 1997）。しかし、強調せねばならないのは——必要とあれば何度でもするが——ヒト以外の霊長類の認知についてとる否定的な結論は、きわめて的をしぼった、限定的なものだということである。ヒト以外の霊長類が、複雑な物理的・社会的事象を理解すること、多様な概念や認知的表示を持ち、それらを使用すること、有生の物体と無生の物

22

1 生物学的遺伝

体を明確に区別すること、環境との相互作用において（上で見たように）多くの複雑で洞察をもった問題解決ストラテジーをとること、等々は間違いない。ヒトと他の霊長類の違いは、世界をとらえる上で、潜在的な原因や意図・精神状態といった、媒介的でしばしば「隠れた」力を考えるか否かにかかっている。ヒトの思考にとって、これらは決定的な重要性をもつ。簡単に言えば、ヒト以外の霊長類は、自らが意図性と因果性をもった存在ではあっても、外部世界を（自己を含めない）意図性と因果性という観点から理解することはないのである。

社会的領域においてヒト以外の霊長類が他者の意図性や精神状態を理解しているという証拠は、実験と自然観察の両方の研究から出されているが、有力とは言い難い。まず、Premack and Woodruff (1978) は、サラというチンパンジーに、意図をもったヒトの行為シークェンスのビデオを見せて、それを完成させる絵を選ばせるという実験を行った（例えば、ビデオの中のヒトが施錠されたドアから出ようとしている時には、サラはカギの絵を選ぶことを要求される）。サラはこの実験に成功したので、結果としてビデオの中のヒトの行為の目標を理解していたと推論された。しかし、Savage-Rumbaugh, Rumbaugh, and Boysen (1978) は、単純な連合を刺激として使って、同様の結果を得た。例えば、彼らが使った類人猿は、ヒトの行為がまったく登場しなくても、錠前の絵を見せられるとカギの絵を選んだという。このことから、サラが行っていたのは、実は認知的にはずっと単純なことだったという可能性が出てくる。(Premack, 1986 が報告する後の研究では、意図をもった行為とそうでない行為を行うヒトのビデオを見せて、両者を区別するようサラを訓練することはできなかったという。Call and Tomasello, 1998 の結果は Povinelli et al., 1998 も同じように否定的な発見を報告している。Call and Tomasello, 1998 の結果はど

23

第二章　生物学的遺伝・文化的継承

ちらとも言えないものである。）もう一つの主要な実験的研究は、Povinelli, Nelson, and Boysen (1990) のものである。この研究では、誰かが食べ物を隠すところを見たヒトとそれを見なかったヒトとを比べると、チンパンジーは前者から食べ物をもらおうとしたことが報告されている。これより、チンパンジーは「知識をもっている」ヒトと「知識をもっていない」ヒトを区別する能力がある、という推論が可能である。ただし、この研究には、実験で使われた類人猿は何十回もの試行の後でやっと区別がつくようになったという問題がある（しかも毎回の試行の後では、反応の正確さについてフィードバックが与えられた）(Heyes, 1993 ; Povinelli, 1994)。このことはまた、Woodruff and Premack (1979) の研究にとっても問題となる。この実験では、チンパンジーは多くの回数の試行とフィードバックを経て、ヒトを食べ物の入っていない箱へと誘導し、自分が食べ物の入った箱を取れるよう学習した（これは一部で騙し行動と呼ばれる）。ここで問題なのは、チンパンジーはこうした研究において、他者の意図性や心的状態についての知識を用いて実験課題にとりくんだのではなく、欲するものを手に入れるにはどう行動すべきかを実験の過程にしたがって学習したのではないかということである。実験の過程におけるこうした学習の可能性をほぼ全面的に排除して行ったCall and Tomasello (1999) の研究では、チンパンジーは他者の誤った信念についての理解はまったく示さなかったことがわかっている。

これらの実験はどれも人工的なので、他の研究者はヒト以外の霊長類の自然な行動に注目することで、意図性の理解についての肯定的証拠を求めてきた。その多くは、同種の者の心的状態を操作して騙す行為による社会的ストラテジーに関心を向けた。この場合、問題なのは報告された観察のほとん

24

1　生物学的遺伝

どすべてが挿話的なものにすぎず、他の説明を排除するに足るだけの適切なコントロール観察のないものだということである (Byrne and Whiten, 1988)。しかも信頼できる（再現可能な）ケースにおいてさえ、認知的に何が起きているのかは不明瞭である。例えば、de Waal (1986) は、メスのチンパンジーが他の相手に向けて手を広げて、いかにも宥和的なジェスチャーを見せた後で、相手が近寄ってくると攻撃するのを何度も観察したという。これはヒトのような騙し行動とも見える。攻撃者は友好的な意図をもっていると、本当はそうでないのに相手に信じさせようと思ったというのだ。しかしながら、攻撃者は結果として攻撃できるように他の個体に近寄ってほしかっただけで、過去に別の場面で同種の者を近寄らせることのできた行動をしただけであるという可能性も同じくらいある。こうした、確立した社会的行動を新しい場面で用いることは、他の行動を操作するための社会的ストラテジーとしてはきわめて知的で、洞察に富んだものであろう。しかし、それが他者の意図性や心的状態の理解と操作を含んだものか否かははっきりしない。

ここで、ヒト以外の霊長類が自然の住環境では行わない社会的行動をあげておくのもよいだろう（ヒトの文化的環境で育てられた類人猿はこれらの幾つかを行うことができる。この点については後の議論を参照）。自然の住環境では、ヒト以外の霊長類は、

- 他の者のために外界の物体を指でさしたり、ジェスチャーで示したりしない。
- 物体を持ち上げて他の者に見せてやることはない。
- 他の者をどこかの場所に連れて行って、そこにあるものを観察するようにし向けたりはしない。

第二章　生物学的遺伝・文化的継承

- 物体を手に持って差し出すことで、他の者に積極的に提供するという行為はしない。
- 他の者に新しい行動を意図的に教えることはしない。

私の考えでは、彼らがこうした行動を見せないのは、影響を与えうる意図や心的状態をもっているとは理解していないからである。したがって、最も妥当な仮説とは、ヒト以外の霊長類は同種の者を、自発的な自律行動のできる有生の存在として理解しているが（実際、これは彼らの社会的理解全般の基礎にあるもので、とりわけ第三者の社会的関係の理解のもとになっている）、他者が意図をもった主体としてゴールに向けて行動する、あるいは心的状態をもった主体として世界について思考する存在であるとは理解していない、というものである。同種の者が食べ物に向かって移動するのを見ると、ヒト以外の霊長類は、過去の経験にもとづいて、次に何が起きるのかを推論することはできるし、次に起きることに干渉しようとして、知的で洞察力をもった社会的ストラテジーを行使することもある。しかし、ヒトはそこに異なったものを見る。このような場合、ヒトは同種の者について食べ物を手に入れようという意図をもったものと理解し、行動だけでなく、そうした意図や心的状態に干渉する試みも行えるのである。

物理的な領域においては、Visalberghiが最近の研究で、食物探索の新しい課題に適応するスキルのうち、因果性の理解が要求される場合には、（ヒト以外の）霊長類にはある種の限界が見られるとしている。基本的な課題は、棒を使って食べ物を透明なチューブから押し出すというものであった。ある課題群では、道具を多様にし、短すぎたり、太すぎたり、軟弱でうまく使えないようなものを用

26

1 生物学的遺伝

意した。この実験の基本的な考えは、次のようなものである。もしも個体が物理的因果性を理解しているなら、すなわち棒が作用して、食べ物をチューブの中から取り出すさいの因果性——自分から棒へ、そして食べ物へと伝えられる物理的な力——を理解しているなら、道具を知覚的特性にもとづいて検分するだけで、さほどの試行錯誤を経ずに、その道具が求める因果的連続を引き起こせるか否かを予測できるはずである。類人猿とオマキザルは、どちらもこの新しい道具を使った課題に結果的には成功したが、それまでには非常に多くの試行錯誤が必要だった。最近の実験で試みた別種の課題では、透明なチューブの下側に一カ所小さな穴をあけ、ささやかなトラップを施したものを与えた。重力の因果的な力と、穴と物体を動かす棒との物理的関係を把握できるならば、霊長類の被験者はチューブの中の食べ物を押そうとする時に、食べ物が落ちないようにこのトラップを避けることを学習するはずである（すなわち、常にトラップから離れた側の出口から食べ物を押し出すはずである）。しかしオマキザルもチンパンジーも、これを速やかに学習することはできなかった。例えば、四頭のチンパンジーの被験者はすべて、七〇回以上にもおよぶ試行の間、偶然レベルの対応しかしなかったという。

最後の一ひねりとして、被験者が試行錯誤によってようやくトラップを避けることを学習した後で、実験者はチューブを上下逆にした。そうすれば、トラップはチューブの上部にくるので、食べ物が落ちるという問題は起きない。だがどちらの種の被験者も（チンパンジーは Reaux, 1995 の研究による）、トラップの位置が変わって障害とはならなくなったことを理解せず、あい変わらず食べ物をトラップから離れた方向に押した。二〜三歳のヒトの子供は、試行の初段階から、こうしたチューブの課題に対してもっと柔軟に適応性をもって行動する。すなわち、そこではたらく因果性を理解しているよう

第二章　生物学的遺伝・文化的継承

に思われる（概観としてはVisalberghi and Limongelli, 1996を参照）。

ここから、次のような結論が導かれる。ヒト以外の霊長類は、物理的な対象や出来事と関わる多くの認知スキルをもっている。そこには関係的カテゴリーや、基本的な前件-後件の事象連続に対する理解も含まれる。しかし、彼らは物体や事象間の動的な関係を背後で媒介する潜在的な因果関係を知覚し理解することはしない。この意味で、行動の柔軟性や一般的な因果性の理解といった、ヒトの子供ならばかなり早い年齢から物理的な問題の解決において見せる特徴は、他の霊長類にはこうした関係を媒介する因果的な力を理解しているとは思われない。

以上を要約するにあたり、意図的・因果的認知を他のタイプの認知から分けるものは何かという点をはっきりさせておこう。まず、このような思考の土台として必要なのは、個体が自らの直接的な関与のない場合でも、外的な事象間に成り立つ前件-後件の関係を理解することだが、これは霊長類には明らかに可能なことである。だがそれに加えて、意図性と因果性の理解には、個体がこうした外的な事象の間に立つ媒介的な力を理解することが必要となる。それによって、「なぜ」特定の前件-後件の連続が、そのような順序で起きるのかが説明される。このような媒介的な力はふつうは直接には観察されない。こうした理解の仕方はヒトに固有のものである。つまりヒトにとっては、落ちてくる岩の重さは丸太を破砕することを引き起こす「力」となるし、食べ物を得ようとする目標をもつことは丸太の下を覗く行動を引き起こす「力」となる。そして重要なことに、どちらの場合でも、同じ媒介的な「力」がはたらく限り、他の先行事象によっても同じ結果がもたらされる。これは重要な点で

1 生物学的遺伝

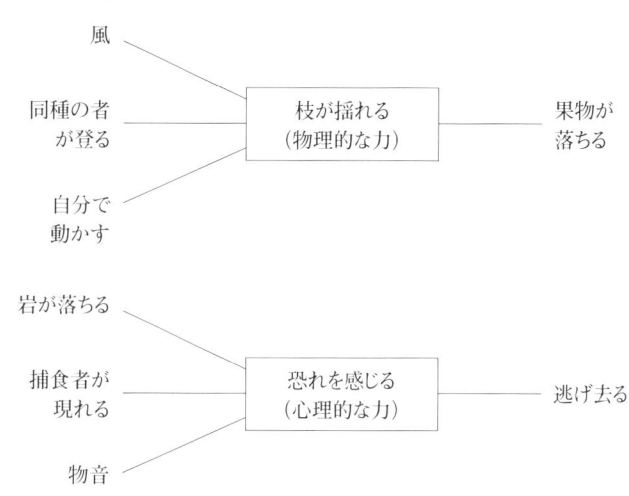

```
風 ─┐
同種の者が登る ─┤ ┌─────────────┐
              ├─│ 枝が揺れる   │── 果物が落ちる
自分で動かす ──┤ │ (物理的な力) │
              └─└─────────────┘

岩が落ちる ───┐
              │ ┌─────────────┐
捕食者が現れる ├─│ 恐れを感じる │── 逃げ去る
              │ │ (心理的な力) │
物音 ────────┘ └─────────────┘
```

図2−1 物理的な事象(上)と社会的な事象(下)の図式化。どちらの場合も,多種多様な先行事象から,結果事象を引き起こす力が生み出される

ある。なぜならそれが示すのは、ここで決め手となる要素が(連合学習のように)特定の先行事象ではなく、潜在する因果的・意図的な力であり、それは何通りもの異なる先行事象によって引き起こされるからである。この点は図2−1に明らかである。一方は物理的な因果関係によって結ばれた状況を示し(異なる物理的事象が果物の落下を引き起こす力を作り出す)、もう一方は社会的な因果関係によって結ばれた状況を示している(異なる社会的事象が個体の逃走を引き起こす力を作り出す)。これらの力の具体的なはたらき方は、無生の物体における因果性と、有生の存在における意図性とでは明らかに異なるのだが、どちらの場合も推論プロセスの全体的な構造は同じで、先行事象∨媒介的な力∨後行事象という同じ一般的な性質をもっている。進化という観点からは、ここから次のよう

第二章　生物学的遺伝・文化的継承

な仮説が出てくる。ヒトは霊長類に固有の、外的世界の関係的カテゴリーを理解するという認知的適応を直接の基盤として、小さな、しかし重要な変化、すなわち原因や意図といった媒介的な力を通して世界を理解する力をつけ加えた。このシナリオは、霊長類に固有の認知的適応との間に連続性を与えるという点からも、支持を得ることができる。さらに私の仮説では、関係的カテゴリーについての霊長類の理解が第三者の社会関係を理解するために社会的領域から進化したのと同じく、ヒトの因果的理解は他者を意図をもった主体として理解するために社会的領域から進化したと考える。現在のところ、これが正しいかどうかを知る方法はむろんない。しかし、世界の人々の多くが、事象の物理的な原因について疑いをもった時には、さまざまなタイプのアニミズム的な力や神性の力に訴えて説明しようとすることが多いのも確かである。意図をもった主体の存在を仮定するのは、事象を理解するうえでのデフォルト的なアプローチなのであろう。そこで私の仮説は、媒介する意図的／因果的な力によって外的な事象を理解するというヒトに固有の能力は、同種の者の行動を予測し、説明することを可能とするべくヒトの進化の中で発生し、その後に不活発な物体のふるまいにも対処するように拡げられたというものである。

これがいつ起きたかについては、われわれには知るよしもない。だが一つの可能性は、それはアフリカのどこかで二〇万年前頃に進化を果たした現生人類に特有のものだという説である。これは現生人類が世界中に拡張するさいに他のヒト属を駆逐したのはなぜかも説明しうる。意図的／因果的な思考の競争上の利点は主に二つある。第一に、この種の認知は問題をきわめて創造的に、柔軟に、そして予見力をもったやり方で解決する能力を与える。多くの場合、意図的／因果的な理解は、ある結果

1 生物学的遺伝

を引き起こすことがよく知られた先行事象が目の前にない場合であっても、事象の展開を予測し、コントロールすることを可能にする。すなわち、媒介となる力を発動させるような他の事象さえ存在すれば、事象の展開は予測可能だということである。例えば、ある者は取り合っている物から競争相手の注意をそらすための新しい方法を編み出すかもしれないし（食べ物を相手が向かうのと反対の方に置くなど）、障害物を動かすために必要な力を生み出すための新しい道具を創り出すかもしれない。反対に、もしも媒介的な力が阻害されるような場面である事象が起きたら、ふだん起きる結果が起きないという予測がされるだろう。例えば、競争相手の視界を遮って、争っているものを見えなくしたり、石が坂を転がるのを防ぐために、別の石をその下に置くことを考える個体もあるかもしれない。ヒトがもつ因果性と意図性の理解は、媒介する力を操作したり抑えたりするための新しい方法を見出す可能性を開くという点で、有効に行為に直結するのである。

意図的／因果的な理解がもつ第二の利点は、それが社会学習のプロセスを強力に変容させる役割をもつことにある。すなわち、他者の行動が何らかの意図や心的状態をもったものだと理解することは、きわめて強力な文化学習と社会的生成を可能とし、こうした形の社会学習は、ヒトに特有の、特別な形の文化的継承をもたらす直接の動因となっているのである。この主張を正当に評価するには、私たちのもっとも近い霊長類の親戚に見られる文化的継承のプロセスをもっと詳しく見て、これをヒトの場合と比較せねばなるまい。

2　ヒト以外の霊長類の文化

文化の継承と伝播には、社会学習のメカニズムの違いによって、多くの異なった形のものがある。もっともよく引用されるものを挙げてみよう。

- **遭遇**（exposure）：子供は同種の者に物理的に近いところにいるだけで、その行動から直接に学習することがなくても、新しい学習経験に遭遇することがある。例えば、子供が母親について歩いていて、水たまりにつまずき、結果として水たまりの位置を知るような場合である。
- **刺激強調**（stimulus enhancement）：子供は他の者がいじっている物体に興味を引かれると、その物体について独力で学習しうる。例えば、子供のチンパンジーが母親の棄てた棒切れに興味を引かれ、後はその興味にしたがって、棒切れを使った個体学習の経験が始まるような場合である。
- **真似**（mimicking）：子供は適応上の特化によって、同種の者がとる実際の行動を再現する。ただし、そうした行動の手段としての有効性を把握してはおらず、ふつうはきわめて狭く特定化された行動の領域に限られている。例えば、ある種の鳥は種に特有の発声を獲得する（ヒトの乳児に見る言語以前の喃語もこれにあたる）。
- **模倣学習**（imitative learning）：子供は模範となる他者の行動や行動ストラテジーを、その者と同じゴールをもって再現する。

2 ヒト以外の霊長類の文化

ヒトとヒト以外の霊長類の社会学習の違いをきちんと説明するには、さらに幾つかのプロセスを区別せねばならないが、これらは文脈の中に置いて説明するのが最適であろう。

マカクのイモ洗い

最もよく引用されるヒト以外の霊長類の文化伝統は、ニホンザルのイモ洗いである (Kawamura, 1959 ; Kawai, 1965)。そのあらましは次のようなものである。一九五三年に、生後十八か月のイモという名のメスが、調査者が彼女のいる群れに与えたサツマイモをとって、近くの水際で砂を洗い落とすのが観察された。イモ洗いを始めてから三か月後、その行動はイモの母親と二匹の遊び仲間にも観察された（後には遊び仲間の母親にも見られた）。それに続く二年の間、群れの四〇％が同じことをするようになり、イモが最初にイモ洗いをしてから三年のうちに、群れの四〇％がイモ洗いをしていた。イモの行動を最初に学習したのが近親のもので、そのまた近親者が次に学習していったという事実は重要視された。すなわち、この行動の拡散の仕方は、ある個体が別の個体の行動を実際にまねた、模倣学習の一種であることを示唆すると考えられたのである。

しかしながら、これらの観察を文化と模倣という観点から解釈することには、二つの難点がある。第一の問題は、イモ洗いはサルにとって、当時思われていたよりもずっと普通の行動だという点である。食べ物から砂をこすって落とすのは、多くのサルが自然にすることだとわかっており、実際この行動はイモ洗いが発生する前から、幸島のサルの間で観察されていた。したがって、幸島での観察のすぐ後で、ヒトから食べ物を提供されたニホンザルの他の四つの群れにおいてイモ洗いが見られたこ

33

とも驚くには値しない (Kawai, 1965)。つまり、別グループで少なくとも四四匹のサルが独自にイモ洗いを学習したということになる。また、飼育下では他のサル種の個体も、砂のついた果物と水の入ったボウルを与えられると、食べ物を洗うことを迅速にしかも独力で学習する (Visalberghi and Fragaszy, 1990)。第二の問題は、集団の中でのイモ洗い行動の拡散のパタンに関するものである。現実には行動の拡散は比較的ゆるやかで、それを学習した集団のメンバーに行き渡るには平均して二年以上かかったという (Galef, 1992)。さらに、拡散のペースはイモ洗いをする個体の数が増えても加速しなかった。継承のメカニズムが模倣によるものであるなら、時間を経てより多くの個体のイモ洗いが観察されるようになるにつれ、拡散のペースが上がるはずである。反対に、もしもそれぞれが独自に個体学習しているのなら、緩やかで着実な拡散のペースが予想される。実際に観察されたのは後者である。イモの友達は、集団の他のメンバーよりも、友達や親族は互いに近くにいることが理由と思われる。つまり、イモの友達は、エサやりの時に水際まで一緒について行く頻度が高かった可能性がある。その結果、同じ環境で食事をしたために、個々にイモ洗いを発見する確率が高まったと考えられるのである。

チンパンジーの道具使用

霊長類の文化を考える上で最もふさわしい種は、ヒトの最も近い親戚であるチンパンジーだと思われる。ヒト以外の霊長類では、彼らは際立って文化的な種である (McGrew, 1992, 1998 ; Boesch, 1996, 2000)。自然環境のチンパンジーは個体群に固有の行動の伝統をいくつももっており、食物の

2 ヒト以外の霊長類の文化

選択、道具使用、ジェスチャーによる合図などは集団のほとんどすべてのメンバーが獲得し、世代をこえて存続するものである。さまざまな理由から、個体群ごとの行動の違いを遺伝的に説明することは無理がある（例えば、近隣に住む個体群でも、離れて住む個体群に比べて類似の度合いが高いということはない）ため、これらの行動はチンパンジーの文化伝統として広く語られてきた（例えば Wrangham et al., 1994）。

最もよく知られた事例は、チンパンジーの道具使用である。例えば、東アフリカのある個体群では、アリ塚に小さな細い棒を差し入れてシロアリを釣り上げる。いっぽう、西アフリカのある個体群のチンパンジーは、アリ塚を大きな棒で破壊し、中のシロアリを手ですくい上げようとする。Boesch (1993) や McGrew (1992) らの現地調査者は、こうした個別の道具使用は、さまざまの共同体において個体間で「文化的に伝承」されたものだと主張した。しかし、これには同程度に筋の通った別の説明が存在する。現実には、西アフリカのアリ塚は、雨量が多いため、東アフリカのものよりずっと軟らかいのだ。したがって、大きな棒でアリ塚を破壊するというストラテジーは、そもそも西アフリカの個体群にしかとれないのである。この仮説のもとでは、人間の文化的相違と表面的に類似したグループごとの行動の相違があっても、そこにはいかなる種類の社会学習も関与しないことになる。このような場合には、「文化」は個体群が住む地域ごとの環境差によってもたらされた、個体学習の結果にすぎない。その意味で、このプロセスは単に「環境形成」と呼ばれる。

ヒトを含む霊長類すべての種について、環境形成が集団間の行動の差を説明する一要因なのは確かと思われる。とはいえ、Boesch et al. (1994) による広範囲の環境の分析を見ると、それが異なるチ

第二章　生物学的遺伝・文化的継承

ンパンジーの集団に見る行動の相違をことごとく説明するとも考えにくい。実験による分析も、やはり環境形成以上のものがチンパンジーの道具使用にかかわっていることを立証している。Tomasello (1996a)は、チンパンジーによる道具使用の社会学習に関するあらゆる実験的研究を再検討し、次のような結論にいたった。チンパンジーは、他者が物体を操作するのを眺めることでその動的なアフォーダンスを発見し、学習することには長じているが、他者から新しい行動ストラテジー（ある意図を実現するために行動手段を選ぶこと）自体を学習することは得手ではない。例えば、母親が丸太を転がしてその下にいる昆虫を食べたとすれば、その子供はきっと同じ動作をするだろう。これは子供が母親の行為から、丸太をどけた下には昆虫がいるという結果を学習したからである。子供はこの事実をそれ以前は知らず、また独力で発見することもなかっただろう。しかし、子供は母親から丸太の転がし方や昆虫の食べ方を学習したわけではない。そうした行為自体は、元からやり方を知っていたか、さもなければ自分だけで学習可能である。（この意味で、母親の代わりに風が吹いて、そのおかげで丸太が転がってアリが露出されたとしても、子供は同じこと——丸太を転がせばアリが下にいるということ——を学習しただろう。）これはエミュレーション学習と呼ばれてきた。それは外的事象——他者が生み出した環境内での状態変化——に焦点をあてた学習であり、同種の者の行動や行動ストラテジーに注目したものではないからである (Tomasello, 1990, 1996a)。

エミュレーション学習はきわめて知的で創造的な学習プロセスである。それは状況によっては、模倣学習以上に適応力をもったストラテジーである。例えば、Nagell, Olguin, and Tomasello (1993)はチンパンジーと二歳のヒトの子供に、クマデ形の道具と手の届かないところにある物体を与えた。

36

2 ヒト以外の霊長類の文化

この道具には、物体を手にするために、二通りの使用法があった。どちらの種についても、一方の被験者のグループは試行者が非能率な方法で道具使用するのを観察し、もう一つの被験者のグループはより能率的な道具使用の方法を観察した。結果、ヒトの子供はどちらの観察条件においても全般に試行者の方法をまねたのに対し（模倣学習）、チンパンジーは目標を手に入れるために多くの異なる行動をとった。それらはどちらの試行者を観察したかに関わらず、タイプとしては同じ方法であった（エミュレーション学習）。ここで興味深いのは、多くのヒトの子供が、非効率な方法の場合でさえも大人の行動を再現することにこだわったことである——この場合、このような行動はチンパンジーよりも成功率の低い結果となる。模倣学習は、この意味でエミュレーション学習に比べて「高度」で「知的」な学習ストラテジーであり、ある種の状況や一部の行動に限って利点をもっているのだ。それは要するに社会性のより高いストラテジーであって、チンパンジーによる道具使用の社会学習についてのその他の研究にもあてはまる（Whiten et al., 1996 ; Russon and Galdikas, 1993 など）。

チンパンジーは自らの道具使用、および他者の道具使用によってもたらされる環境の変化を理解することにかけては、きわめて知的であり創造的である。しかし、彼らは同種の者の道具を使った行動を、ヒトと同じように理解しているとは思われない。ヒトにとって、試行者の目標や意図は理解内容の中心を占め、目標はそれを達成するための行動手段とは別のものとして理解される。観察者にとって、目標と手段を分離する能力は、試行者の道具使用の方法やストラテジー——他の可能な手段の中から、目標を達成するためにとっている特定の行動——を別個の認知対象として際立たせる役割を果

37

たす。チンパンジーの観察者は、他者の行為を見て目標と行動手段を分離可能なものとして理解する能力がないため、試行を見ていても対象の状態変化(空間的位置の変化も含む)に焦点をあてることになり、試行者の行為も結果的には物理的な動きの一つにすぎないのである。試行者の意図状態、および行動方法は、独自の認知対象とはならず、要するにチンパンジーの経験の一部とはなっていないのだ。

チンパンジーのジェスチャーによる合図

もう一つのよく知られたケースは、チンパンジーのジェスチャーによる合図である。野生のチンパンジーのジェスチャーについては、体系的な研究がほとんどないが、個体群に固有の、文化的と呼びうる行動は明らかに存在する (Goodall, 1986 ; Tomasello, 1990 ; Nishida, 1980)。飼育下においては、ずっと多くの体系的な研究がされており、特定の個体が使う個々のジェスチャーが時系列にそって記録されているため、そこに関わる社会学習のプロセスについても推論することができる。一連の研究において、トマセロとその共同研究者は、子供がジェスチャーによる合図を獲得するのが、模倣学習によるものか個体発生における儀式化 (Tomasello et al., 1985 ; 1989 ; 1994 ; 1997) と呼ばれるプロセスによるものかを探った。個体発生における儀式化においては、伝達のはたらきをもつ合図は、社会的な相互作用の反復を通して、二者間で互いの行動を形成していくことによって創り出される。例えば、子供が授乳をしてもらうために、母親の乳首をじかに求めるとする。そのさい、母親の腕をとって動かすこともあるだろう。そして後に接触する時には、最初に子供が腕に触れただけで、母親は

2 ヒト以外の霊長類の文化

それに続くはたらきかけを予測して、その時点で子供の意図を受け入れる用意ができるかもしれない。その結果、将来の時点で子供はさらに行動を短縮し、腕に触れただけで母親の反応を待つことになる（これがいわゆる意図的行動としての「腕触り」である）。注意すべきは、ここでは個体が第三者のジェスチャーを再現しようとしていると考える根拠はないということである。そこにあるのは繰り返して行われる二者間の社会的な作用であり、それが結果として伝達的な合図になるのである。これはおそらく、ほとんどのヒトの乳児が（大人に抱き上げてもらうよう要求するために）「ばんざい」のジェスチャーを学習する仕方である。初めは大人の身体によじのぼる直接行動だったものが、やがて大人がその欲求を予測して抱き上げてやるようになると、このよじのぼり行動は短縮化され儀式化したものになって、伝達の目的だけをもって行われるようになるのである（Lock, 1978）。

あらゆる証拠を総合すると、チンパンジーが伝達のはたらきをもつジェスチャーを獲得する際には、模倣学習ではなく、個体発生における儀式化がはたらいていることがわかる。その理由として第一に、単一の個体だけが使う特殊な合図が数多く存在するという事実がある（Goodall, 1986 参照）。これらの合図は他者を模倣することで学習されたとは思えないので、個体ごとに独自に発明され、儀式化されたものとしか考えられない。第二に、縦断的分析すなわち発達過程の長期的分析によれば、チンパンジーのジェスチャーによる合図には、質・量両面の比較において、世代内でも世代間でも個体差がかなり大きいことがわかっている。このことは、模倣学習とは違うはたらきの存在を示唆している。さらに、多くの子供が共通して使うジェスチャーも、同年代の集団だけで飼育された──したがって年長の同種の者を観察する機会をもた

ない——子供たちの間でよく見られるという事実は重要である。最後に、Tomasello et al. (1997) の実験的研究では、個体を集団から引き離した上で、二つの異なった恣意的な合図を教え、それによってヒトから望む食べ物を手に入れられるようにした。その後、このチンパンジーが集団に返されて、同じジェスチャーを使ってヒトから食べ物を手に入れた時、他の個体は全員がそのジェスチャーを観察し、食べ物を欲していたにもかかわらずこれらの新しいジェスチャーを再現する個体は一頭も見られなかった。

ここから明らかな結論は、チンパンジーの子供は、ジェスチャーのすべてではなくても、その大部分については互いの接触を通じて個別の儀式化によって獲得するということである。この学習プロセスの説明は、道具使用の場合で見たエミュレーション学習の説明と同様である。個体発生における儀式化では、エミュレーション学習と同じく、他者の行動を観察して手段と目標に分離可能なものとして理解することは要求されない（こうした分離は模倣学習では必要なのだが）。模倣学習によって「腕触り」を授乳の要求として学習するには、ある子供が別の子供の「腕触り」を観察し、その子供がどんな目標をもっていたか（例えば授乳）を知ることが必要である。そうすれば、子供が同じ目標をもっている時は、同じ行動手段がとれることになる。これに対し、「腕触り」の儀式化に必要なのは、同種の者（この場合は母親）の将来の行動を予測することだけである。個体発生的儀式化は、この意味でエミュレーション学習と同じく、子供の側に授乳をして欲しいという目標がすでにある状況で、ヒトを含む社会性をもった動物種にとって、きわめて重要である。しかしそれは、個体がそれによって他者の行動ストラテジーを再現することを試み

るような学習プロセスではない。

チンパンジーの教示

右で見た二つの領域は、ヒト以外の霊長類の社会学習について、二つの大きく異なった観点から証拠を提供する。道具使用の場合には、チンパンジーは見せられた物体を使うスキルをエミュレーション学習のプロセスによって獲得する可能性が非常に高い。ジェスチャーによる合図の場合には、個体発生における儀式化のプロセスによって伝達のはたらきをもったジェスチャーを獲得する可能性が非常に高い。エミュレーション学習も個体発生における儀式化も、それぞれ独自の認知と社会学習のスキルを要求するが、ここでいう模倣学習のスキルは要求しない。そのスキルとは、次のようなものである。学習者は(a)試行者の目標と、その目標を達成するために使われるストラテジーを理解する、(b)何らかの形で、この目標とストラテジーを自分自身のそれと一致させる。じっさい、エミュレーション学習と個体発生における儀式化は、きわめて知的で学習も速いが、これらは他者を同調可能な、意図をもった主体としては理解できない生き物がとりうる社会学習なのである。

伝統的に文化の継承とされてきた現象に関わるもう一つの主要なプロセスが教示である。社会学習が「ボトムアップ」式に、無知であったりスキルがなかったりする個体が知識やスキルの増大を求めることで起きるのに対し、教示は「トップダウン」式に、知識やスキルのある個体がそれらを他者に与えようとすることで起きる。この場合の問題は、ヒト以外の霊長類についての教示活動についての体系的研究がほとんどないという点である。最もゆきとどいた研究はBoesch (1991) のもので、こ

41

れはチンパンジーの母親と子供が道具使用（木の実割り）をする場面を観察したものである。Boeschの発見によれば、母親は子供に対し、道具と木の実を置いたままにして、道具と木の実をあつかう活動を促すようなことを幾つも行った。例えば、道具と木の実を置いたままにして、子供がそれらを使えるようにする一方、母親は自分でさらに木の実をとりに出るといった行動である（他の大人がまわりにいるときには、そのようなことはしないが）。しかし、この場合の母親の意図の解釈は、単純にはできない。さらに言えば、「積極的な教え込み」というカテゴリーに属するような、母親が子供に何かのやり方を積極的に教えるケースになると、Boeschは（多年にわたる観察にもかかわらず）そう受け取れる例はわずか二例しか見出さなかった。そしてこれら二例も、解釈には困難がある。というのも、母親に子供の道具使用の学習を助けるという目標があったか否か確かでないからである。その一方で、ヒトの場合には社会によって多くの違いがあるけれども、あらゆる文化で、大人は若年者にさまざまな形で積極的な教え込みをほどこすのが常である（Kruger and Tomasello, 1996）。模倣学習とともに、積極的な教え込みのプロセスは、ヒトに特有の文化的進化のパタンが生じる上で、決定的な役割をもつと考えられる。

ヒトの文化にさらされた類人猿

こうした主張に対し、チンパンジーの模倣学習については、きわめて説得力のある観察が数多く文献に見られるという反論もあるだろう。確かに、そのような研究もあるにはある。しかし、興味深いのは、模倣学習の明らかな例はどれも、ヒトと緊密な接触をもったチンパンジーが研究対象となっているという事実である。これらの多くの場合、ヒトの側から、ある行動や注意の向け方を奨励するよ

2 ヒト以外の霊長類の文化

うな意図的な指示を与えるという形をとっている。また、時には何か月にもわたって、模倣行動を直接に強化することもなされた。例えば、Hayes and Hayes (1952) はヴィッキーという名のチンパンジーに、七か月にわたる組織だった訓練をほどこし、Custance, Whiten, and Bard (1995) は二頭のチンパンジーに、四か月の組織的な訓練をほどこした。ここから考えられるのは、模倣学習のスキルは、個体発生の初期段階で社会的な相互作用を経ることによって影響を受けるか、あるいはまさにそれによって実現するのではないか、という可能性である。

こうした見方を支持するのが、Tomasello, Savage-Rumbaugh, and Kruger (1993) の研究である。この研究は、模倣学習の能力について、母親に育てられた飼育下のチンパンジーと、ヒトの文化にさらされた (enculturated) チンパンジー（ヒトと同じように育てられ、言語と似た伝達の体系に接して育った者）と、二歳のヒトの子供を比較したものである。それぞれの被験者は、さまざまな対象への二四通りの異なった動作――どれも日常的には行われない新奇なもの――を見せられ、各被験者が試行ごとにとった行動は、(1)試行した動作の結果をうまく再現したか、(2)試行者の用いた行動手段をうまく再現したか、という観点から評価された。実験結果の大勢は、母親に育てられたチンパンジーは、新奇な動作の手段と結果を両方再現することはほとんど皆無だった（すなわち、模倣学習はしていない）。対照的に、ヒトの文化にさらされたチンパンジーとヒトの子供は、ずっと頻繁に新奇な動作の模倣学習を行い、両者はこの種の学習においては相違を見せなかった。これと関連した点として、ヒトに育てられたチンパンジーの中には、ヒトとの豊かな社会的相互作用によって（体系的な訓練は受けなくとも）、伝達意図をもってヒトに指さしを行って見せたり、ヒトの言語記号と似た表現を使う

第二章　生物学的遺伝・文化的継承

ことを学習する者がいるという事実もある (Savage-Rumbaugh et al., 1986)。

これらの研究が明らかにするのは、ヒトと似た文化的環境でヒトによって育てられた類人猿は——これといった訓練を受けても受けなくても——自然の生活環境や通常の飼育環境下では発達しない、ヒトと類似したスキルを発達させうるということである。こうした結果をもたらす決定要因が厳密にどのようなものかは、現時点では不明であるが、一つの有力な仮説は、ヒトと似た文化的環境では、類人猿は「注意の社会化」と呼ぶべき影響を受けるとするものである。すなわち、類人猿の自然の生活環境では、指さしをしたり、ものを見せてやったり、教えたりする者は周りにいないし、また一般に彼らの注意（あるいは他の意図的な状態）に対して意図を向ける者もいない。ヒトと似た文化的環境では、これとは対照的に、ものを見せ、指さし、模倣を促し（時には強化することもある）、特別なスキルを教えるヒトとの相互作用が常にある。これらの相互作用は、みなヒトと類人猿と第三項（＝指示対象）という、指示の三者関係を内にもっている。おそらく、ヒトの文化にさらされた類人猿がもつ特別な認知上の達成を説明するのは、社会化によるこの指示の三者関係への参入——それはヒトの子供ならほとんどが経験するものだ——という作用であろう。

だが同時に、ヒトの文化的環境で育てられた類人猿がヒトと同じものになるわけではないことは確認しておかねばならない。ヒトの育てた類人猿の認知的スキルの限界を本格的に調べた研究者はいないが、ヒトの子供との違いのいくつかは明らかである。例えば、ヒトの文化にさらされた類人猿が、ヒトや類人猿の仲間に向けて、単に宣言的に（つまり、事実を叙述するために）何かを指さすというのは、稀な出来事であるように思われる。類人猿は、ヒ

44

2 ヒト以外の霊長類の文化

トの子供のように、共同注意による相互作用に長時間にわたって参加することはない (Carpenter, Tomasello, and Savage-Rumbaugh, 1995)。ヒトの子供のスキルと比べた場合、ヒトの言語に対する類人猿のスキルは、いくつかの重要な点において限界がある (Tomasello, 1994)。同種の者と共同作業をしなければならない課題においては、ヒトによる訓練を特に受けていない場合には、類人猿の共同作業的な学習のスキルは奇妙なほどに限られている。そしてヒトの文化にさらされた類人猿においても、意図的な教育と呼びたくなるような行動は、ほとんど見られないのである（概観としては Call and Tomasello, 1996 を参照）。

これより、最も妥当な結論は次の通りである。チンパンジーがヒトとの相互作用のない野生の状態で発達させる学習のスキル（すなわち、個体学習がエミュレーション学習と儀式化によって強化されたスキル）は、その種なりの文化的活動を生み出し、それを維持するには十分であるが、ヒトと同じような文化活動を生み出し、維持すること、そしてその結果、漸進的作用（後述）と累進的な文化進化を示すには不十分なのである。ここで、次の点に注目するのはおそらく有意義なことである。チンパンジーの近親種であるボノボ (Pan paniscus) には、自然の生活環境では、チンパンジーに見られるような、個体群に特有の行動の伝統に似たものはまったく見られない。この事実から考えられるのは、ヒトとこれら二つの近親種の共通の祖先は、高度に発達した文化学習のスキルは持たなかったということである。早いうちから長期にわたってヒトと似た文化的環境で育てられたチンパンジーやボノボに限って、ヒトがもつ社会的認知や文化学習の能力の一部を発達させるという事実は、個体発生における文化的プロセスの力の大きさを如実に物語っている。そして、他の動物種がこのような対応を見

45

しかし、文化に対応することと、文化を新たに創り出すことは、別物なのである。

3　ヒトの文化進化

これまでの議論から、チンパンジーは広い意味の文化伝統を生み出し、維持することはできるけれども、それらはヒトの文化伝統とは異なった社会的認知や学習のプロセスに依拠している可能性が高いという結論が出てくる。この相違は、社会組織、情報伝達、あるいは認知において、具体的な違いをもたらさない場合もあるだろう。反対に、決定的な相違が現れる場合もある。それは文化進化のプロセス、すなわち文化伝統が時を経て改変を積み重ねていくプロセスにおいて明白である。

累進的な文化進化と漸進作用

ある種の文化伝統では、別々の個人によってなされた改変が時を経て蓄積されていく。その結果、文化伝統はより複雑なものとなり、より広範囲の適応機能が取り入れられていく。これが累進的な文化進化あるいは「漸進作用（rachet effect）」——それは歯止めのツメがかかった歯車が一段ずつ上がり、文化伝統が断続的に向上するようなものだ——と呼ばれるものである（図2-2を参照）。例えば、ヒトが物体をハンマー様のものとして使う方法は、ヒトの歴史を通じてめざましい進化を果たしてきた。このことは、各種のハンマー様の道具の物的記録から証拠が得られる。それらは新たな必要を満たす

3 ヒトの文化進化

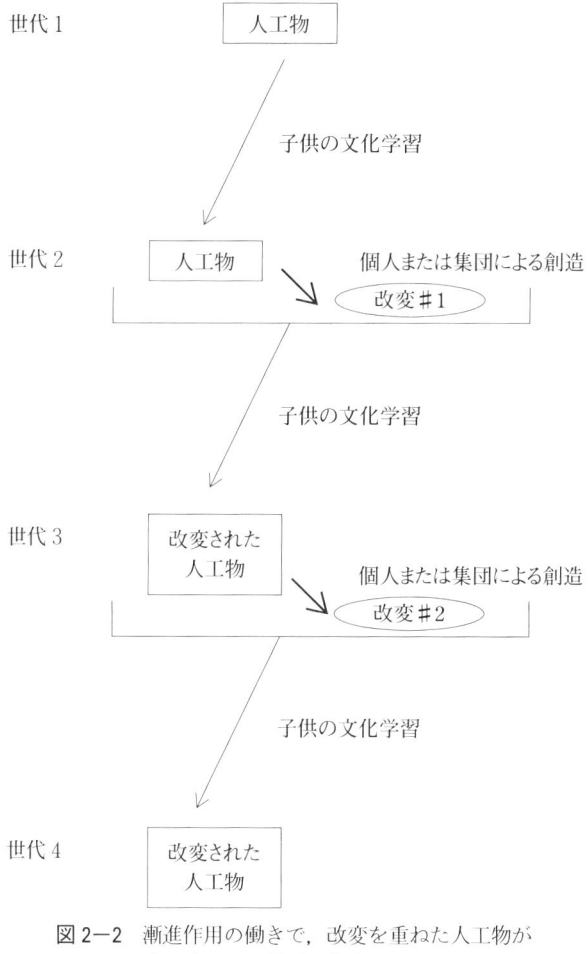

世代1　　　　　　人工物

　　　　　　　　　↓ 子供の文化学習

世代2　　　人工物　　個人または集団による創造
　　　　　　　　　↘ 改変♯1

　　　　　　　　　↓ 子供の文化学習

世代3　　改変された人工物　　個人または集団による創造
　　　　　　　　　↘ 改変♯2

　　　　　　　　　↓ 子供の文化学習

世代4　　改変された人工物

図2-2　漸進作用の働きで，改変を重ねた人工物が生み出される様子の簡略図

第二章　生物学的遺伝・文化的継承

ために繰り返し改良されながら、段階的に機能の範囲を拡大してきた。始めは単純な石器だったものが、棒に石器をしばりつけた複合的な道具となり、さらに現代で見られるようなさまざまなタイプの金属のハンマーとなり、ついには機械のハンマーとなるものもある（中には釘抜きの役をするものもある。Basalla, 1988 参照）。文化的な慣習や儀式の中にも（例えば、ヒトの言語や宗教儀式）このような詳しい物的記録はないが、時間の中で、新たな伝達や社会上の必要に応えるべく、より複雑なものになっていったものがあると想像される。このプロセスは、ヒトの文化や活動によって見られる度合いが違うかもしれない。しかし、あらゆる文化には、漸進作用によって生み出された人工物が何らかの形であると考えられる。他の動物種の行動には、チンパンジーも含め、累進的な文化進化を示すものは一切ないように思われる (Boesch and Tomasello, 1998)。

Tomasello et al. (1993) の研究では、累進的な文化進化は模倣学習、そしておそらくは大人が積極的な教え込みをすることによって成り立っており、「弱い」形の社会学習（局所的改良、エミュレーション学習、個体発生における儀式化、個体学習）によってはもたらされないと論じた。その論旨は、次のようなものである。累進的な文化進化は、発明と模倣という二つのプロセスに依存している（教え込みがそれを補うこともあろう）。これらは時間の中で、一つのステップが次のステップを可能とするような、弁証法的なプロセスとして現れるものである。仮に一頭のチンパンジーが、新しい方法で棒を使って、もっと多くのシロアリが登ってくるような、より効率的なシロアリの釣り方を発明しても、この個体の行動をエミュレーションすることで釣りを学習した子供たちは、発明者のチンパンジーの行動テクニックには注目しないために、その行動をそのままは再現しないのだ。彼らは自分たち独自

48

3 ヒトの文化進化

の釣りの方法によってまた多くのシロアリを棒ですくい、それを見ている他の個体も、やはり自分なりの方法を使う。その結果、新しいストラテジーはその発明者と共に消えてゆくしかない。(これはまさに Kummer and Goodall, 1985 の仮説でもある。彼らの考えでは、ヒト以外の霊長類について、創造的な知性が発揮された行為が見逃されがちなのは、集団内でそうした行為が忠実に保存されないためだという。) その反対に、もしも観察者が模倣学習をする能力があるなら、彼らは発明者の新しいシロアリ釣りのストラテジーを、多かれ少なかれ忠実に受け入れることだろう。この新しい行動は、観察者を新たな「認知空間」へと送り出すことになる。その中で、彼らは課題について考え、それを発明者と同じようなやり方で解決するにはどうすべきかを思案する (つまり、先達の「認知の轍」の上に立って考える)。この道をたどった個体はみな、始めに案出された方法に基づいて他の異なったやり方を発明しうる立場にいる。それはさらに、別の者たちが忠実に受け入れ、時には改良を受けることになる。このプロセスを論じるにあたって歯車の喩えを使うのは、模倣学習 (積極的な教え込みのあるなしにかかわらず) によって文化の忠実な継承がなされるという事実を捉えるためである。この継承の仕方は、集団の中で新しいやり方をいったん保持し、後の改良に備えるための作業場を提供するために必要なものである (改良の仕方そのものも、個人的なものから社会的/協調的なものまで、さまざまである)。

まとめると、ヒトの文化伝統とチンパンジーの文化伝統――および他の霊長類に見られる少数の文化の例も含め――を最も明確に分けるのは、ヒトの文化伝統が時間の中で改良を積み重ねていくという事実に他ならない。すなわち、ヒトの文化には「歴史」があるわけだ。ヒトが改良を蓄積させ、歴

49

第二章　生物学的遺伝・文化的継承

史を重ねていけるのは、それらを支える文化学習のプロセスがきわめて強力だからである。こうした文化学習のプロセスが力をもつのは、他者を自分と同じく意図をもった存在として理解するという、ヒトに特有の認知的適応によって支えられているからに他ならない。ここから生まれる社会学習は、社会集団の中で新たに発明されたストラテジーを忠実に保存し、後に別の発明がそれにとって代わる準備をすることで、後戻りのしない歯車としてはたらく。

ただし、物事はここで描き出したほど白黒がはっきりつけられないことは、認めておいた方がよい。「文化は広く見られるが、文化進化が稀なのはなぜか」と題されたたいへん興味深い論文で、Boyd and Richerson (1996) はヒトも他の霊長類も、同じような社会・模倣学習に参加するが、両者の間には量的な相違があるという仮説を立てている。つまり、チンパンジーは模倣学習の能力を多少はもってはいるが、ヒトほどには一貫してその能力を示すことはないか、ヒトに比べると狭い範囲の場面でしか示さない、あるいはチンパンジーの中でも、一部の個体だけが模倣学習のスキルをもっているという考えである。Boyd and Richerson は、決め手となる社会学習プロセスが稀にしか起きないことが累進的な文化進化を不可能にするのではないかと主張している。この場合、根本的な問題は、漸進作用の歯車にあまりに多くのすき間があるという点である。例えば、ある個体が他者の発明を模倣学習しても、他の個体は模倣できなかったり、あるいは模倣しようとしても上手くできないという可能性である。ここでの主張は、社会学習のスキルの量的な相違が、文化伝統の歴史的な道筋に質的な相違をもたらすということである。しかし、ヒトと他の類人猿の社会学習のスキルが質的・絶対的に異なっているにせよ、あるいは相違が量的・相対的なものであるにせよ、そうした相違の結果として

50

3 ヒトの文化進化

ヒトは、累進的な文化進化によって種としての独自な認知的所産を創り出すための社会・認知的なスキルと文化学習のスキルをもっているのである。

言語と数学の社会的生成

累進的な文化進化のプロセスは、共同作業による創意の発揮すなわち社会的生成のとりわけ強力な形態と見ることができる。ヒトの社会では、社会的生成には二つの基本形があり、それらは共に二人以上の個人の協調的な相互作用によって何か新しいものが創造されるプロセスである。実際、ほとんどの場合、新しい産物は個人の単独の活動によっては発明され得なかったものだ。社会的生成の第一の形は、ハンマーの進化や言語記号の発達のように、すでに描いたような漸進作用の帰結として生じるものである。ある個人が、他者から継承した人工物や文化的実践をもって、それらが完全には合わないと思われる新たな状況に出会う。すると、その個人は手元の人工物に改良を加える。この場合、共同作業は現実に起きているわけではない。というのも、二人以上の個人が同時に同じ場所にいて共同作業をしてはいないからである。それは仮想的な共同作業といえる。つまり、歴史的時間を隔てて、現在いる個人が過去に使用した人工物の機能を想像し、現在の問題に対処するために必要な改良を思い描くという形をとる。

社会的生成の第二の形は、二人以上の個人がある問題に一緒に取り組む時に、同時的な共同作業をするものである。この場合、同時性は絶対的なものとは限らない。典型的に起きるのは、何人かの個

第三章　生物学的遺伝・文化的継承

れ、誰も独力では発明できなかったようなシナリオである。こうした共同作業は、仮想的でなく現実的なものであり、独自の性質をもっている。例えば、個人が創造的な提案をした時に受ける直接のフィードバックは、この種の共同作業に特有である。これら二種類の共同作業は、当然のことながら同時に起きることもある。例えば、小さな集団が、新しい必要に応えるために、他から継承した人工物や実践を共同して改良しようとする時などはそうである。これは実際、典型的な状況であろう。また、多くの重要な文化上の変化、例えば宗教、政治、経済システムなどを巻き込んだ大規模な変革は、多くの人々が同時的に、また世代をまたいで継起的に「協調」した結果生じたものである。それは単独の個人や集団が意図したものでもなく、また予測できたものでもない（これは第三の「共同作業」といえるかもしれない）。例えば市場経済などは、個人の意図的な行為の総体として成り立ってはいるが、一個人が最初に思い描いたり、意図したような文化変革の結果ではない。こうした集団レベルのプロセスは、心理学的な観点からはよく理解されてはいないが、意図性のレベルと興味深い、また重要な関わり方をしているのは明らかである (Hutchins, 1995 を参照)。

社会的生成のプロセスは、二つのきわめて重要な認知領域、すなわち言語と数学においてはっきり見られる。まず言語について考えよう。一般的なレベルでは、あらゆる言語はある種の特徴を共有しているが、具体的に見れば世界の何千という言語はどれも固有の言語記号のストックをもっている。言語使用者はそれによって経験を記号的な手段で共有することができる。記号と構文のストックは、ヒトの認知、伝達、そして発声・聴覚機構の普遍

52

3 ヒトの文化進化

的構造に基盤をもっている。個別言語の特性は、世界中のさまざまな人々の間で、語るに足ると思うことや、語るのに便利だと思う方法の多様性が元になって生じている（むろん、そこには色々な歴史的「偶然」があることは言うまでもない）。ここでの議論で重要なのは、ある言語の記号や構文はみな一度に発明されたものではないし、いったん作られた後も長い間同じではいられないという点である。言語記号や構文は、ヒトが互いに使うことで――すなわち社会的生成のプロセスによって――進化・変化を経て、歴史的時間の中で改良が積み重ねられていく。このような文脈において、歴史的プロセスの最も重要な側面は、文法化または統語構造化である。それは自立語が文法標識へと進化したり、緩やかで冗長な組み立てをもった談話構造が、緊密で冗長性の少ない組み立てをもった統語的な構文へと固定していくことをいう（Traugott and Heine, 1991a, 1991b ; Hopper and Traugott, 1993 を参照）。いくつか例を挙げてこの点を明確にしよう。

- 未来時制の標識はほとんどあらゆる言語で、意志や目標への移動を表す自立語から文法化されたものである。英語でも、元々は動詞だった will が（I will it to happen のように）、文法化されて It will happen のようになった（話し手の意図の部分は「漂白」されて消失した）。同様に、go の元々の用法は移動だが（I'm going to the store）、文法化されて I'm going to send it tomorrow のようになった（ここでは移動の意味が漂白されている）。Come Thursday, I will be 46 のような文における come の用法も参照）。
- 英語の have を使った完了形は、I have a broken finger や I have the prisoners bound のような

文 (have は所有の動詞) が、I have broken a finger のような形になることで生じた可能性がきわめて高い (have の所有の意味は漂白されて、今では完了相を表すのみとなった)。

- 英語の on the top of や in the side of のような句は、on top of や inside of といった形へと進化し、さらに atop や inside のような形になった。言語によっては (英語ではそうなっていないが)、このような空間を表す前置詞のような関係語から、名詞につく格標識へと発達することがある (この例ならば、位格となる可能性がある)。

- He pulled the door and it opened のような緩やかな談話連続は、He pulled the door open (結果構文) のように統語構造化されることがある。

- My boyfriend... He plays piano... He plays in a band のような緩やかな談話連続は、My boyfriend plays piano in a band のような形になりうる。同じく、My boyfriend... He rides horses... He bets on them のような連続は、My boyfriend, who rides horses, bets on them のような形にもなる。

- 同様に、メアリーがジョンと結婚する (Mary will wed John) という信念を誰かが表明したとすれば、別の者がこれに同意して I believe that と反応し、続いて Mary will wed John という信念を繰り返すかもしれない。これは統語構造化し、I believe that Mary will wed John という単一の言明となる。

- 複文はまた、I want it... I buy it が I want to buy it に進化していくように、始めは別の発話だった談話連続から発生することもある。

54

3 ヒトの文化進化

文法化や統語構造化のプロセスを体系的に探る作業は、始まったばかりであり（Givón, 1979, 1995参照）、言語が構造的に単純な形から、構造的により複雑な形へと文法化・統語構造化のプロセスによって進化してきたという提案は、確かに新奇なものに思える。これらのプロセスは、言語学者は局所的な変化の原因としてのみ考えるのがふつうである。しかし文法化と統語構造化は、比較的短期間に言語構造の大幅な変化をもたらすことがある——例えば、ロマンス諸語の分岐は数百年の間に起きた。したがって、同様のはたらきによって、単純な言語がより統語的に複雑なものへと、数千年の時を経て変化したとしても、不思議はない。文法化と統語構造化が個人（およびその集団）の具体的な相互作用の中でどのように起こるか、そしてこうしたプロセスが、人間の社会的相互作用が文化的産物を変えていく社会的生成のその他のプロセスとどう関係するか、これらは将来の言語研究の課題である。

こうした見方から示唆されることの一つは、アフリカでおよそ二〇万年前に誕生した最初の現生人類は、記号による伝達を行うことを始めた最初の存在だったということである。おそらく、使っていたのはヒトの子供が使うのと似た単純な記号形式だったろう。彼らはその後世界中に散らばり、現在見られる言語はすべて、究極的にはそうした単一のプロト言語から生じた——ただし、そのプロト言語がきわめて単純なものであったとすれば、それぞれの文化は最も初期の段階から、根本的に異なったやり方で談話連続を統語構造化・文法化したことだろう。この仮説が突拍子もないものだと考える理論家がいるなら、アルファベット文字の一例を取り上げるだけで十分である。それは歴史上たった一度だけ起きた文化的発明であり、本質的な特性の一部をずっと保ちつつも、同時に文化によって

第二章　生物学的遺伝・文化的継承

異なった形をとるに至った——そしてこの多様化は、自然言語の分岐が数万年を要したのに対し、わずか数千年の間に起きたことなのである。

西洋文明のもう一つの知的な柱である数学の場合は、言語の場合とは興味深い違いを見せている（実際、数学はある面では——相違点もあるが——文字にむしろ似たところがある）。言語と同じく、数学は普遍的にヒトが世界を経験する仕方（その多くは他の霊長類と共通したものだが）に加え、文化の創造と社会的生成のプロセスの上に成り立っている。しかし数学の場合には、文化ごとの違いは人間の話す言語の場合よりもずっと大きい。あらゆる文化は複雑な言語による伝達の形式をもっており、複雑さの相違は無視できるほどしかない。その一方で、数学の場合は、ある文化ではきわめて複雑な体系をもっており（しかも文化の中で一部の者しか実践しない）、それと比べると他の文化はかなり単純な数や数え方の体系しかもたないことがある (Saxe, 1981)。このような大きな相違のせいで、言語の場合とは異なり、複雑な現代数学の構造が生得的なモジュールであると提案する者はどこにもいない（論理的には、チョムスキー流の原理とパラメータの考えにのっとり、ある種の環境上の変項は一部の文化には存在しないが、別の文化には存在し、それが生得的な数学の構造を発現させるのだ、という理論を提唱することも可能ではあるが）。

一般的に、数学の実践が文化ごとに大きく異なる理由は容易に理解される。第一に、文化や人が違えば、数学に求めるものも違ってくる。ほとんどの文化では、必要なのは物の数を確認することであり、そのためには自然言語で数を表す語彙を一握り使えば十分である。しかし文化なり個人なりで、もっと正確にものを数えたり計測したりする語彙を必要がある時——例えば、複雑な建築計画など——には、

56

3 ヒトの文化進化

もっと複雑な数学が必要になる。現代科学の営みは、一部の文化の一部の人たちが実践しているだけだが、解決のためには複雑な数学的手法が必要な新しい問題を山のようにかかえている。しかし——ここで文字との類似性が顕著になる——われわれが今日知っている複雑な数学は、ある種のグラフィックな記号を使うことによって初めて実現されている。とりわけ、アラビア数字の体系は、複雑な計算をするには古い西洋式の記数法（例えば、ローマ数字）よりもずっと優れている。アラビア数字はゼロの使用や量の違う単位を示すための位取りの記数法によって、西洋の科学者等の人々に対して、数学的な操作のまったく新しい地平を拓いたのである（Danzig, 1954）。

数学史という研究領域は、数学が発達した多様で複雑な経緯を詳細な分析によって明らかにしてきた。それは個人やその集団が、先の世代から受け渡されたものを取り上げ、新たな実際的・科学的問題により効率的に対処すべく改良をほどこしてきた歴史である（Eves, 1961）。数学史家の中には、特定の数学記号や手法が発明され、使用され、改良を受けたプロセスを詳述したものもある（例えば Danzig, 1954 ; Eves, 1961 ; Damerow, 1998）。よく知られた一つの例として、デカルトによる座標系の発明がある。彼は幾何学で使われていた空間的な手法の一部と、同時代の数学の他分野で使われていた算術的な手法の一部を、創造的な形で結びつけた。極限値計算はその応用編である。この手法は他の科学者や数学者によって取り入れられ、その結果、数学の世界をほとんど瞬時に次の段階へと進め、西洋の数学を永久に変えることとなった。一般に言って、近代の西洋数学の社会的生成は、文化の中の一部の者が実践するだけだが、そこに関わった特定の人々の数学上の要求と、彼らに利用可能な文化的資源の双方がはたらいた帰結と見ることができる。これは最低限の土台として、霊長類に共

57

通する少ない数量の理解を前提としているが、近代数学の発生にはそれ以上のものが必要であったと思われる。私の仮説は、第六章で詳述するが、おおよそ次のようなものである。ヒトは霊長類がもつ基本的な量の認識を土台として、具体的な物体やその集合について何通りかの解釈をとるという高等なスキルを用いて、視点の選択と言語コミュニケーションのスキルに社会的基盤をもっている）、複雑な数学の体系を構築したと考える。一部の文化では、これらのスキルを数学的な目的に使うことが、他の文化以上に求められてきたわけである。

言語・数学どちらの場合も、現在見られる構造の背後には、文化史（より正確には、多くの異なった文化史）があり、そこには歴史言語学者や数学史家が研究対象とする社会的生成のプロセスがある（こうした研究者のほとんどは、心理学的な問いには直接関心をもたないのだが）。言語と数学の相違は示唆に富んでいる。現在用いられている言語では、複雑性は多くの異なった形で現れているが、複雑な言語体系はあらゆる人間集団に共通する普遍的特性である。これには二通りの説明がありうる。一つ目は、言語使用を可能にした話し言葉の記号の多くが最初に発明されたのが、現生人類が別々の個体群に分かれる以前のことだったという説、二つ目は、話し言葉の記号を創り出す能力はヒトにとって自然なものなので、別々の集団に分岐した後で、類似してはいるが別々のやり方で、それぞれ記号を発明したという説である。その一方、複雑な数学があらゆる文化に普遍的ではないし、それを有する文化の内部でさえ全員に行き渡ってはいない。その理由はおそらく、複雑な数学が文化の中で要請され、そのために求められる文化的資源が発明されたのは、人類が別々の集団で生活を始めた後のことだからであろう。こうした要請や資源は、現在の世界中すべての人間集団が普遍的にもっているわけ

3 ヒトの文化進化

ではない。だとすると、ある種の言語学者が、現在見られる言語構造の一部が生得的であるという仮説を立てるに至った中心的事実の一つ——言語知識は種に固有かつ普遍的であるが、数学やその他の認知スキルの多くは普遍的ではないという事実（例えば Pinker, 1994）——は、本当はヒトの文化史における偶然の結果なのかもしれない。すなわち、言語コミュニケーションのスキルは、理由はどうあれ現生人類が別々の個体群に分岐する以前に進化したということである。

知的な要請が文化的資源と真正面から出会うのは、言うまでもなくヒトの個体発生の場面である。じっさい、社会的生成と文化史は個体発生が連鎖したものと見ることができる。それはある文化の中で、未成熟かどうかを問わず、何らかの問題に直面し、与えられた資源（スキルをもった問題解決者との社会的相互作用を含む）を使って効果的に活動することを学習する発達プロセスである。言語の獲得と複雑な数学の学習という、特に興味深い二つの例において求められる認知スキルのうち、最も基本的なものはヒトに普遍的に備わっている。しかし、世界中の多くの異なったヒトの社会に見られる、これら二つの文化的産物の多種多様な構造は、あらかじめ遺伝子の中に直接コード化されてはいないし、実際そうした可能性は皆無である。ここでは次のような全体像が考えられる。ヒトは系統発生的な時間の中ではたらく生物学的遺伝の結果としての認知スキルをもっている。そしてヒトはこれらのスキルを使って、歴史的時間の中で進化してきた文化的資源を活用する。この作業は、個体発生的時間の中で行われるものである。

4 ヒトの個体発生

ここで、ヴィゴツキー (Lev Vygotsky) やその他の多くの文化心理学者にしたがい、私は次のように主張したい。ヒトの認知活動が生み出したものの中で、言語や数学のように最も興味深く重要なものは、実現のために歴史的時間とプロセスが必要である——たとえ大半の認知科学者が、こうした歴史的プロセスをほとんど無視しているにしても。加えて、他の発達心理学者と共に、次のことも主張したい。最も興味深く重要なヒトの認知能力の多くは、発現するまでに相当の個体発生上の時間とプロセスが求められる——ただし、これらのプロセスもまた多くの認知科学者に無視されている。認知科学者が個体発生と大人の認知を創り出す上でのその役割を過小評価してきたことに、とっくに使いものにならなくなった、古色蒼然たる哲学上の論争を過大評価してきたことに主な原因がある。さらに言えば、この論争は利用価値が一度でもあったかどうかすら疑わしいのだ (Elman et al., 1997)。

そこで、ヒトの認知の個体発生を次章で詳しく論じる前に、この論争について簡単に触れておいた方がよいだろう。

哲学的生得主義と発達

現在行なわれている、ある知識や能力について、生まれか育ちか、生得的か学習されたものかをめぐる議論は、十八世紀ヨーロッパにおける、ヒトの心や徳性をめぐっての合理主義と経験主義の哲学

4　ヒトの個体発生

者間の論争に端を発している。こうした枠組みでの論争は、チャールズ・ダーウィン（Charles Darwin）が科学者集団に対して、生物学的プロセスについての新しい見方を示すよりも前に起きた。この論争は、系統発生とその中での個体発生の役割についてのダーウィン流の考え方が導入された時点で、過去のものとなるはずだった。だが現実にはそうはならず、それどころか現代の遺伝学の発達は、遺伝子（生まれ）か環境（育ち）かという形で、この論争に新たな具体化された生命を与えた。この論争が死滅しなかった理由は、それが「成人に見られるXという特性を決定しているのは何か？」という問いに答える素朴な方法だからである。このような問いの立て方は、成人がもつ任意の特性について（例えば「知能」）、遺伝子と環境の貢献の割合を計量化する試みすら生み出した (Scarr and McCarthy, 1983)。このような問いの立て方・答え方は、いわばフランス革命勃発の要因を、経済、政治、宗教それぞれの貢献の割合を計量化するのと同じようなものだ。しかし、ダーウィン流の考えはプロセス思考であり、要因となるカテゴリーについて、静態的で無時間の「現在」において考えたりはしない。遺伝子のバリエーションと自然選択といった常に変わらぬプロセスは確かに存在するが、ある生物種がどのようにして今のようになったか（あるいはフランス革命がどうやって起きるに至ったか）を問うならば、答えは異なった時点で、異なった仕方ではたらく、異なったプロセスによって時間の中で展開していく物語の形をとるだろう。

こうしたダーウィン流の思考は、ヒトの系統発生においては、自然は個体発生の道筋の選択を行い、性的に成熟した表現形（＝個体）にある種の帰結をもたらす。繰り返すが、重要なのは「自然は個体発生の道筋

61

第二章　生物学的遺伝・文化的継承

の選択を行い、表現形にある種の帰結をもたらす」という事実である。こうした道筋の実現は、程度の差はあるが外因的な素材と情報の利用にかかっており、哺乳類全般、とりわけ霊長類とヒトは、こうした素材と情報なしにはまったく発達し得ないような個体発生の多くの道筋を進化させてきた。しかし外因的な素材の関わる程度に差はあっても、あらゆる個体発生のシナリオにおいて、われわれ発達研究者の目標は、生物学・心理学どちらに関わる者であれ、ある現象の生じる筋道の全体像とそのはたらきを解明することである。

およそ自らを生物学者と呼ぶ者の中に、生得主義者を自称する者がいないという事実はきわめて示唆的である。発生生物学者が発達中の胚を見る時には、生得性の概念などはまったく不要である。これは彼らが遺伝子の影響を過小評価しているわけではなく――ゲノムの根本的な役割は自ずと前提とされている――、ある特性が生得的であると断定的な判断をしても、発達のプロセスを理解する上で何の役にも立たないからである。生物学者にとって、例えば十週目のヒトの胎児の発達において肢芽が発生することが「生得的」であると言っても無意味である。胚の発達において肢が形成されるプロセス全体に興味があるならば、肢の発達の各段階をまず描き出し、次にタンパク質の合成、細胞の分化、胎児と子宮内の酵素の相互作用などのプロセスが、発達上の各ポイントでどのように関わってくるかを決定することになる。ある種の特性をもったプロセスに「生得的」というラベルを与えたいのなら――例えば、それがはたらく上で子宮内の酵素の存在にほとんど依存していないと示したいのなら――そうしてもいいだろうし、何かの目的には役立つかもしれない。しかし人筋において、このようなラベル貼りは個体発生のプロセスを理解する上では、まったく役に立たない（不適格な哲学的問

題は解決不可能であり、われわれに出来るのはその悪影響を癒すことだけだ、というWittgenstein, 1953 の議論を参照）。

しかし認知科学においては、生得主義の系譜がつねに存在し、十八世紀のヨーロッパの哲学者たちと本質的に同じやり方でこの問題が提起されている。ダーウィン流のプロセス思考が影響を与えた様子はほとんどない（例えばChomsky, 1980 ; Fodor, 1983）。こうした理論家は、遺伝的なプロセスを直接研究することがほとんどなく、論理的な観点のみからそれを推論しようとする。したがって、こうした理論的な見方は、おそらく哲学的生得主義とでも呼ぶのが一番よい。とはいえ、ヒトの認知の生得的側面を探求することが、重要な知見をもたらさなかったわけではない。一例をあげるなら、こうした探究の成果によって、かつてピアジェ（Jean Piaget）が乳児の空間内での物体の理解にとって決定的であるとした個体発生のプロセス——すなわち物体の手を使った操作——が実は決定的な要因ではありえないことが明らかになっている。というのも、乳児は手を使った操作ができる以前から、空間内の物体を理解しているからである（Spelke, 1990 ; Baillargeon, 1995）。一つの考えられる発達プロセスがこのような形で排除されたことは、重要な科学的発見である。しかし、この発見は探求のプロセスに終止符を打つものではない——Xが生得的であり、それで仕事は終わりだと言って済むわけではない。むしろ、それは別の問いかけを促すことになるはずである。例えば、手を使った操作ができない段階で、物体の概念の発達において視覚経験がもつ役割を問うこともできるだろう。こうした手続きは、発生生物学者がとるものなのである。むろん、彼らはヒトの子供にはできないやり方で、動物の胚の個体発生に干渉することが可能だという点でずっと強力な方法をもっているのは確かである。

第二章　生物学的遺伝・文化的継承

しかしどんな手段をとるにせよ（例えば、目の見えない子供にとっての物体の概念を研究することなどは可能だろう）、目標とすべきは、ある構造が「生得的」か否かを決定することではなく、その発達に関わるプロセスを決定することなのだ。ヒトの認知の生得的側面を追い求めることが科学的に実りあるものとなるのは、それがヒトの個体発生における発達プロセスを理解する——そこで何らかの役割を果たすすべての要因を明らかにし、それらがどの段階ではたらくか、そして厳密にどのように役割を果たすかを明らかにする——上で役に立つ限りにおいてであり、それ以上ではありえない。

個体的な発達系列と文化的な発達系列

生得性か学習かという代わりに、私は別の二分法をとりたい（同じくらい厄介だと思う人もいるだろうが）。それはヴィゴツキーが唱えた、個体的な発達系列（individual line of development）と文化的な発達系列（caltural line of development）という二分法である。この区分は、本質的には生物学的遺伝と文化的継承の区分である（ここでは系統発生ではなく、個体発生と関わるものだが）。私はこの区分を次のように解釈している。認知の個体的な発達系列（ヴィゴツキーは「自然の」系列と呼んだ）とは、個体が独力で他の者や人工物からの直接の影響なしに、知ったり学習できたりするものである。

これに対し、認知発達の文化的系列とは、個体が他者の視点を通して（人工物に組み込まれた視点も含む）世界を見ようと試みることで、知ったり学習できたりするものである。これは文化的な継承と発達を概念化する上で、いささか偏ったやり方であることは強調しておく必要がある。それはほとんどの文化心理学者がとる概念化よりもずっと限られたものだ。私自身は、個体が特定の文化状況ある

64

4　ヒトの個体発生

いは「ハビトゥス」から独力で知ったり学習できたりするものは、文化的継承の中には数えない。例えば、ローカルな環境の中で家屋がどんなレイアウトになっているかを個別に学習するケースなどは、文化的継承には含めない（Kruger and Tomasello, 1996）。私がとる文化的継承の狭い定義——したがって文化学習と文化的な発達系列の狭い定義——は、意図を含んだ現象に焦点をあてる。つまり、ある個体が、他者が何かに対してとる行動や見方を見て、それらを取り入れるようなケースである。

もちろん、ここで問題となるのは、これら二つの発達系列がヒトの発達できわめて早い時期から分かち難くより合わされていて、実質的には子供の認知活動のほとんどが、ある年齢を過ぎると両方の要素を取り入れたものになるという事実である。例えば、本書の後の章で示すように、多くの面で一歳から三歳までの子供は「模倣機械」とでも呼ぶべき存在である。多くの状況に対して、彼らの自然な反応とは周りの者がしていることをすることであり、実際彼らが単独で創り出せるものは、ほとんどの状況できわめて限られている。しかしながら、この時期の発達で最も興味をひくのは、まさに個体と文化という二つの発達系列の相互作用とかかわる側面である。すなわち、子供は、模倣やその他の形の文化学習によって学んだ文化的慣習を元に、カテゴリーやアナロジーの関係を自力で見きわめつつ、それを越えた創造的な飛躍をなしとげる（その土台になっているのは霊長類一般がもつカテゴリー化のスキルである）。こうした創造的な飛躍そのものは、確かに文化的な道具にじかに依存することもあるだろう。言語、数学の記号、慣習的な類像的イメージなどは、子供がカテゴリーやアナロジーの関係を理解する助けとなるものだ。しかし、これまでのあらゆる証拠が示すのは、四歳から五歳になる頃には、子供が他者を模倣する傾向と、自分自身の創造的な認知ストラテジーを使う傾向との

65

第二章　生物学的遺伝・文化的継承

バランスは変化してくるという事実である。というのも、この年代までには、子供は多くの異なった視点を内面化し（それは主に言語を使った談話によって得られる）、それによって自律制御の進んだ思考を行い、計画を立てる能力を得るからである。この場合でも、子供がそうした能力を身につけるための手段は、文化的な起源をもっていることがある。

多くの文化心理学者は、二つの発達系列を分けようとするのは不毛であるという信念をもっている。そう考える理由は、個体的な発達と文化的な発達とは同じ一つの発達プロセスの一部であり、どの年齢においても、子供は両方の要因を含んだ長い弁証法的プロセスの産物としての知識やスキルをもっているからだというものである。私はこの批判にはある程度までは賛成だが、それでも、個体発生の間、ヒトに固有な文化への適応がもたらすさまざまな帰結を見分け、評価する試みは有効な作業であると考えている。その有用性は何より、比較進化論的な問い、すなわちヒトは他の近親の霊長類と認知の面でどう違っており、それはなぜなのかという問いに答える助けとなるという点にある。他の霊長類は、ヒトに見られるような歴史的に作られた人工物や社会的実践を、種に固有の仕方で発達をとげるが、ヒトの場合、発達中の若い個体は、歴史的に作られた人工物や社会的実践を、文化的な発達の中で自分のものとする。さらに言えば、二つの発達系列を分けることは、ヒトの認知発達において根本的と思われる弁証法的緊張関係、すなわち物事を慣習的な方法で行うことと創造的な方法で行うこと（どちらにもそれなりの利点がある）の間の緊張関係を捉える上でも有用である。

5　二重継承モデル

ヒトの文化組織のあり方は、他の動物種のものと比べてはっきり違っている。ヒト以外の動物を文化の中において育てても、ヒトと同じような文化的存在に魔法のように変えることはできない。また、ヒトの中にも、生物学的な障害ゆえに文化に十分に参加できない者もいる。こうした事実から自ずと導かれる結論は、人間はだれもが文化的に生きるための、生物学的に継承された能力をもっているということである。この能力——私はそれを同種の者を自分と同じように意図をもった／心的状態をもった主体として理解する能力と規定した——は、生後九か月頃に発現し始める（詳しくは第三章で見る）。ヒトと近親の霊長類とを体系的に比較するにあたっては、この能力が非常に際立った独特なもので、ヒトに固有であることを示すよう努めてきた。だが同時に、この能力は、霊長類と他の哺乳類の認知を区別する、関係的思考への適応の上に成り立っている可能性が高い。ヒトという種に固有の社会・認知能力が進化することになった適応条件は、今のところ不明である。しかし一つの仮説は、この能力は現在のホモ・サピエンスになって初めて進化したものであり、それが現生人類とそれ以前のヒトとを区別する主要な認知的特性だとする考えである。

ヒトと近親の霊長類との、この僅かな生物学的相違は、非常に大きな認知上の帰結を今に至るまでもたらしている。それは環境の中で多様な対象や出来事と、柔軟かつ効果的に関わり合う能力を与えるとともに、ヒトに固有の文化的継承への道を開くこととともなった。ヒトの文化的継承は、社会的生

第二章　生物学的遺伝・文化的継承

成と文化学習という二本の柱によって成り立つプロセスである。後の章で見るように、社会的生成によってほとんどの文化的な産物や実践が創り出され、文化学習によってこれらの産物と背後にある人間の意図や視点を、発達過程の若者が内面化する。社会的生成と文化学習の力によって、ヒトは物質的・象徴的な人工物を産み出す能力を獲得し、そうした人工物は互いに積み上げられ、歴史的時間の中で修正を累積させていく（＝漸進作用）。その結果、ヒトの子供の認知発達は、社会集団の文化史全体と似た文脈の中で起きる。

これは、社会・文化的プロセスが新しい文化的産物や認知スキルを無から創造できると言っているわけではない。チンパンジーは認知的にきわめて高度な生き物であり、六〇〇万年ほど前にいたヒトとチンパンジーの共通の祖先もまた高い認知能力をもっていたに違いない。社会的生成と文化学習のプロセスの根本には、空間、物体、カテゴリー、量、社会関係、伝達、等の基本的な認知スキルが存在するが、これらはあらゆる霊長類が持っているものである。ヒトの文化的プロセスが独特なのは、これらの根本的な認知スキルを新たな、そして驚くべき方面に用いたという点である。しかも、それは進化論的な観点からはごく短期間の間になしとげられた。こうした理論的立場に対し、代案を出すとすれば、ヒトという種に固有の認知について、各々の認知スキルに対する遺伝的な基盤を一つ一つ挙げて説明することになる。例えば、言語の進化を説明するには、何らかの遺伝子上の出来事（一回きりか複数回かは諸説あろうが）が最近のヒトの歴史で起き、それがわれわれの言語に固有の構造を与えたという仮説をとることになろう。そしてこの遺伝子上の出来事は、数学やその他ヒトに固有の「生得的モジュール」を生み出した他の遺伝子上の出来事とは基本的に無関係であるとする（例えば

5　二重継承モデル

Tooby and Cosmides, 1989 ; Pinker, 1994, 1997)。個別のケースでは常に論争の余地があるとはいえ、このような説明方法は、ヒトに固有の認知モジュールを一つだけ取り上げるなら、不合理なものではない。しかし生得的と考えるモジュールの数が増えていくと、時間の問題は明白になる。ヒトに固有の認知が進化するのに要した時間は、最大限でも六〇〇万年の幅しかなく、おそらくは二五万年ほどであった可能性が高い。いかなる妥当な進化論的シナリオを考えても、遺伝子のバリエーションと自然選択が、多種多様で独立したヒトに固有の認知モジュール群を創り出したとするには、この時間ではまったく不可能なのだ。本書で提案する説明の大きな強みは、単一の大きな生物学的適応のみを想定するため——それはヒトの進化の中で、きわめて最近のことであったという可能性も含め、どの時点で起きたとしても構わない——遺伝子に頼る度合いの高いアプローチの難点である、進化論的な時間不足という問題は生じないのである。

第三章　共同注意と文化学習

> もし物事が最初から生長してくるところを観るなら、……最も見事な観察をすることになろう。
> ——アリストテレス

ヒトとヒト以外の霊長類を比較することによって、次のような結論が得られた。同種の他者を自分自身と同じように意図を持つ存在であると理解することはヒトに固有の認知能力であり、ヒトの認知に固有のさまざまな特性の多くが、この能力が直接発現したり、さもなくば文化的な過程を経て間接的に影響したりした結果として、説明できるという結論である。しかしこの認知能力はヒトの個体発生においてある瞬間に一気に現れて、その後生涯にわたってずっと同じように機能し続けるという性格のものではない。むしろその逆である。他者についての意図を持つ存在であるという理解は生後九か月前後から現れるが、その真の力が明らかになるのはずっと後のことである。それは、この理解によって習得が可能になる文化的な道具、中でももっとも重要なのは言語であるが、それを子供が能動的に利用するようになるまで待たなければならない。したがって、文化に対するヒトの適応を十全に理解するためには、その発達の道筋をかなり長期にわたって辿っていかなければならない——それゆ

えそれは第四章から第六章に回す。この章では、生後九か月に起こることを記述し、それに対して説明を試みていく。

1 赤ちゃんの初期認知

ヒトの新生児はどこから見ても極度にひ弱で、まったくと言っていいほど何もできない生き物である。ものを食べることもできないし、自分の力で座ることも移動することもないし、物体に手を伸ばして（リーチングして）掴むこともできない。視覚ははなはだ鈍く、そして言うまでもなく、周囲で行われている文化的・言語的な活動についてはほとんど何も知らないに等しい。だから十九世紀末の時代に William James (1890) が赤ちゃんの経験世界を「がやがやぱ〜っといった感じの混乱 (a blooming, buzzing confusion)」と考えたのも無理はない。しかしこの二〇年の間に発達心理学者が発見したことは、外から見える振舞いからは容易には分からないものの、新生児や赤ちゃんはさまざまな認知能力を持っているということである。このことは、物体についての理解にも、他者についての理解にも、そして自己についての理解にも言えるのである。

物体について理解する

赤ちゃんの認知についてのその後のすべての説明の出発点となったのは、Piaget (1952, 1954) がヒトの赤ちゃんの時期についての古典的な研究のなかで提示した理論である。ピアジェの観察では、

1 赤ちゃんの初期認知

赤ちゃんは生後四か月前後から物にリーチングして掴むことをしはじめ、見えなくなった物体を探すことをしはじめ、さらに、それを掴もうとして障害物を取り除くことまではじめる。生後十二か月から十八か月頃には、物体の位置を新しいところに移した場合でも、それを追視するようになり、また、目に見えるように移した場合でも見えないように移した場合でも、赤ちゃんが物体を能動的に操作・探索した結果に伴って生じるこのような感覚運動的行動の変化はすべて、赤ちゃんが物体を能動的に操作・探索した結果に伴って生じる、すなわちさまざまな感覚情報と運動情報をまとめ合わせることによって現実を構成するのにともなって起こるのだというものである。

このようなピアジェの見方に対してなされた反論の主たるものは、赤ちゃんに関する次のような発見をした研究者によるものであった。すなわち、ヒトの赤ちゃんは、はじめて物体を操作するのと同じ時期に——つまり物体の使用によって物理的世界を「構成」する時期などあったはずはない時期に——自分とは独立に存在する物理的世界について、すでにある程度理解しているという発見である。

たとえばベイヤールジョン（Baillargeon）とその共同研究者たち（概要は一九九五年の論文を参照のこと）の発見によれば、研究者たちが赤ちゃんに物体の操作を求めなければ——つまり状況を見て、期待が裏切られたときには長く見つめるということだけを求めるようにすれば——、赤ちゃんは物体が独立して存在するものであること、つまり自分がそれを見ていないときでも存在するものであることの理解を、生後三か月か四か月（これははじめて意図的に手で物体を操作し始める時期とほぼ一致する）には示すのである。これと同じ方法を用いて、Spelkeと同僚たち（1992）はさらなる事実を示した。

73

第三章　共同注意と文化学習

つまり、同じような早い月齢の赤ちゃんが、ベイヤールジョンらが示したもの以外にも、物体の振舞いを支配する数々の原理を理解していることを示した。それはたとえば「物体は同時に二つの場所に存在することはできない」とか「物体は物体の中を通り抜けることはできない」などといった原理である。そしてこの場合もまた、赤ちゃんがこのような原理を理解するようになるのは、物体を操作する経験をさほど多くは積んでいない時期のことであると考えられるのである。そしてこれに引き続く時期に、ヒトの０歳児は、空間の中の物体についてさらにさまざまな理解を示すようになる。たとえば最初の誕生日を迎える前には、物体を知覚的な特徴に基づいてカテゴリー化すること、小さな量を判断し、それが途中で何かに隠されて見えなくなることがあっても見失わずに目で追いかけること、物体の心的回転を行うこと、認知地図のようなものの存在をうかがわせるやり方で空間内を移動（ナヴィゲーション）することができるようになる（概要は Haith and Benson, 1997 を参照のこと）。

　赤ちゃんの認知のあり方を判断するのに用いられる、注視行動に基づくこの新しいやり方をめぐっては、方法論上の問題がある（概要については Haith and Benson, 1997 を参照）。しかし、当面の議論において重要な点は、これらがすべて、ヒト以外の霊長類ももっている認知スキルだということである。第二章で詳しく述べたように、ヒト以外の霊長類も、対象の永続性の理解、認知地図の形成、知覚によるカテゴリー化、小さな量の判断、そして物体の心的回転を行うこと、に長けている——これはおそらく、彼らが空間の中の物体について、ヒトと同じようなタイプの表象的な理解をもっているからであろう。つまりヒトの赤ちゃんは霊長類として受け継いできた能力をゆっくりと顕在化させて

いるに過ぎないのである。霊長類として受け継いできた能力であるにもかかわらずそれを発揮するようになるまでかなりの時間がかかるのは、ヒトの赤ちゃんが知覚に関しても運動に関しても未成熟 (altricial) な状態で生まれてくるためなのである。

他者について理解する

生まれて間もない赤ちゃんの他者についての理解に関しては、物体についての理解に較べると、それほど研究が積み重ねられているわけではない。ただ明らかに言えることは、ヒトの赤ちゃんはきわめて社会性の強い生き物だということである。生まれる前は別としても、生まれた瞬間からそう言えるのである。生まれてからほんの数時間しかたっていなくても、ヒトの赤ちゃんはヒトの顔の略図をそれ以外の知覚パターンより好んで選択的に注視するようである (Fantz, 1963)。母親の声に対する馴化の過程はまだ子宮の中にいるときにすでに始まっているようである (Decasper and Fifer, 1980)。そして赤ちゃんは発達のかなり早い時期から、他の人々を物体とは異なり、自力で動く有生の存在と認識していることが明らかである (Legerstee, 1991)。これらは実はすべて霊長類全般のあり方にしたがっているのだが、ヒトの赤ちゃんが単に他の霊長類と同じレベルの社会性を持つだけなのではなく、「超社会的」であるということを示唆する社会行動が二つある。

まず第一に、Trevarthen (1979) などによって概要が示されているように、ヒトの赤ちゃんは生まれて間もない頃から養育者と「原会話 (protoconversation)」を交わす。原会話とは親と赤ちゃんが互いに注意を向け合う社会的な相互交渉である——それは対面状態で行われることが多いもので、そ

こには、見つめること、さわること、そして声を出すことが関わる——その関わり方は、基本的な情動を表出・共有することに役立つような関わり方である。さらに、このような原会話ははっきりしたターンテイキング構造（対話やしりとりなどのように、互いに相手の反応を受けて働きかけを行う構造）をもつ。やりとりの仕方には文化による違いがある——特に、対面しての視線の交わし方と交わす量に違いがある——が、どのような形をとるにせよ、このような原会話はヒトという種の大人と赤ちゃんの相互交渉に普遍的に見られる特徴であると考えられる（Trevarthen, 1993a, 1993b ; Keller, Scholmerich, and Eibl-Eibesfeldt, 1988）。トレヴァーセンをはじめとして、研究者のなかには、これらの初期の相互交渉が「間主観的」であると考えている人もいる。しかし私の見方では、この種のやりとりは、赤ちゃんが他者を経験の主体であると理解するようになるまでは、間主観的であるとはいえない——そして赤ちゃんは、生後九か月を迎えるまでは、そのような理解に達することはないのである（次節参照）。しかしながら、これらの初期の相互交渉は、情動的な内容を持ち、かつターンテイキング構造をもっているという意味では、きわめて社会性の強いものではある。

　第二に、このような初期の社会的なやりとりが行われている状況において、ヒトの新生児は大人の身体の動き、特に口と頭の動きを真似（mimic）する。メルツォフとムーア（たとえばMeltzoff and Moore, 1977, 1989）が発見したところでは、ヒトの赤ちゃんは誕生の直後から、大人が舌を突き出したり口を開いたり頭を動かしたりすると、それを再現する。このような動作は赤ちゃんがすでにやり方を知っている振舞いであり、したがって（ある種の鳥が発達の初期に成鳥の発声を真似るのと同じことで）ただ単に適合する刺激があるために普通はやらないような高い頻度でやっているということ

1 赤ちゃんの初期認知

に過ぎない。しかしMeltzoff and Moore (1994) は、生後六週の赤ちゃんには、そのような生まれつきのやり方を知っている振舞いのひとつ（つまり舌の突き出し）をするときに、大人の行動に合わせて、舌を一方の端から他方の端へと努力して動かすという風に、動きを変化させる能力があることを発見した。したがって、新生児模倣は、単に自分がすでに知っている動きを真似するのではなく、同種の他者とある意味で「同一化する」という赤ちゃんの傾向性の現れなのかもしれないというのである (Meltzoff and Gopnik, 1993)。もしこれが正しいならば、これはStern (1985) が言っている、「赤ちゃんが『情動調律 (affect attunement)』によって大人の情動的な状態に自分を一致させるのは、非常に深いレベルの同一化過程の現れである」という見方とも軌を一にしていることになるだろう。

ヒト以外の霊長類がヒトと同じような原会話や新生児模倣を行うかどうかについてははっきりしていない。大雑把に言えば、ヒト以外の霊長類の母親と赤ちゃんは、西洋中流階級の母親と赤ちゃんに特徴的に見られるような密接な対面交渉を行うわけではない。しかし、ヒト以外の霊長類の母子はつねに身体接触を保っており、したがってその関わり合いは、一部の西洋以外の母親と赤ちゃんの関わりあいと同様、別種の原会話を背後に持つ可能性はある。ヒトに育てられた一人のチンパンジーの赤ちゃんがヒトの赤ちゃんと同じように舌の突き出しを真似するという研究が一件ある (Myowa, 1996)。しかし、チンパンジーがそれ以外の舌の動作を真似したり、動きを調節して新しい動きを再現したりするという研究報告はない。したがって、赤ちゃんがヒトという種に固有の意味での社会性を生まれたばかりの時期から備えているといえるのか——それともヒトがヒトという種に固有の意味での社会性を生まれたばかりの時期から備えているといえるのか——それとも生後九か月かそれ以降における発達上の変化を待たなければヒト固有の社会性は発現しないのか——という問題には、今のところ答えることが

第三章　共同注意と文化学習

とはできない。しかしいずれにしても、原会話という互いに相手の存在を感じあうやり方での相互交渉を行ったり、大人の振舞いの再現という、一致化（matching operation）を必要とすることを試みたりするということから考えて、ヒトの赤ちゃんは生後間もない時期から養育者とのきわだって強い社会的な調律（attunement）を示すという仮説を立てることは無理なことではないだろう。

自己を理解する

赤ちゃんは、物理的・社会的な環境と相互作用するとき、同時にある特定のやり方で自分自身をも経験する。特に重要なのが、外部に存在するものに行動を向けるとき、その物が赤ちゃんの目標志向的な活動に従ったり抵抗したりする際に、赤ちゃんは環境に対する自分の行為の結果だけでなく、自分自身の行動の目標をも経験するのである——これがいわゆる「エコロジカル・セルフ」(Neisser, 1988, 1995 ; Russell, 1997) である。このようにして赤ちゃんは、特定の状況の中で行動する自らの能力とその限界を少しずつ知るようになる。たとえば、遠くにありすぎて手が届かない物体や、不安定になるような姿勢調整が必要になりそうな物体にはリーチングしないようになる (Rochat and Barry, 1998)。また、自分自身の身体を探索するときに赤ちゃんが経験する、行為のプランと知覚のフィードバックの対応の仕方は、経験の中にあるほかの何物とも異なるものである (Rochat and Morgan, 1995)。ヒト以外の霊長類に関してはこのような研究はごくわずかしかなされていないが、種によっては、能力を超えるタスクからは「逃げ出す」ことができる程度まで自分自身のスキルについて分かっているものがあるということを示す研究もある (Smith and Washburn, 1997)。またヒト

78

以外の霊長類に関して、見知らぬ環境の中をナヴィゲーションするときに、自分自身の運動能力とその限界をある程度分かってやっているというのは、広く観察されることのようである (Povinelli and Cant, 1996)。したがって、ヒトの赤ちゃんのエコロジカル・セルフの感知は、他の霊長類仲間と共有しているものである可能性が非常に高い。他方、生まれて間もない赤ちゃんが自分自身を社会的な主体として理解しているかどうかとなると、それを中心にすえた研究はほとんどない。その理由の一つとして、このような早い時期においては、社会的な自己を感知するということがどういうことなのかはっきりしていないことが挙げられるのは間違いない。

2 九か月革命

生後九か月から十二か月頃に、ヒトの赤ちゃんはそれまでしなかった行動を数多くやるようになる。その行動の新しさは、赤ちゃんの世界、特に社会的世界についての理解の仕方にまるで革命でも起こったかのように思わせるものである。この革命に先立つ時期の赤ちゃんの社会的認知が他の霊長類と異なるかに関して疑問の余地があったとしても、この革命以後に関しては、疑いの余地はない。九か月のときにヒトの赤ちゃんは共同注意行動と言われるような行動をいろいろとするようになる。これらの行動は、他者が自分と同じように意図を持つ主体であり、その主体と外界の事物との関係に自分自身と外界の事物との関係を同調させたり、逆に自分自身と外界の事物との関係に他者と外界の事物の関係を同調させたり、事物との関係を他者と自分で共有したりすることができるという理

解ができ始めていることを示すと考えられるものである（Tomasello, 1995a）。この節ではこの一群の新しい行動を記述する。次節ではその個体発生的な起源の説明を試みる。そして本章の最後の節で、赤ちゃんを文化の世界に導きいれる文化学習の過程に、これらの行動が自然に繋がっていくことを示す。

共同注意が発現する

生後六か月の赤ちゃんは物体を掴んだり操作したりするが、その関わり方は二項関係的である。また六か月児はターンテイキングの連鎖で他者と情動を表出しあうやりとりをするが、この関わりあいも二項的である。物体を操作しているときには近くに人がいてもたいていは無視するし、人と関わりあっているときには近くに物体があってもたいてい無視する。しかし生後九か月から十二か月になると、一群の新しい行動が創発してくる。その行動は初期の行動のような二項的なものではなく、物体との関わり合いと人との関わり合いを協調させることが必要になるという意味で、三項的なものである。そこから生じるのは、子供と大人と、そして両者が注意を向ける物体ないし事象とで構成される指示の三角形である。共同注意（joint attention）という用語は通常、このような社会的なスキルと社会的な相互作用が組み合わさってできた全体を指して用いられることが多い（Moore and Dunham eds., 1995 参照）。そして典型的には、赤ちゃんはこの時期にはじめて、柔軟かつ確実に、大人の見ているところを見たり（視線追従（gaze following））、物体に媒介された大人との相互作用をそれなりに長い間続けたり（協調行動（joint engagement））、大人を社会的な参照点として利用したり（社会

80

2 九か月革命

的参照 (social referencing) するようになり、また物体に対して大人がしているのと同じような働きかけをしたり（模倣学習 (imitative learning)）し始める。要するに、赤ちゃんはこの時期になってはじめて、外界に存在するものに対する大人の注意と行動に「同調する」のである。

これと関連することとしては、これとほぼ同じ時期に赤ちゃんはまた、外界に存在するものに対して能動的に大人の注意と行動を向けようとして、指さしなどの直示的な身振りをしたり、物体を持って人に提示したりすることも始める。これらのコミュニケーション行動は、外界に存在するものに対して赤ちゃん自身が向けている注意に、大人を同調させようとしていることの現れである。これらの直示的な身振りは、たとえば抱き上げてほしいと伝えるのに「ばんざいをする」というような二項関係における儀式化した身振り——これはいろいろな意味で（第二章で記述したような）チンパンジーの場合の二項関係である——の範疇に収まるものではなく、明らかに三項関係的である。あわせて重要なのは、このような初期の直示的な身振りには、指示的なもの、つまりその物体ないし事象に関して大人に何かをさせようと試みるものと、宣言的なもの、すなわち純粋にその物体ないし事象に大人の注意を向けようとするだけのものとの両方がある。宣言的な身振りは特に重要性が高い。なぜならばそれは子供が単に何らかの結果が生じることを特に明確に示すものを求めているのではなく、大人と注意を共有したいと本当に願っているのだということを特に明確に示すものだからである。したがって、理論家の中には、私自身そうであるが、注意を共有するというただそれだけの目的のために誰か他者に対して物体を指さして示すという単純な行動が、ヒトに固有の

81

第三章　共同注意と文化学習

コミュニケーション行動であり（たとえば Gomez, Sarria, and Tamarit, 1993 を参照）、その行動が見られないことが小児自閉症の大きな特徴でもある（たとえば Baron-Cohen, 1993 参照）という主張をするものもいる。

これらの多様な行動に関して、数多くの研究が比較的一致した結果を出しており、そこからかなり前から知られてきたことは、これらがすべて——子供が大人に同調する行動も、大人を自分に同調させようとする行動も、いずれも——典型的には生後九か月から十二か月の時期に発現するということである。しかし最近になって Carpenter, Nagell, and Tomasello (1998) が特にこの問題を取り上げて、二四人の子供の生後九か月から十五か月までにおける社会的認知の発達を追跡する研究を行った。これらの赤ちゃんたちは、一月おきに、九つの異なる共同注意の尺度に関して評価がされた。つまり協調行動、視線追従、指さしに対する追従、道具を使った動作の模倣、社会的障害物に対する反応、指令的な身振りの使用、そして宣言的な身振りの使用（「提示する」などの近接的身振りと「指さす」などの遠隔的身振りとを含む）である。いずれの場合においても、赤ちゃんが大人の注意または行動に合わせようとしているか、大人を自分の注意または行動に合わせようとしているかのいずれかである（たとえば、対象と大人に交互に注意を向ける、など）——単に弁別刺激に対して反応しているだけではない——ということが確かに言えるように、きわめて厳密な基準を用いて調査した。当面の文脈で最も重要な発見は、以下のようなものであった。

- 共同注意にかかわる上記の九つのスキルを一つ一つ個別に見ていった場合、これらはどれも、ほ

82

2　九か月革命

- 子供の発達過程を一人一人個別に見ていった場合、これらの九つのスキルはほぼ同期して発現した。つまり八〇パーセント近くの赤ちゃんが、九つの技能すべてをこの四か月の間にマスターした。
- 発現の時期にはすべてのスキルに関して相関があった（もっともその相関は中程度であった）。というのも、スキルがほぼ同時に発現したため、個人によるばらつきが低くなったからである。

ここで重要なことは、それぞれの子供の発達に見られた獲得時期のずれ（デカラージュ）に、明快な発達的説明を与えることができる、ということである。というのは、タスクを習得する順序に子供たちの間で際立った一貫性が見られたからである。二四人中二〇人の子供が最初にパスしたのは、すぐ近くにいる大人の注意を共有／チェックすることを必要とするタスク（たとえば協調行動の間に大人を見上げるだけなど）を最初にパスした。次にパスしたのが大人の注意をたどってより遠くのものに注意を向けることを必要とするタスク（視線追従など）であり、最後にパスしたのが、大人の注意をものに向けることを必要とするタスク（離れたところにあるものを大人に対して指さして示すなど）であった。図3−1は、これら三つの状況を描いたものである。このような順序になることに対しては、次のように説明することができる。この場合、子供が知らなければならないことは、単に大人の顔を覗き込むことだけである。それに対して、赤ちゃんが大人の注意をたど注意を向けているという「そのこと自体」だけである。

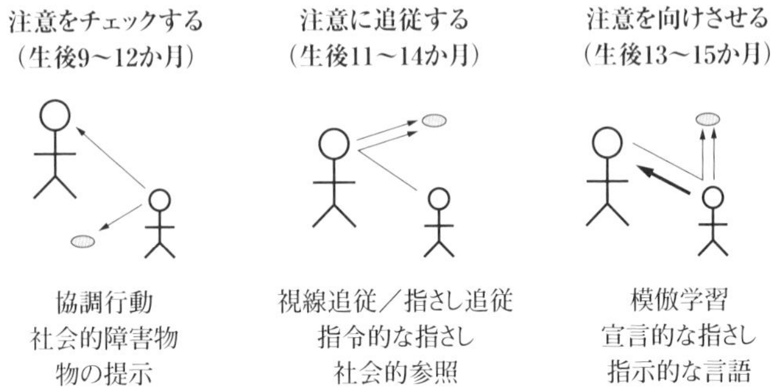

第三章 共同注意と文化学習

注意をチェックする (生後9〜12か月)	注意に追従する (生後11〜14か月)	注意を向けさせる (生後13〜15か月)
協調行動 社会的障害物 物の提示	視線追従／指さし追従 指令的な指さし 社会的参照	模倣学習 宣言的な指さし 指示的な言語

図3−1 Carpenter, Nagell, and Tomasello (1998) の研究による，共同注意的な相互交渉の三つの主要なタイプと，その発現時期（ほぼ80パーセントの被験者がここに示した時期に入った）

ったり、大人の注意を向けたりするタスクでは、大人が「何に」注意を向けているかをきっちりと絞り込むことが必要となる――そして理解（大人の注意や行動をたどること）が産出（大人の注意や行動を向けること）に先立つことにもなる。ことさらに言うまでもなく、大人が外部の「どんな」ものに注意を集中しているかを知ることのほうが、単に大人がやりとり全体に注意を向けているということ「それ自体」を知るよりも、より精確な共同注意のスキルを必要とするのである。したがって、ここから引き出される結論は、ほぼすべての赤ちゃんに関して、共同注意のスキルは発達過程の中でかなりきれいに同期するかたちで一式そろうということ、その発現の仕方に中程度の相関が見られるということ、そして現れ方の順序には子供たちの間に一貫したパターンがあり、それは必要となる共同注意の特定性のレベルの違いを反映しているということである。

したがって、この研究の知見は、そのような初期の社会的認知のスキルを一つまたはそれ以上取り上げて個別

84

2　九か月革命

に研究した数多くの研究（Carpenter, Nagell, and Tomasello, 1998 に詳しい概観がある）とおおむね一致している。この研究によって特にはっきりと示されたことは、生後九か月から十二か月にかけての共同注意のスキルの発現は、一つのまとまりとして捉えることができる発達現象であり、それゆえまとまりのある発達論的な説明をすることが必要であるということである。この見方を補強するものとして、ジャージリーと同僚による、これとはまったく異なる一連の研究がある（Gergely et al., 1995；Csibra et al., 1999）。彼らは九か月児にスクリーン上を動く点を見せた。その動き方は大人の目には明らかに目標志向的に見えるもので、スクリーン上をある特定の場所に向かって進んでいき、途中に障害物があれば回り道をしていくというものであった。赤ちゃんは明らかに、点の移動を目標志向的なものと見ていた。たとえば、障害物が取り除かれた（したがって回り道をする必要がなくなった）のに点が以前と同じ動きをすれば、脱馴化を示したが、移動の軌跡がどのように変化しようとも、点が同じ目標に向かっている限りは、点の振舞いに対して馴化したままであった。ここで重要なことは、行為者の目標に対して六か月児はこのような感受性を示さなかったということである。Rochat, Morgan, and Carpenter（1997）が見つけた証拠も同様のことを示している。一つの球がもう一つの球を目標志向的に「追いかけている」場面を赤ちゃんに見せたところ、九か月児はそれを意図的な行動として理解していたのに対し、六か月児にはその理解が見られなかった。したがって、馴化・選好注視法によるこれらの知見は、赤ちゃんの社会的認知の発達において生後九か月の時期が重要であるということに関して、複数の研究における一致が見られる、有力な証拠を提示していることになる――これらは赤ちゃんの認知を評価する尺度として子供たちが自然な場面で見せる共同注意行動とは

非常に異なったタイプの行動反応を使用しているのである。

共同注意と社会的認知

このような三項関係行動が発現してくる背後にある赤ちゃんの社会的認知がどのような性格のものであるかについては、現在かなりの論争がある。一部の理論家の考えは、ヒトの乳児は誕生のときからすでに大人と同様の社会的認知をもっており、共同注意行動が生後九か月から十二か月の時期に発現してくるのはただ単にその認知を外から見える行動に顕すための行動遂行のスキルが発達したことによるというものである。たとえば Trevarthen (1979, 1993a) の主張しているところでは、赤ちゃんは生まれつき対話的な心を持っている、すなわち生得的に「他者相当物」を持って生まれてくるのであり、発達で必要になるのはこの知識を行動として表出するのに必要な運動スキルを獲得することだけであるという。トレヴァーセンがこの見解の根拠としてあげるのは、赤ちゃんが生まれて間もない頃から見せる複雑な二項的社会的相互作用であり、これを彼は「第一次間主観性」と名づけている。もっとも印象深いのは Murray and Trevarthen (1985) の研究で、そこでは二か月児が他者との社会的な相互作用における随伴性 (contingency) に対して優れた感受性を示すと解釈できることが示されており、トレヴァーセンはこれを、赤ちゃんが相手の主観性を理解している証拠であるとしている。しかしながら、近年になってその結果を再現しようとした数々の研究者たちは、成功ばかりではなく不成功の結果も報告している。そしてより重要なことは、彼らの誰ひとりとして、赤ちゃんの相互作用的行為を社会的随伴性の分析以外のものとは見なしていないということである (Rochat and Stri-

2 九か月革命

ano, 1999 ; Nadel and Tremblay-Leveau, 1999 ; Muir and Hams, 1999)。加えて、五か月児は他者の視線に追従するのに必要な運動スキルをすべて持っていることが明らかであり（五か月児は移動する物体の追視ができる）、なおかつ他者に対して指さしで示すのに必要な運動スキルもすべて持っていることも明らかである（五か月児は物体にリーチングするし、また人差し指を伸ばすこともしばしばする）と考えられる。したがって、仮に生まれて間もない赤ちゃんがトレヴァーセンの主張するほどまでに高度な社会性を備えているのであれば、彼らが三項関係的な共同注意行動をしていてもおかしくないはずなのになぜそれをしないのか、その理由が運動能力の限界だけでは説明できないのである——さらに運動スキルの限界という考えでは、意図的な行動をめぐる注視時間による研究（たとえば Gergely et al., 1995 によるものなど）で、必要となる行動が最小であるにもかかわらず、なぜ赤ちゃんが意図の理解に失敗するのかも説明できない。

生得論者の中にはこのほかに（たとえば Baron-Cohen, 1995 のように）、赤ちゃんはいくつかの独立した社会的認知のモジュール、たとえば「視線方向検出器」「意図検出器」「共有注意の機構」などをもつようにあらかじめプログラムされていると考えるものもいる。バロン・コーエンの見解では、これらのモジュールはそれぞれ発達時期があらかじめ決められており、それは他のモジュールの個体発生の影響も受けず、また有機体の社会環境との相互交渉の影響も受けない。赤ちゃんは他者についての知識を持って生まれるのではないが、他者について学習する必要もない。いくつかのしかるべき認知モジュールが、それぞれに割り当てられることのできない予定表に従って、生涯の最初の数か月の間に成熟を遂げればいいのである。この主張のはらむ問題点は、とにかくデータが

第三章　共同注意と文化学習

この見解と整合していないということである。Carpenter, Nagell, and Tomasello (1998) の研究から得られた証拠や、他の研究から得られた間接的な証拠によると、この説明の鍵となるさまざまなスキル（視線追従、意図的な行為の理解、協調行為）は、生後九か月から十二か月の間に高い同期を示しつつ、相関した形で発現するのである。これらの事実は、独立したモジュールをいくつも想定する説明とは相容れない。またこれらのスキルが発現するのに他者との社会的な相互交渉を必要としないという見解を支持する経験的な根拠も存在しない (Baldwin and Moses, 1994 による批判も参照のこと)。

理論家の中にはまた、生後九か月から十二か月にかけての赤ちゃんの三項的な相互交渉は、行動の連鎖を学習することによると考えるものもいる。なかでもムーア (Moore, 1996； Barresi and Moore, 1996) は、生後九か月から十二か月にかけて創発する行動群は、それぞれ独立の行動のスキルであって、一つ一つに固有の決定刺激 (critical stimuli)、環境随伴性 (environmental contingencies)、そして精緻な社会的認知のスキルを必要としない学習歴があると考えている。たとえば、赤ちゃんは（ことによると最初は偶然に）大人の方を見て、そこで興味を引かれる光景を目にすることによって視線の追従を学習する。このような相互交渉、またはこれと類似した相互交渉によって、赤ちゃんは大人の顔を見る。というのも、大人の微笑と励ましもまた報酬になるからである。さまざまな社会的認知のスキルが同期して相関して発達することを説明するために、ムーアは二つのものに同時に注意を向ける新しい情報処理能力の発現を提唱する。この説明の問題点は、私の知る限り、このような情報処理能力が存在することを示すデータが集められたり、それが初期の社会的認知とどう関連しているかが明らかにされたりすることが、この研究と独立に行われたことがこれまでにないという

88

2 九か月革命

ことである。それどころか、Carpenter, Nagell, and Tomasello (1998) の研究では、対象に固有のタスク (object-related tasks) のなかにこの仮定上の情報処理スキルに相当程度依存してしかるべきであると考えられるものがあるのだが、それらはこれまで観察されているスキルの発達順序にうまく当てはまってもいないし、社会的認知の尺度との一貫した相関を示してもいないのである。

したがって、私の考えるところでは、以上のデータを説明するためには、共同注意について、生得説によるにせよ学習説によるにせよ、以上の諸案のどれよりも一貫性のある説明を捜し求めなければならない。一貫性があるとは、さまざまな共同注意行動がことごとく、すでに述べたような形で上記の時期に発現する理由を説明できるということである。言い換えれば、われわれに必要なのは次の二つの問題にともに答えられる理論的な説明である。

- 共同注意のスキルのすべてが、一緒に、相関しあって発現するのはなぜか。
- それが起こるのが生後九か月なのはなぜか。

私自身の提案は、驚くにはあたらないであろうが、赤ちゃんが共同注意的な相互交渉をはじめるのは、他者を自分と同じように意図を持つ主体であると理解しはじめるときであると考えることである (Tomasello, 1995a)。意図を持つ主体とは、自力で動く有生の存在であり、なおかつ目標を持ち、その目標を達成するための手段となる行動を能動的に選択するものである。能動的な行動の選択とは、たとえば、目標を達成するために何に注意を向けるかを能動的に選択するといったようなことである。

いうまでもなく、すべての行動がここで言う意味で意図的であるわけではない。たとえば、まばたきなどの反射の持つ生物学上の機能は目標のようなものであると思われるかもしれないが、実はそうではない。目標とは個人が持つものであり、そして個人はその目標を達成するための方法の選択を、そのときの状況についての自らの判断に基づいて、自らの意思で行うのである。Gergely et al. (1995) はこのような種類のものを「合理的」行動と呼んでいる――有機体の振舞いは、目標の達成につながる行動をその有機体がどのように選択しているのかが理解できれば、納得できるものだというのである。

このほかに、私は以前、注意を意図的な知覚の一種であると考えるべきであると主張したことがある (Tomasello, 1995a)。何に注意を向けて何に向けないかということは個人が意図的に選択することであり、その選択の仕方は目標の追求と直接つながっている。Gibson and Rader (1979) は、同じひとつの山を画家と登山家がそれぞれの仕事の準備のために見つめる場合を例としてあげている。同じものを見ていても、画家と登山家では注意を向ける山の側面がまったく異なるのである。個体発生の過程でほとんど同時に発見してくる数多くの多様な共同注意行動は、――ジャージリーとその同僚による実験による知見からも支持されることであるが――いずれも他者が、知覚し、行動し、目標志向性をもつ存在であると理解することに何らかの形で支えられているものであるが、これらの多様な行動がほとんど同時に発見してくるということは、これらの共同注意行動が、互いに独立して存在する認知モジュールでもなければ、独立に学習される行動の連鎖でもない、ということを強く示唆している。これらはいずれも赤ちゃんが他者を意図を持つ主体と理解し始めていることの現れなのである。

2 九か月革命

さまざまな共同注意行動は、どれひとつをとっても単独では、このような理解が始まっていることの疑いない根拠にはならないかもしれない。しかし全部あわせたものは、説得力を持っている——特に、共同注意行動のうち、大人が注意を向けていたり行っていたりするものが「何」であるのかについての赤ちゃんの判断が正確でなければできないようなものは、説得力のある根拠になりそうである。というのも、それらは大人の注意についてはっきりと理解していることを示すものだからである。しかし、赤ちゃんにはまだまだ、他者について、そして他者の活動の仕方について、学習しなければならないことがたくさんある。とりわけ、あとの章で見るように、言語コミュニケーションのスキルを獲得する際に幼い子供が学習するのは、何かに対する大人の注意に自分の注意を同調させたり、逆に大人の注意を何かに向けさせたりするのをとても正確にやるにはどうしたらいいかということである。そして言うまでもないことだが、一歳児は知覚と行為のつながりについての知識がまだ十分ではないので、その過程に効果的に介入すること、たとえば大人をだまして自分の希望を容れさせるために虚偽の知覚的な手がかりを作り出すことによる介入などはできない——これは、これから先さらに二年ないし三年におよぶ他者との関わりあいの実践が必要となるスキルである。今われわれが目にしているのは、その過程の一番初めのところである。

そこで疑問が生まれる。共同注意の発現が本当に赤ちゃんの他者理解における革命なのだとしたら、それはどこからくるのだろうか。すでに示したように、ヒトの赤ちゃんは発達のきわめて早い時期からほかの霊長類にはない社会性を備えていることを示す証拠がある——たとえば乳児が原会話や新生児模倣を行うことがその証拠となる。しかしこれらには共同注意はおろか、他者についての意図を持

つ主体という理解はいかなる形のものであれ、関わっていない。そこで生じる問題が、原会話や新生児模倣のような早い時期から見られる社会的認知面での発達と、共同注意行動という後の時期における社会的認知面での発達が、仮につながっているとするならばどのようにつながっているのか、そしてそのような社会的認知面の発達が他者についての意図を持つ主体であるという理解に結実するのがほかでもない生後九か月なのはなぜか、という問題である。

3 九か月革命についてのシミュレーションによる説明

ヴィーコやディルタイからクーリーやミードにいたる社会理論家が強調してきたことは、われわれが他者を理解できるのは、自力で動かない無生の物体の動作の仕方を理解しようと試みるときには利用することのできない、特殊な知識の源があるからだということである。それはすなわち、自己とのアナロジーである。理論的に重要な点は、われわれは、自己とその働き方について、いかなる種類のいかなる外的なものにとっても利用不可能な情報源を持っているということである。行動するときの私は、目標や、目標を達成するための努力といった内的な事柄を経験することができるし、また、その目標を目指して行動するときには（外受容感覚（exteroception）と相関する形でおこる）さまざまな形の自己受容感覚（proprioception）によって自分の行動を知覚することができる——これが目標と、手段となる行動をつなげてくれるのである。外的な存在を「自分に似ている」と理解し、したがって自分自身の内面の働きと同じような内面の働きがそれにあると考えることができれば、その限

3 九か月革命についてのシミュレーションによる説明

りにおいて、それがどのように活動するかについての、特別なタイプの新しい知識を得ることができる。そしておそらくは、このアナロジーがもっとも的確でもっとも自然になるのが、人間たちに適用した場合である。

私がここでやろうとしている理論的な試みは、生後九か月における社会的認知の革命を説明するのに、自己理解と他者理解の関係についての以上のような概観的な洞察を利用しようということである。主張の概要は次のようなものである。他者を理解しようとする際に、ヒトの赤ちゃんは、自分自身に関してすでに経験していることを適用する——そしてこの、自分自身についての経験は、初期発達の段階で、特に自分自身の能動性に関して変化をとげる。ここでの仮説は、このような自分自身の能動性についての経験が発現すると、その直接の結果として他者についての新しい理解が発現するのではないかというものである。したがって私のアプローチは、シミュレーションモデルの一バージョンであると考えて差し支えない。つまり、個人は、言うならば自分とのアナロジーによって——なにしろ他者は「自分に似ている」のだから——他者を理解するのであり、その理解の仕方は——自力で動かない無生の物体は人間に比べるとまったく「自分に似ている」度合いが低いので——無生の物体に対する理解の仕方とは異なる、あるいは少なくとも同じとはいえない、ものである。

自己と他者のリンク

主として新生児模倣の研究の知見に基づいて、Meltzoff and Gopnik (1993) は、生まれたときから赤ちゃんが他者を「自分に似ている」と理解している——ただし、細かい事柄の学習はあとあとに

第三章　共同注意と文化学習

行われるのであるが——と提案している（Gopnik and Meltzoff, 1997 も参照のこと）。しかし彼らは、他者をこのように「自分に似ている」とみる捉え方（"like me" stance）がその後に起こる社会的認知の発達において必須の役割を果たすということについては、何の説明も与えていない。そして何より、その捉え方がほかならぬ生後九か月での共同注意行動の発現にどうつながっているかを明らかにしていない。それどころか、「理論説（theory theory）」の一バージョンを信奉する彼らは、赤ちゃんが他者を理解する際に、ほかのあらゆる認知の領域でするのと同じような、素朴科学的な理論化によっていると信じているのである。この過程においては「自分に似ている」という捉え方は実際には何の役割も果たしていないことになり、生後九か月における新たな発達は、単に他者の行動について の直接観察と推論の結果に過ぎないことになる（そして現に Gopnik, 1993 は、われわれは他者の意図の状態を自分自身の意図の状態と同じくらいよく、そして場合によっては自分の意図の状態よりよく、分かっていると主張している）。

ただしメルツォフとゴプニック同様、私自身、他者を「自分に似ている」とみる赤ちゃんの初期の理解は間違いなくヒトに固有の生物学的な適応の結果だと考えている——もっとも、個体発生においてその理解が生まれる正確な時期と、ヒトという種に典型的な発達の経路における各個人の経験に関して、どのような種類の経験がどのくらい必要なのかということとは、いまだ不明であるが（Baresi and Moore, 1996 参照）。この理解は——いずれにしても生後数か月を過ぎる頃までには見られるようになるものだが——やがて赤ちゃんが生後九か月になって他者を意図を持つ主体と理解し始める際に鍵となる要素となる。あるいはその理解は、もう一方の不可欠の要因が参入してくるのにともな

3　九か月革命についてのシミュレーションによる説明

って鍵となる要素となる。そしてこのもう一方の要因が、生後九か月が特別な時期になる理由を説明してくれるのである。そのもう一方の要因とは、自分自身の意図的な動作についての新たな理解である。他者は「自分に似ている」のであるから、自分自身の機能の仕方についての理解が新たに生じれば、それは他者の機能の仕方についての新たな理解に直結することになる。赤ちゃんは、他者の心理的な機能の仕方を、程度はさまざまではあるが少なくともある程度にかつ深く知ることができる自分自身の心理的な機能の仕方とのアナロジーによって、シミュレーションするのである。したがって、ここでの細かいレベルの仮説としては、赤ちゃんは自分自身の意図的な動作についての新たな理解に達したときに、「自分に似ている」とみる捉え方を利用して、他者の行動を自分の行動と同じように理解するというものである。そして実際、生後八か月から九か月にかけての時期が、自分自身の意図的な行動を赤ちゃんが理解するうえで特別な時期であるということに関しては、証拠があるのである。

自己が意図を持つようになる

赤ちゃんは生後数か月の間に、自分の動作が外部の環境に結果をもたらすことを理解するが、しかしどのように、そしてなぜそのようなことになるのかについては理解していないと考えられる。Piaget (1952, 1954) は数々の巧妙な実験を考え出した。そこでは赤ちゃんがモビールや、玩具や、家庭用品に対して、興味を引かれる影響を引き起こし、そしてその後、その影響を再現する機会を与えられた――ときにはそれは、最初のときとは少し状況が違っていて、赤ちゃんの側でその状況の違い

第三章　共同注意と文化学習

に適応することが必要な場合もあった。生後六か月から八か月の時期の赤ちゃんは、基本的に、興味を引かれる結果を引き起こした行動を単純に繰り返すだけで、状況の変化にともなって必要となる行動調整を行うことはほとんどなかった。一例を挙げよう。赤ちゃんの手が吊り下げられたガラガラと紐でつながれていたため、手を動かせばガラガラを揺れさせて興味を引かれる光景や音を引き起こすことができたときのことである。このとき、紐をはずしても、行動にはまったく変化が起こらなかった。赤ちゃんは同じ手の動きを繰り返したのである。ピアジェは動作がどのようにして外界に結果を引き起こすかについてのこのような「魔術的」思考の事例を、ほかにも数多く観察している。

しかしながら生後八か月前後になると、ピアジェの観察した赤ちゃんは動作と結果の関係について新しい理解を示しているように見えた。新しい理解ができていることの証拠となる、それまでには見られなかった行動としては、(a)同じ目標を達成するのに、その手段となる行動を複数行うこと、(b)目標追求において媒介となる行動を認識し、それを実行すること、があった。たとえば、赤ちゃんが玩具にリーチングしたいと思い、一方ピアジェがその障害になるものとして枕を設置したとき、八か月になる前の赤ちゃんは、そもそもの目標であったはずの玩具のことは忘れてこの枕をいじりだすか、もしくは玩具を見つめたまま不機嫌になるだけであった。しかし生後八か月になると、赤ちゃんは枕が間に入っていることに対応して、まずいったん休止し、そして枕を移動させたり叩き落したりして引き続き、意図をもってその玩具をつかもうとしたのである。障害物の除去の反対に当たるのが目標達成のための媒介物の利用で、媒介として利用されるのはたいていの場合人間であった。たとえば、ある玩具を操作したいのにそれができないとき、赤ちゃんは大人の手をその玩具のほうに押し

96

3 九か月革命についてのシミュレーションによる説明

てその結果を待つのであった（無生の物体を媒介として利用しようとすることもごくごくまれにはあったが、それはたいてい数か月遅れてのことであった）。

生後八か月に満たない赤ちゃんも、目標に向かって行動しているという一般的な意味においては、意図的に行動していると言って差し支えない。しかし同じ目標を達成するのに複数の手段をとり、媒介物を使用するということは、意図的な機能の仕方が新しいレベルに達していることを示している(Frye, 1991)。ある目標を追求するのに、ある状況ではその手段が使われずに別の手段がとられることがあるのだ。そこで赤ちゃんは選択を迫られることになる。また、たとえば枕を叩き落すことなどのように、あるときにはそれ自体が目的となっていた行動が、今やより大きな目的（玩具をつかむこと）のための手段に過ぎなくなっている、ということすら起こりうるのである。これが意味するのは、赤ちゃんは今や行動において目的と手段が持つそれぞれ異なる役割を新たに理解しているということである。赤ちゃんは、自分が追求している目標と、その目標を追求するために手段としてとる行動を、それ以前の感覚運動的動作の段階と較べてずっと明確に区別するようになっているのだ。障害物を取り除いた後ためらうことなく目標に向かうとき、赤ちゃんは心の中にあらかじめはっきりとした目標を（おそらくは、世界の状況の想像上のあり方という形で）持ち、障害物を取り除く間もずっとこの目標を心の中に持ち続け、そしてこの目標を、それを達成するための手段の選択肢となるさまざまな行動から明確に区別していたと仮定して差し支えないのである。

他者の意図的な動作をシミュレーションする

Piaget (1954) は、赤ちゃんが何かの原因となる力を自分以外の外部のものに初めて認めるのは他の人間であるという仮説を立てた。「人は……おそらくは、他者を模倣することにより被験者は、はじめて、因果性の原因と認められるものであろう。というのは、他者を模倣することにより被験者は、自分自身の効力感とのアナロジーによって理解される効力感を人物の行為に認めることがすばやくできるからである」(p. 360)。このアプローチは、概観的なレベルでは、私の説明の核心をなすものでもある。ただしピアジェの場合、被験者の扱い方がたいへん大雑把であったため、決定的に重要な区別を見逃していた。それは、二種類の他者理解の区別である。すなわち自己運動と力の源としての他者、つまり有生の存在という他者理解と、行動および知覚に関して選択を行う存在としての他者、つまり意図を持つ存在という他者理解の区別である。現に私の見解では、ヒトの赤ちゃんの場合、他者を自己運動の力を持つ有生の存在と理解すること——その理解の仕方はほかのすべての霊長類と類似したものである——は生後八、九か月よりずっと以前にできるようになる可能性がきわめて高い。というのは、この理解には、他者と自己との同一化や他者に対する意図性の帰属は、いかなる種類のものであれ必要とならないからである。自己推進運動は直接知覚できるし、外的な主体の力によって引き起こされた運動と区別することもできる。しかし他者を意図を持つ存在——目標、注意、そして意思決定力を持った存在——と理解することは、繰り返しになるが、まったく別のことなのである。

この区別はきわめて重要である。Leslie (1984) と Woodward (1998) の知見を考えてみよう。生

3　九か月革命についてのシミュレーションによる説明

後五か月から六か月の赤ちゃんは、他者の手が通常はしないことをすると、驚きを示す。したがって、この月齢の赤ちゃんは、他者がかくかくしかじかの振舞いをする、自力運動の力をもった有生の存在であると分かっていると考えられる。このことはこの月齢の赤ちゃんの自分自身の動作に対する理解の仕方、すなわちある出来事を起こさせる原因と理解していること（上記参照）ときれいに対応している。

しかし、他者を有生の存在——すなわち、出来事を起こさせる存在——と理解することは、他者を、目標と注意と行動ストラテジーが相互に関わりあって機能する、意図をもつ主体として理解することと同じではない。ここで提唱しているシミュレーション説ではその理解は、自分の感覚運動的動作のなかで、目標をそれを実現するための手段となる行動から区別できるようになるまで赤ちゃんが発達するのを待たなければならない。そしてこの区別ができるようになれば、他者を単に自分で動く力の源としてのみ理解するのではなく、目標を持ち、その目標に近づくためのさまざまな行為上および知覚上のストラテジーからの選択を行う個人として理解する可能性が開けることになる。これは、意図性のもつ、何かに向けられているという側面、あるいは「何かについて」とも言えるような側面の一端をもたらすものである。意図性の持つこの側面は、赤ちゃんが他者を、なにやら細かいことはよく分からないようなやりかたで何か出来事を起こさせる力を持つとだけ理解しているときには、欠けているものである。

したがってここで提示する理論は、ヒトの赤ちゃんは、個体発生の非常に早い時期からほかの人間と同一化するということ、そしてこれはヒトに固有な生物学的遺伝に基礎があるというものである（それが社会的な環境との長期にわたる相互作用を必要とするかどうかについては分かっていない）。赤ち

99

第三章　共同注意と文化学習

やんが自分自身を、なにやらよく分からないやりかたで出来事を起こさせる能力を持った有生の存在としてのみ理解している間、つまり生後七、八か月程度の期間は、他者に対してもそのような理解をしている。赤ちゃんが自分自身を意図を持つ主体と理解し始めると、すなわち自分が目標を持ち、その目標が手段となる行為とははっきり区別されるということを認識し始めると、つまり生後八～九か月になると、他者に対してもそのような理解の仕方をするようになる。そしてこの理解の仕方はまた、他者による知覚選択――知覚とは区別されるものとしての注意――を理解する可能性をも開く。もっともこの過程については今のところ詳しいことはほとんど分かっていないのであるが。また、行き過ぎた主張は控えなければならないが、可能性としては、赤ちゃんが同じようなシミュレーションを無生の物体に対しても、適切とはいえないかたちではあるかもしれないが、していて、それが、物理的な事象がほかの事象を「強制的に」起こさせる仕方についての理解のもとになっているということも考えられる。つまり、一番目のビリヤードボールが二番目のビリヤードボールを押すときの力は、自分がビリヤードボールを押すときに感じる力と同じ種類のものだと考える（Piaget, 1954）という可能性である。ただ、赤ちゃんは他者のシミュレーションよりも弱いものにとってこの種のシミュレーションは他者のシミュレーションよりも弱いものかもしれない。なぜなら赤ちゃん自身と無生の物体との間のアナロジーは弱いものだからである。

ここで言っておかなければならないことは、シミュレーション説に対する反論には、すくなくとも私の目には誤解に基づいていると思われるものが多いということである。シミュレーション説についてしばしばある理解の仕方としては、子供は自分自身の意図の状態を利用して他者の視点をシミュレ

3　九か月革命についてのシミュレーションによる説明

ーションできるようになるのに先立って、まず自分自身の意図の状態を概念化する能力を持たなければならないと考えている、というものがある。これは経験的に見て正しくないと考えられる。子供は、他者の心的な状態を概念化するのに先立って自分自身の心的な状態を概念化するというわけではない (Gopnik, 1993)。また、他者の心的な状態よりも先に自分自身の心的な状態のことを言葉で語るというわけでもない (Bartsch and Wellman, 1995)。しかしこのことはシミュレーション説にとってかならずしも問題になるわけではない。シミュレーションというものを、子供が心的な内容を概念化し、その心的内容が自分自身のものであると意識し続け、そしてそれを特定の状況で他者に帰属するという明示的な過程であると考えなければよいのである。私の仮説は単に、子供は他者が「自分に似ている」ので自分と似た形で活動するはずだというカテゴリー的な判断をするのだということに過ぎない。ある特定の状況において、他者のもつ特定の心的状態がこうではないかと判別することよりも、自分自身の心的な状態に意識的にアクセスすることのほうが子供にとって簡単であるなどという主張は一切していない。単に、他者の大まかな機能の仕方を自分自身とのアナロジーを通して知覚するというだけのことである。ある特定の状況における特定の心的な状態を判断する能力は、さまざまな要因に左右されるのである。最も単純な場合には、子供は相手が達成しようと意図している目標状態を見たり想像したりするときに、自分自身に関して想像するのとほとんど同じやり方で行うということ、そしてその人の行動がその目標に向けられていることを理解するときに、自分自身の行動がその目標に向けられていると理解するのとほぼ同じやり方で行うということ、それだけである。

チンパンジーと自閉症の子供

ここでわれわれヒトにもっとも近い霊長類仲間であるチンパンジーの考察に戻ると、次のように結論づけることができる。チンパンジーと、それ以外の何種類かのヒトでない霊長類の動物は明らかに、環境に対する自分自身の動作の効力をある程度は理解しており、実際、さまざまな種類の意図的な感覚運動的動作に携わりもする。それらの動作において、彼らは同じ目標にいたるさまざまに異なる手段を用い、障害物を除去し、そして道具などの媒介物を使用する。したがって、彼らは他者を意図を持つ主体とは理解していないという私の考え方が正しいとして、それは目標と手段の分離に関わる要因によると考えることはできない。彼らが他者を意図を持つ主体と理解しないのは、私の意見では、むしろもう一方の要因による。つまり、彼らは、ヒトがやるようには、同種の他者と同一化しないのである。これはまったくの憶測に過ぎないが、ひとつの仮説として考えうることは、このことが、無生の物体の動きの間の因果関係を理解しようとしなければ解決できない物理的な問題に関して、彼らが抱える困難の原因でもあるのかもしれないということだ。彼らは、事象にかかわっている物体との同一化を、たとえ不完全なやり方であってもする、ということがないのである。このストーリーの興味深い展開としては、ヒトの文化にさらされた類人猿の話がある。彼らはヒトと同様の共同注意能力をある程度は獲得すると考えられる。たとえヒトに対して指令的な指さしをしたり、道具使用のスキルの模倣学習をしたりする（第二章参照）。しかしこれらの類人猿個体たちも、指さしその他のコミュニケーション信号 (signals) を他者に対して宣言的に——つまり純粋に注意を共有するためだけに——使用することはない。また彼らはそれ以外の、共同 (cooperation) と教示 (teaching) を必要

102

3 九か月革命についてのシミュレーションによる説明

とする諸活動を行うこともない。ここでの仮説としては、これらの類人猿個体たちはヒトが自分たちの必要や欲求を満たすためには事実上必ず接触しなければならない存在であって、自分たちの環境の中にいる有生の主体としてどれほど有能なものであるかをある程度学習する可能性はあるが、しかしどれほど訓練を重ねても、生物としてのヒトに固有の素質である、ヒトらしいやり方で他者と同一化する傾向性を彼らに持たせることはできないのである。

ヒトが同種の他者と同一化するという特別な能力を遺伝によって受け継ぐと仮定するならば、この能力に関して何らかの生物学的な障害を持つ個人を探すことも自然となる。そして言うまでもなく、自閉症の子供がそれに該当する。よく知られているように、自閉症の子供は共同注意と視点の取り方に顕著な問題を抱えている。たとえば、彼らは物体に対して他者と共同で注意を向けることに関して数々の障害を持つ (Loveland and Landry, 1986 ; Mundy, Sigman, and Kasari, 1990) し、宣言的な身振りはほとんどしない (Baron-Cohen, 1993)。象徴的な遊びすなわちふり遊びないしごっこ遊びでは多くの場合他者の役割を担うことが必要になるのだが、自閉症の子供はこれらをほとんどしない。高機能の自閉症の子供たちの中には他者の視線に追従することができる人もいるが、比較的低機能の自閉症の子供たちは他者の知覚の視点に自分を合わせるのがきわめて不得手である (Loveland et al., 1991)。Langdell の全般的な結論 (Baron-Cohen, 1988 における引用による) は、集団としてみた場合、自閉症の子供は「他者の視点に立つことが困難」であり、また Loveland (1993) は自閉症の子供を基本的に「無文化的」と特徴づけている。自閉症の子供が持つ問題がどこに由来するのかを知る方法は今のところない——数多くの説が競合しあっている状態である——が、ひとつの仮説は、彼らは他

第三章　共同注意と文化学習

者と同一化することが苦手であるというものである。そしてこの困難さは、発達の時期や障害の深刻さ、そして各個人が補償する必要があったりなかったりするその他の認知スキルなどによって、さまざまに異なったかたちで現れうるのである。

4　初期の文化学習

以上から、同種の他者を意図を持った主体と理解するというヒトの認知能力の発現には、他者と同一化するという、乳児期の非常に早い時期に発現する、生物種としてのヒトに固有のスキルと、自分の感覚運動的動作を意図的に組織するという、ほかの霊長類にもあって生後八か月から九か月頃に発現するスキルとの両方が必要であるといえる。これらのスキルはいずれも生物学的遺伝によって伝えられるものである。つまりこれらのスキルは、さまざまに異なる環境（そこには言うまでもなく必ず同種の他者がいるわけであるが）においても、その異なりが通常の範囲内に収まるものであれば、通常の発達経路をたどるものなのである。

この、ヒトに固有の社会的な理解の形態は、ヒトの子供が大人と関わりあったり子供同士で関わりあったりする際のその関わりあいのあり方に数多くの深い影響を与える。そのような影響のうち、現在の文脈で最も重要なのは、それが子供に、文化をヒトに固有のかたちで継承する可能性を開くといううことである。自分が世界に対してある関係を意図的に築いているのと似た形で、他者も世界に対して関係を意図的に築いている子供には、目標を達成するために他者が考え出したやり

4　初期の文化学習

方を利用する試みが可能となる。この時期の子供はまた、人が作り出した人工物の意図的な側面に同調して、それを特定の目標志向的な状況において自分の行動および注意のストラテジーの媒介とすることもできる。したがってここでの主張は、子供が生まれてくる文化環境がどれほど豊かなものであっても、他者を意図を持つ主体と理解することがなければ――普通に発達している人の赤ちゃんでも生後九か月になる前にはそうであり、そしてヒト以外の霊長類や大半の自閉症者もそうなのだが――、子供は、同種の他者の認知スキルと知識がその文化環境に明白なかたちで存在していても、それを利用することができないということである。赤ちゃんがひとたび他者からの文化学習を始めれば、その過程がもつ驚くべき帰結は、物体や人工物との関わりあい方についての彼らの学習のあり方、身振りによって他者とコミュニケーションをとる方法の学習のあり方、そして自分自身について考える方法の学習のあり方にまで及ぶのである。

個体発生のニッチとしての文化

有機体が上の世代から受け継ぐのは、ゲノムだけではない。彼らは環境も同じように受け継ぐ――このことはいくら強調してもしすぎることはない。魚は水の中で機能するようにできているし、アリはアリ塚で機能するようにできている。ヒトはある特定の種類の社会的な環境で機能するようにできていて、その環境がなければ成長途中の子供は（かりに何らかの方法で生存し続けるすべを与えられたとしても）、社会的な面もしくは認知的な面で、正常な発達を遂げられないことになるだろう。その特定の種類の社会的な環境を、われわれは文化と呼んでいる。それはまさに、ヒトという種に典型的

第三章　共同注意と文化学習

であり、なおかつヒトという種に固有の、ヒトの発達にとっての「個体発生のニッチ」(Gauvain, 1995)に他ならない。私はヒトの文化環境が子供の認知発達に場を提供するそのあり方と、大人からの積極的な教え込みの源としてのあり方である。それを踏まえた上で、子供がこの環境の中で、この環境から、そしてこの環境を通じて、学習するそのあり方を考えよう。

まず第一に、ある社会グループの人々は、ある特定の仕方で生活している——ある特定の仕方で食べ物を用意して食べ、ある特定の物で住居を整え、ある特定の場所に行ってある特定のことをする。ヒトの乳児と幼児は全面的に大人に依存して生存しているため、子供たちも同じやり方で食事をし、同じ物に囲まれて暮らし、そして大人が出かけて何かをするときにはそれにつきしたがう。大まかな言い方では、これは子供の発達にとっての「ハビトゥス」(Bourdieu, 1977)といって差し支えないものである。自分が成長するときに周囲に実践していることに携わることは——その関与の度合いとスキルがどの程度のものであるにせよ——、子供がある特定の経験をし、ほかの経験はしないことを意味する。どのようなハビトゥスに生まれてくるかによって、その子がどのような社会的な関わり合いを持つのか、どのような物体が利用できるのか、どのような学習の経験と機会に出会うことになるのか、そして自分の周囲にいる人々の生活の仕方に関してどのような推論をするのか、ということが決まってくる。つまりハビトゥスは、子供がいやおうなくそれを用いて活動せざるをえない「原材料」になるという意味で認知発達に直接の影響を及ぼすのであり、もしかりに子供がこのような原材料から切り離されたら、というのは単にわれわれが悪夢の中で想像するしかないことであ

4 初期の文化学習

るにしても、その子の認知発達にどれほどの混乱がもたらされるかは容易に想像がつくところである。

ヒトの集団にとってのハビトゥスとチンパンジーの集団にとってのハビトゥスとが同じものであることは明らかであるが、どちらの種においても、個体学習と推論が、どのような生活を行うかと相まって認知発達に影響を与えるのであり、その過程はこの二つの種でいろいろな点で類似している可能性が非常に高い。成長途上のチンパンジーの子供もまた、母親が食べるものを食べ、母親が行くところに行き、母親が眠るところで眠る。しかし、これに加えてヒトの大人の場合には、ほかの霊長類や動物には見られないほど、能動的に子供の発達に介入するということが、地域や時代の違いを超えて見られる。文化スキルの種類によっては、大人がなすにまかせよ的な態度を取ることも多い――ただしどの程度まで放置するかは文化によって著しく異なる――が、その一方ですべての人間社会において、子供がそれを学習するのを大人が手助けしなければならないと感じるような事柄がある。ある場合には、大人は簡単な補助をする。これは Wood, Bruner, and Ross (1976) の用語を借りて「足場（スキャフォルディング）」と呼ぶことができる。これは子供があるスキルに関して苦闘しているのを大人が目にしたとき、その課題を簡単にするため、あるいはその課題の重要な側面に子供の注意を向けるためにさまざまなことをしたり、あるいは大人が自らその課題の一部を行って、制御すべき点のあまりの多さに子供が圧倒されないようにしたりするのである。文化によっては、この種の教え込みの仕方の定型が、大人がじゅうたんを編んだり食事の準備をしたりするのを子供が座って見ているようにするだけという形をとる場合もある (Greenfield and Lave, 1982)。しかし重要度が高いとされ、大人が子供に直接教え込まなければならないと感じるタスクや知識が、ヒトの社

107

会にはどの社会であれ必ず何かしらあるものだ（Kruger and Tomasello, 1996）。それには生命維持に関わるきわめて重要な活動から、家系や宗教的な儀式の記憶にいたるまでさまざまなものがある。重要な点は、スキャフォルディングにおいても直接の教え込みにおいても、大人は子供がスキルや知識を獲得することに関心を持ち、そして多くの場合、子供がその知識を獲得したり子供のスキルがある程度の熟達のレベルに達するまで、大人がその獲得過程に関わり続けるということである。とりわけ Bullock (1987) が強調するところでは、そのような意図的な教え込みはきわめて強力な文化伝達の力となる。なぜなら、それはあるスキルや知識が実際に継承されることをかなり確実に保証するからである。

King (1991) は、ヒト以外の霊長類の社会学習についての数多くの証拠と、霊長類の大人による教示——彼女の言う「情報の寄贈」——と見られる可能性がある事例について、検証している。いくつかの興味深いエピソードをどう解釈するかの問題はあるが、いずれにしても全体の状況は明快である。ヒト以外のすべての霊長類の子供は、成長の際、生存や繁殖に必要な情報をほとんど自分だけの力で獲得しなければならない。大人が子供に情報を寄贈することはほとんどないのだ。したがって、ヒトの文化の持つもっとも重要な側面のひとつが、大人が子供に積極的な教え込みを行うことであるということになる。特定のハビトゥスで生活することが持つ一般的なレベルでの影響と考え合わせれば、ヒトの成長にとっての個体発生のニッチはすぐれて文化的なものであることが明らかなのである。

模倣学習

4　初期の文化学習

生後九か月前後のヒトの子供は、それ以前とは根本的に違うやり方でこの文化的な世界に参入する用意ができている。その参入のあり方の第一の、そして最も重要なものとして挙げられるのが、他者を意図を持つ主体と捉える九か月児の新しい理解の仕方が、私が文化学習と呼んできたものを可能にするということである。その中で、個体発生上最初に現れる形態が模倣学習である。すなわち、乳児期初期には対面状況において相手の行動を真似るという二項的な行動があったわけだが、生後九か月になると赤ちゃんは、外部の物体に対する大人の意図的な行為を再現するようになるのである。これは言うまでもなく、さまざまな道具や人工物の慣習的な使用法を獲得する可能性を開くものであり、したがって、私が若干狭い意味の定義で言う文化学習の、疑う余地のない例の第一ということになる。この問題に関して組織的に集められたデータはほとんどないが、いくつかの事例が示唆するところでは、一般に信じられていることとは異なり、非常に幼い子供は、大人が自分に注意を払っていないときに行う行動はあまり模倣せず、自分の「ために」やってみせてくれる行動はずっと頻繁に模倣するようである (Killen and Uzgiris, 1981)。もしこれが正しいとするならば、子供に対する大人の側の積極的な教え込みと、子供の側の最初期の文化学習の形態とを直接つなぐと言えそうな、興味深い事例ということになるだろう。

ある文化の成員となるということは、新しいことを他者から学習するということである。しかし新しいことを社会学習するやり方はたくさんある。それは第二章で霊長類の社会学習を概観したときに見たとおりである。道具や人工物を含む物体に関わる過程としては、つぎのようなものがある。(a)刺激強調では、大人がある物体を取り上げてそれに関して何かを行い、そのことが子供の興味を増し、

109

自分もそのものに触れて操作したいという意欲を高めさせることになる)。(b)エミュレーション学習では、大人が物体を操作するところを赤ちゃんが見ることで、その物体の、自力では発見できなかったかもしれないダイナミックなアフォーダンスについて新しいことを学習する。そして(c)模倣学習では、ヒトの意図的な行為について子供が学習する途上にある。子供の模倣学習についての古典的な研究の大半では、子供が本当に大人の意図的な行動を模倣しているのであり、単に大人が物体に対して引き起こした影響を再現しているに過ぎないわけではないということを確認するのに必要な統制条件が含まれていない。しかし最近の研究の中にはそのような統制実験を含んでいるものがいくつかあって、それらは赤ちゃんの模倣学習を実証する証拠としてことのほか説得力のあるものになっている。

Meltzoff (1988) は生後十四か月の子供に、大人が腰を曲げて前屈して頭でパネルに触れることで明かりをつけるところを観察させた。ほとんどの赤ちゃんはその後、完全に同一とはいえないまでも同じような行動をした——普通はそのような不恰好な行動はせず、また、普通に手でパネルを押したほうがより簡単かつ自然であったはずなのにも関わらずである。この行動のひとつの解釈は、赤ちゃんが次のことを理解していたというものである。(a)大人は明かりをつけるという目標を持っていた。(c)明かりをつけるための手段が他にもいろいろありえた中で、その中のひとつを大人は選択した。(b)自分たちが同じ目標を持った場合、手段として同じ行動をしているという解釈である。したがって、この種の模倣学習においては、早い時期から存在する、大人と同一化する赤ちゃんの傾向と、生後九か月か

110

4　初期の文化学習

ら存在する、他者の動作の背後にある目標と、その目標を達成するために選択することができるさまざまな手段とを区別する能力とが、決定的に不可欠なものとして存在しているのである。それらがなければ、赤ちゃんたちは普通に手で明かりをつけるというエミュレーション学習をしていてもおかしくなかったし（しかし実際にはそうしなかった）、さもなければその動作が目標を持つということにはお構いなく、ただ単にオウムのように動作を真似するだけで終わったであろう。この最後の解釈の可能性はメルツォフの研究では排除されずに残るのだが、しかし Carpenter, Nagell, and Tomasello (1998) の模倣課題においては根本的に否定された。赤ちゃんが興味を引かれる結果をもたらす、目新しくて通常はないような動作を幼い赤ちゃんに提示したところまでは彼らの研究においても同じである。しかしそれに加えてカーペンターらは、動作の再現に伴う赤ちゃんの行動に細かく注目した。その結果分かったことは、生後十一か月から十四か月までの赤ちゃんの大半が、その普通でない動作を再現しただけでなく、自分の興味を引く結果が現れるのを期待するように見つめていたのである——これは、彼らが単に動作を真似していたわけではなく、目標志向的な行為を模倣していたことを示している。

　これらのほかにも二件の最近の研究が、模倣学習場面において赤ちゃんが他者の意図的な行為をどのように理解しているかをより直接的に検証している。まず最初の研究では、Meltzoff (1995) が生後十八か月の赤ちゃんに二種類のデモンストレーション（と、統制条件のデモンストレーション）を提示した。ひとつのグループの赤ちゃんは、それまでの研究と同様、大人が物体に動作をするところを見た。しかしもう一方のグループの赤ちゃんは、大人が当該の動作の最終結果をえようとするのだけ

れどもうまく行かないという場面をみた。たとえば、大人がある物体の二つの部分を引き離そうとするのだが、うまくいくことはないというような場面であった。つまりこのグループの赤ちゃんは、当該の動作が現実に完遂されるところは一度も見なかったわけである。メルツォフの発見は、当該の動作をどちらのグループの赤ちゃんも同じようにうまく再現したということだった。つまり、赤ちゃんは大人が何をしようと意図していたのかを理解していたのであり、そして、現実に起こった表面的な大人の振舞いを真似るのではなく、その大人がしようとしていた行為を実行したのだ、と考えることができたのである。(また、統制条件では大人が物体をランダムに操作するなどしたのであるが、統制条件よりもこれら二つの条件のほうが、赤ちゃんの成績は良好であった。)二番目の研究では、Carpenter, Akhtar, and Tomasello (1998) が、偶発的な動作と意図的な動作を赤ちゃんがどう模倣するかを調査した。この研究では、生後十四か月から十八か月の赤ちゃんが、大人が二つの動作からなる連鎖を物体に対して行い、それが興味を引かれる結果を起こさせるところを見た。模倣のモデルとなる連鎖において、一方の動作は意図的であることを示す発声(「ほら!」)を伴い、他方の動作は偶発的であることを示す発声(「しまった!」)を伴っていた——両者の順序は全試行を通じて組織的に操作してあった。その後赤ちゃんはその結果を自分自身で起こさせる機会を与えられた。全体としてみると、赤ちゃんは、二種類の動作を見た順序に関係なく、大人の意図的な動作のおよそ二倍の回数模倣した。このことが示すのは、赤ちゃんが二種類の動作を区別していたこと、そして、この場合もまた、赤ちゃんは大人の表面的な振舞いではなく、大人がしようと意図していたことを再現することができた、ということである。

112

4 初期の文化学習

したがって模倣学習は、赤ちゃんが周囲の文化世界に参入する第一歩といえる。赤ちゃんは今や大人から、いやもっと正確に言えば大人を通じて、認知的に見て重要なやり方で学習を始めることができるからである。数多くの研究によって確固たる事実として示されてきたその物体のアフォーダンスに関することは、この学習が単に、他者が物体を操作する際に明らかにされるその物体のアフォーダンスに関するものでもなく、また正確な運動という意味での表面的な振舞いについてでもない、ということである。そうではなく、ヒトの赤ちゃんは最初の誕生日を迎える前後から、大人の持つ目標と、その目標を追求する手段として大人が選択した行為の双方に同調し始め、それらを再現する試みを始めるのである。この時期にいたる前は、赤ちゃんは他者の振舞いを意図的なものと知覚してはいないので、できることは行動が生み出す外面的な結果をエミュレーションしたり、行動の感覚運動的な形式を真似したりすることだけである。しかしこの時期を過ぎた赤ちゃんは、パパが「テーブルをきれいに拭いている」、「引き出しを開けようとしている」——ただ単にある特定の身体運動をしているだけではなく、また環境の状態に顕著な変化を引き起こしているだけでもない——と応なく知覚せざるをえないのである。そしてそのような意図的な行為こそが、赤ちゃんが再現しようとするものなのである。

人工物の意図的なアフォーダンスを学習する

模倣学習がとりわけ重要な役割を果たすのは、ある特定のタイプの物体、特に文化的な人工物との子供の関わり合いである。発達の早い時期に、物体を掴み、口に入れて吸い、操作するなかで、幼い赤ちゃんはその物体のもつ行為のアフォーダンス (Gibson, 1979) の一部を学習する。これは直接的

第三章　共同注意と文化学習

な個体学習である。時にはこれの代わりに、その物体にそれができるということをそれまで赤ちゃんが知らなかったことをその物体がするのを見て、物体の新しいアフォーダンスを発見するというエミュレーション学習が起こることもある。しかし文化の中に存在する道具や人工物にはもうひとつ別の側面——Cole（1996）が言うところの「理念的な」側面——があり、この側面はしかるべき種類の社会的認知のスキルと社会学習のスキルをもっている人であれば誰に対してでも、新しいアフォーダンス群を生み出すものである。ヒトの子供は、文化的な道具や人工物を他者が使っているのを観察するとき、模倣学習の過程に携わることがしばしばある。この過程で彼らは自分自身を、それを使っている人の「意図空間」におこうとする——使用者の目標、すなわち使用者がその人工物を何の「ために」使っているのかを判別することで。この模倣学習に携わることで、子供はその相手と共同して、自分「たち」が何の「ために」その物体を使っているのかを確言することになる。たとえば、私たちはハンマーは打ちつけるために使い、鉛筆は書くために使うのだ、というように。このような過程に携わった経験を持つ子供は、文化的な物体や人工物を、自然的・感覚運動的なアフォーダンスをもつのみならず、それとは別の、意図的なアフォーダンスとでも呼べるようなものを持つものとして理解するようになる。この理解の基礎にあるのは、他者がその物体やその人工物に対して築いている意図的な関係——すなわち、他者がその人工物を介して築いている世界との意図的な関係——についての理解である（Tomasello, 1999a）。

自然的なアフォーダンスと意図的なアフォーダンスの区別は、子供の初期のふり遊びにおいてはっきりと見てとれる。というのも、ふり遊びにおいて子供が基本的にやることは、さまざまな物体

114

4 初期の文化学習

の意図的なアフォーダンスを剥ぎ取って、そのアフォーダンスで遊ぶことなのである。たとえば、二歳児は鉛筆を手にとってそれがハンマーであるというふりをすることがあるだろう。しかしHobson (1993) が指摘しているように、子供がやっていることは、単に鉛筆を普通と違うやり方で操作することにとどまらないものである。初期のふり遊びにおいて、赤ちゃんはいたずらっぽい表情で大人のほうを見ることもする——これは、自分のやっていることがその物体の意図的／慣習的な使い方ではないこと、そして自分がしている非慣習的な使い方が「面白い」と思われそうなものであること、を分かっているからなのである。この行動のひとつの解釈が、ふり遊びに二つの決定的に重要なステップが関わっているというものである。第一に、赤ちゃんは大人が物体や人工物を使うときの意図を理解し、それを自分の意図として採用できなければならない。つまり、子供はまず私たちヒトがどのように鉛筆を使うか——鉛筆の意図的なアフォーダンス——を理解するのである。第二のステップとして、子供は意図的なアフォーダンスをそれと結びつけられていた物体や人工物から「切り離す」ことによって、アフォーダンスの入れ替えを行い、そして遊びとしてそれを「不適切な」ものに結びつけて使うのである。そうやって子供は、ハンマーを慣習的な使い方で使うときのやり方で鉛筆を使い、そしてその過程で大人に微笑みかけて、これは愚かなことをしているわけではなく、ふざけているのだと合図するようになるのである。このような、物体や人工物の意図的なアフォーダンスを切り離し、ふり遊びの中でそれなりに自由に入れ替えるという能力は、私にとっては、次のことを示す有力な証拠と考えられる。すなわちそのような子供は、多くの文化的な人工物に、それが物質としてももともと持っている性質とは多少なりとも独立した形で具現化された意図的なアフォーダンスを、すでに学習

115

第三章　共同注意と文化学習

しているということである。

この過程を特に明確に示しているのが、Tomasello, Striano, and Rochat (1999) による最近の研究である。この研究では生後十八か月から三五か月までの子供にある遊びをさせた。それは、大人がいくつかある物体のうちどれが欲しいかを合図すると、子供がその物体を押して滑り板を滑り降りさせて、その大人に渡すというものであった。ウォームアップのタスクでは、大人が物体を名前で頼んだ。このときはどの月齢の子供もほとんど完璧にタスクをこなした。本番のタスクでは、大人は物体を頼むのに、当該の物体のおもちゃの模造品を持ち上げた（たとえば、本物のハンマーを頼むのに小さなプラスチックのハンマーを持ち上げた）。この場合はしかし、月齢のいっていない子供たちは話し手が模造品にこめた伝達意図をなかなか適切に解釈できなかった——これは驚くべき発見である。というのも、大人の観点からはおもちゃのハンマーは本物のハンマーと見かけ上そっくりであり、したがってそれを解釈するのは子供にとってもとりわけ簡単なはずだと思えるからである。この困難さの理由としてひとつ考えられることは、月齢のいっていない子供は模造品を感覚運動的な物体と捉えて関わっていたのではないか、ということである。すなわちそれがアフォードするのは掴んだり、操作したり、などといった自然的・感覚運動的なアフォーダンスであると捉えていたのではないかということである——これではその物体を純粋に記号と捉えて関わることは困難になってしまう（そして現に月齢の若い子供たちは、大人が持ち上げているおもちゃにリーチングすることが非常に多かった）。興味深いことに、生後二六か月になる頃には、この子たちもこのゲームで物体を記号として使うことがうまくできるようになっていたが、ひとつだけ例外となる場合があった。記号として使われた物体がも

116

4　初期の文化学習

うひとつ別の意図された使用法を持つ場合、たとえば大人がカップを帽子として使った場合には、彼らはたいへんな困難を示したのである。すなわち、どうやらこの状況は、カップに、もうひとつの競合する捉え方を与えたらしいのである。すなわち、カップは同時に、

- 掴んだり吸ったりすることができる感覚運動的な物体
- 飲むという慣習的な使用法を持つ意図的な人工物
- この状況においての、帽子の記号

となっていたわけである。つまりこれらの結果は、非常にはっきりと次のことを示している。物体の意図的なアフォーダンスについての子供の理解は、究極的には発達の文化的な経路における他者の観察と他者との関わり合いに由来するのであるが、これはそれ以前に発達の個人的な経路において確立された、物体の感覚運動的なアフォーダンスについての理解とは非常に異なるものであり、これら二つの理解は競合する可能性があるのだ。

したがってここで立てられる仮説は、子供が他者を意図を持つ主体と理解し始め、したがって人工物の慣習的な使用法を他者を通じて模倣学習し始めるとともに、文化的な人工物の世界が意図的なアフォーダンスに満ち溢れたものとなり、感覚運動的なアフォーダンスを補完するものとなる——そして物体との大人の関わり合いの仕方を模倣しようとする子供のきわめて強い傾向性が、はっきりと見てとれるようになる (Striano, Tomasello, and Rochat, 1999 および第四章参照) というものである。

物体の領域においては、この理解はさまざまな物体や人工物の意図的なアフォーダンスをもちいたふり遊びの可能性を開くことになる。人間によって育てられた類人猿の一部がヒトの作った人工物を操作するときの行動にはたしかに興味深いものがある。しかしここで述べた行動はいずれもヒトに固有のものである (Call and Tomasello, 1996)。また、ここであわせて指摘しておくべきことは、同様のことが物体を使わない社会的な慣習の領域でも作用しているということである。それはたとえば言語をはじめとする、コミュニケーションのための慣習を構成する、記号としての性質をもつ人工物である。しかしこの場合には学習の過程に若干の相違があるため、その議論は次章に譲る。

身振りでコミュニケーションができるようになる

模倣学習がその存在を強く感じさせるもうひとつの大きな領域として、身振りによるコミュニケーションの領域がある。ヒトの赤ちゃんの最初の身振りは、典型的にはチンパンジーの身振りと本質的に同質の二項関係における儀式化である（第二章参照）。たとえば、世界中の多くの子供が、抱き上げて欲しいときにばんざいをするかのように腕を頭上に上げる (Lock, 1978)。チンパンジーの身振りと同様、この種の初期の身振りは次のような性質を持っている。

- 外的な物体がかかわらないという意味で、二項関係的である。
- 子供が何を望んでいるかにかかわっているという意味で、指令的である。
- 模倣によるのではなく、儀式化による。したがって信号 (signal)（事柄の実行を実現させるた

4 初期の文化学習

の手続き）であって記号（symbol）（経験を共有するための慣習）ではない。

やがて生後十一か月から十二か月になると、子供はある種の指さしなど、三項関係的で宣言的な身振りも使うようになる。子供が指さしによって他者に何かを示すことをどのように学習するかについては今のところ分かってはいない。しかし考えられる二つの可能性は、儀式化と模倣学習である。

多くの赤ちゃんが、物体に対する自分自身の注意を定位するために、腕と人差し指を伸ばす。そして大人がしかるべき反応をすれば、この種の指さしが儀式化する可能性がある。このシナリオでは、赤ちゃんが他者に対して指さしをしていても、自分のための他者の指さしは理解しない——つまり、自分自身の視点からだけ指さしを理解する——ということがありうる。そして実際、数々の経験的な研究が多くの赤ちゃんに関して、まさにこのような理解と産出の乖離を報告している (Franco and Butterworth, 1996)。儀式化によって指さしを学習した赤ちゃんは、指さしを、共有された記号として理解するのではなく、他者に何かをしてもらうための有効な手続き（チンパンジーによる自身の身振りの理解とまったく同様の、信号）としてのみ理解することになる。

もう一方の可能性は、大人が自分のために指さしをするのを赤ちゃんが観察して、事物に対する注意を共有するよう仕向けようとしていると赤ちゃんが理解する、すなわち、指さしという身振りがもつ伝達目標を赤ちゃんが理解するというものである。やがて子供は模倣学習によってその身振りを学習する。それは、同じ目標を自分が持っているときには同じ手段を使うことができると理解すること で、注意を共有するための間主観的な身振り行為を作り出すという形でなされる。ここで決定的に重

119

要なのは、この学習過程において赤ちゃんは、大人が指を突き出すのを単に真似しているだけではないということである。大人の意図的な伝達行為を、その手段と目的とをともに含めて、本当に理解しており、それを再現しようと試みているのである。これが決定的に重要である理由は、間主観的に理解されたコミュニケーションの手立てが作り出されるのが、子供がまず大人の伝達意図を理解し、そして自らその意図に同一化することによって「同じ」目的に対する「同じ」手段を生み出す場合に限られるからである。その結果として生まれるコミュニケーションのための記号——このような記号を「共有」しているのだという理解である。この過程については、第四章で子供が記号的な身振りとか記号的な言語とかと一般に呼ばれているものを使うときの使い方の一端を詳しく論じるときに、より詳しく検討したい。

赤ちゃんが指さしを学習するのが、個体発生における儀式化によるのか、模倣学習によるのか、はたまた、これは私の推測であるが、個体発生における儀式化によって（特に最初の誕生日前に）学習する赤ちゃんと模倣学習によって学習する赤ちゃんと両方いるのか、それを知るための経験的な根拠はない。さらに、いったんは儀式化によって指さしを学習した子供が、あとになって大人の指さしを新しい理解の仕方で理解するようになり、それゆえ自分自身の指さしについて、そしてそれが大人の指さしと同じ意味を持つものだということについて、新しい理解に到達する、ということさえ起こり

4 初期の文化学習

うる。たとえば Franco and Butterworth (1996) の発見によれば、多くの子供に関して、はじめて指さしをするときには大人の反応をまったくモニターしていないように見えるが、何か月かたった後には、指さしをした後大人の反応を観察するために大人のほうを見る、そしてさらに数か月後には、まず最初に大人の方を見て大人の注意が自分に向いていることを確認してから指さし行為にすすむ、ということが観察されるとのことである。ここから考えられる仮説は、ヒトの赤ちゃんは初めての誕生日を迎えて間もないある時期に、（それ以前に儀式化による指さしをしていたかどうかに関わらず）他者に向けての指さしを模倣学習によって学習するのではないかということである。そしてこの時期こそ、指さしが意図および注意に関してもつ重要性を理解したという意味で、指さしを文化的な慣習ないし文化的な人工物として理解した時期と言えるのである。

他者を通して見た自分自身を知る

赤ちゃんが自分自身をどのように理解しているのかについては、本当のところはだれにも分かっていない。だが Tomasello (1993, 1995b) は、他者を意図を持つ主体と理解するという考えに基づく本章の議論から直接に導き出される説明を提案している。中核となる考えは次のようなものである。生後九か月から十二か月の赤ちゃんが外的な対象に対する他者の注意に追従したり、それに対して他者の注意を引いたりするとき、赤ちゃんがその注意をモニターしている相手が、赤ちゃん自身に注意を向けるということが起こる。すると赤ちゃんは、自分に向けられたその人の注意を、それ以前、つまり社会的認知の九か月革命の前にはできなかったようなやり方でモニターする。これ以後赤ちゃんの

121

他者との対面的な関わり合いは——表面上は乳児期初期から始まる対面的な関わり合いが変わりなく続いているように見えるが——それまでとは根本的に異なるものとなる。今や赤ちゃんは自分の関わりあっている相手が意図を持つ主体であり、その人は赤ちゃん自身に対して何らかの意図を向けているのだということが分かっているのである。他者が外部世界に関して何かを知覚し、意図していると理解する前の赤ちゃんに関しては、他者が「自分」に関して何かを知覚し、意図しているそのあり方がどうであるかという問題が生じる余地はない。しかしこの理解に到達した後の赤ちゃんは、赤ちゃん自身を含めた世界との間に大人が築き上げる意図的な関係をモニターすることができる（そのような自己は、ウィリアム・ジェームズとジョージ・ハーバート・ミードの"me"に当たる）。これと同じような過程によって、この時期の赤ちゃんはまた、自分に対する他者の態度をモニターすることもできるようになる——これは自分に対する他者の態度についての一種の社会的参照である。自分についての他者がどういう感情を抱いているかについてのこのような新しい理解が、はにかみ、自意識、そして自尊感情の発達の可能性を開く（Harter, 1983）。このことを根拠付ける事実としては、社会的認知の革命のあと数か月以内の、一歳の誕生日の頃にはじめて、赤ちゃんが他者の前や鏡の前ではにかみや気恥ずかしさの兆候を見せることが挙げられる（Lewis et al., 1989）。

ここで強調しておかなければならないことは、最初の誕生日の時期に起こることは、完成した自己概念が突然現れるということではなく、ある可能性が開かれるということに過ぎないということである。すなわち、赤ちゃんが新たに発見した社会的認知のスキルがすることは、今や他者の視点から世界を知ることができるのだという可能性を赤ちゃんに開くことであり、そしてそのようにして知ること

とができるもののひとつが自己なのである。赤ちゃんは、世界を直接知るときに用いる基本的な学習の過程や基本的なカテゴリー化の過程を文化学習においてもすべて利用する。そこで赤ちゃんは、自分自身についての他者の知覚のシミュレーションを用いて、自分自身を他者との関連でさまざまにカテゴリー化することになる。このようなカテゴリー化による要素も自己概念の重要な一側面であり、特に学齢期前の時期、子供が自分自身を〈子供〉〈男〉〈木登りが得意〉〈自転車に乗るのが苦手〉などといった具体的なカテゴリーとの関連で理解するときに、重要な側面となる（Lewis and Brooks-Gunn, 1979）。

5 文化の個体発生的な起源

私は、ヒトの文化の基盤となっている根本的な社会的認知の能力は、ほかのヒト個体と同一化するというヒト個体の能力と傾向性であるという仮説を提示してきた。この能力はホモ・サピエンスという種に固有の生物学的に遺伝される能力の一部である。これが子供の認知能力の一部になるのは子供の誕生時以前かもしれないが、ことによると生後数か月までかもしれない。個体発生においてこの能力が発達するのに経験的な要因がはたして寄与しているのか、寄与しているとしたらそれはどのような要因なのか、それは分かっていないし、ヒトの発達を科学者が好き勝手に実験の対象とするわけにはいかない以上、分からない部分が相当程度残るであろう。しかし認知という観点から見てヒトの子供がほかの霊長類と重要な点で異なるものになるうえで、ヒトに固有のこの能力が個体発生の間にそ

第三章　共同注意と文化学習

の他の認知スキルの発達と関わり合いを持つことは必須である——何より重要なことは、この能力が、環境に対する赤ちゃんの感覚運動的行為における、目標と手段とを区別するという形で現れる、赤ちゃん自身の意図性の発達と関わり合いを持つことが必須であるということだ。赤ちゃんは他者と同一化する能力をもっているため、このような新しい形で自分自身の意図性を経験することによって、九か月児は、他者も自分と同じように意図を持つ主体であると理解するようになる。そしてこれが赤ちゃんに、そのような他者を通じた文化学習を行う可能性を開くものとなる。

これは、ヴィゴツキーのいう認知発達の文化的な経路の個体発生的な起源に他ならないものである。六か月児が文化的な存在ではないというわけではない。彼らは各自の文化のハビトゥスの網の目に組み込まれている。彼らは、そして生後九か月までの赤ちゃんは、能動性と参与の度合いを増しながら自分の文化の構成員になる途上にある。しかし赤ちゃんは、他者が意図を持つ存在であり、外界のものに対する注意を自分と共有できる相手であると理解する前には、自分が生まれてきた世界について個体学習によって学習しているに過ぎないのである。他者が自分と同じような意図を持つ主体であると彼らが理解すると、そこには間主観的に共有された現実というまったく新しい世界が開けるようになる。その世界は、物質的な人工物、記号的な人工物、そして社会的な実践に満ち溢れている。それらはその文化の過去と現在の成員が、他者が使うために作り上げてきたものである。そのような人工物をその意図された使い方で使うことができるようになるために、そしてそのような社会的実践に意図された参加の仕方で参加できるようになるためには、子供は、それらを使ったり参加したりする大人を観察して、彼らの立場に自分自身があると想像することができなければならない。そして今や子

5 文化の個体発生的な起源

供は、「自分たち」が、自分たちの文化の人工物や実践をどのように使うのか——それらが何の「ため」にあるのか——を理解するようになるのである。

外部世界に対する他者の意図的な関係をモニターすることはまた、赤ちゃんが——ほとんど偶然と言ってもいいような形で——他者が赤ちゃん自身に注意を向けているときのその他者の注意をモニターすることにつながる。これは他者が「自分 (me) を」概念的・情動的にどのようにみているかを理解することにつながり、したがって自己概念の形成過程の始まりとなる。第四章のテーマを先取りするならば、このような、自分自身を関わり合いの参与者の一員と見る能力が社会的認知面での基盤となって生まれてくる能力がある。その能力とは、言語をはじめとするさまざまなタイプのコミュニケーションのための慣習を獲得するうえでの共同注意的な基礎を構成する、社会的に共有された事象を理解するという赤ちゃんの能力である。

自閉症の子供が、まさにここで注目してきたスキルの複合体に生物学的な障害を持っている (Baron-Cohen, 1995 ; Hobson, 1993 ; Happe, 1995 ; Loveland, 1993 ; Sigman and Capps, 1997) ことは、重要なことである。彼らはさまざまな共同注意的なスキルに問題を抱え、模倣学習に問題を抱え、通常はふり遊びをせず、通常の発達を遂げている子供と同じようなタイプの自己理解をもっていないと考えられ、そして言語記号をコミュニケーション上適切なかたちで学習したり使用したりするのに困難を示す（このことは第四章で見る）。自閉症の子供の間には、これらのいずれに関しても大きなばらつきがあり、アスペルガー症候群などの関連する障害との境界もあいまいである。したがって一般的な主張をすることは危険である。ここでは次のことを指摘するにとどめておきたい。文化に参与す

125

第三章　共同注意と文化学習

るというヒトに固有の社会的認知の能力の個体発生を、遺伝子と大人を直接つなぐ因果的なつながりと考えるのではなく、発達のさまざまな段階にある子供が物理的・社会的な環境と関わりあう中で何か月、何年という時間をかけて発現する過程であると考えるならば、発達の途中のさまざまな段階における多くの種類の問題が、これらの不幸な子供たちの認知発達においてそれぞれ根本的に異なる結果を引き起こす可能性があるということは、想像に難くないところなのである。

大きく見れば、生後九か月の頃にヒトの赤ちゃんの社会的認知に何か劇的なことが起こるということには、ほとんどすべての人が賛成している。この時期以前のヒトの赤ちゃんの社会的認知は、いくつか特別な性質はあるかもしれないが、かなりの部分がヒト以外の霊長類と共通している。これに対して、生後九か月になる頃には、ヒトという種に固有の社会的認知の過程が問題になっていることに疑問の余地はない。誤信念などを子供が理解するまでにはまだまだ遠い道のりがあるが、当面の文脈では、他者を意図を持つ主体と理解することが、ヒトの社会的認知の個体発生における決定的に重要なステップである。というのはそれによって赤ちゃんは、生涯にわたって続く発達の文化的な経路に乗ることができるのである。この新しい理解によって、赤ちゃんは、さまざまな文化学習の過程に携わることができるようになり、また他者の視点を内在化することも可能になる。それによって赤ちゃんは、世界に対する自分の理解を作り上げるのに、他者による世界理解を文化的に介在させることができるようになる。そこには、空間的にも時間的にもはるかかなたの他者によって作り出された物質的な人工物や記号的な人工物に具現化された、他者の視点と理解が含まれているのである。

第四章　言語的コミュニケーションと記号的表示

> 特定の表記法はどれもみな、ある特定の観点を示している。
> ——ルートヴィヒ・ウィトゲンシュタイン

人間の認知を系統発生的な観点から議論する際、その特殊性の理由として言語がよく引き合いにだされる。しかし、人間の認知が進化した原因として言語を引き合いにだすことは、人間の経済活動が進化した原因として貨幣を引き合いにだすようなものだ。たしかに人間の認知の本質に寄与し、本質を形成しているのと変わりはない。さまよう小惑星のように宇宙から地球に降ってきたわけではない。しかし、言語は何もないところに突然現れたわけではない。自然言語を獲得し、駆使することは、人間の経済活動の本質を形成しているので、その意味では貨幣が人間の経済活動の本質を形成しているとさえ言えるので、その意味では貨幣が人間のほかの現代言語学者の主張とはうらはらに、人間のほかの認知や社会生活とは無関係なところで、遺伝子の奇怪な突然変異として発生したわけでもない。貨幣が、歴史的に先立つ経済活動の中から社会的な制度として記号的な実体を持つようになったのと同じように、言語も、歴史的に先立つ社会的コミュニケーション活動の中から、社会的な制度として記号的な実体を持つようになったのである。

第四章　言語的コミュニケーションと記号的表示

子供が、言語や貨幣といった記号を社会の習慣に従って使えるようになるためには、歴史レベルでいう原始的なコミュニケーションや経済活動がまずなければならない。言語の場合、この個体発生レベルでの活動とは、言うまでもなく前章で見たように、言語発達前の子供と大人が、共同で注意を向けるような、非言語的なさまざまなコミュニケーション活動を行うことだ。しかし、ことばそのものを習得するには、共同注意の活動がさらに必要となってくる。共同注意の活動の中で、大人が子供の知らないことばを使う時、そこから大人の伝達しようとした意図（communicative intention）を子供が読みとることは容易なことではない。子供は、共同注意の活動の中で話し手と聞き手が果たすそれぞれの役割や、その活動の中で大人が伝達しようとした意図を理解しなければならない。また、自分に向かって伝達されたのと同じ意図を、今度は自分が他者に向かって伝達することもできなければならない（Hobson, 1993 参照）。しかも普通この作業は、大人が何かしている手を止めて、使ったことばの意味を教えてくれることによってではなく、大人と子供が日常の中で仕事を片づけながら、自然な社会的なやりとりの中でなされなければならない。

言語という記号や、そのほかの記号的なものとは、元来、認知的あるいは社会的なやりとりを可能にしたり促進したりするために作り出された物なのだから、ある状況では子供がそれを使いこなすことでしか達成できないこともある。しかしより重要なのは、そういう記号的な物が、まったく新しい形式の認知的表示の形成を促し、それが子供の世界観を形成するということである。ヒト以外の霊長類や、ヒトで

1 言語習得における社会的認知の基盤

も新生児は、自分の経験からくる過去の知覚や自己知覚（proprioception）を保存することで環境の認知的表示を形成するが（基本的には感覚運動的表示）、子供は、いったん、意図を持つほかの主体と記号的なコミュニケーションを始めると、そのような単純で、個人的な経験に基づく表示を越えて行くようになる。子供が他者との社会的なやりとりの中で身につける記号的表示（symbolic representation）は、(a)記号が社会的に他人と「共有されている」という意味において、間主観的（intersubjective）であり、(b)どの記号も、それが指す現象の特定の解釈を示している（カテゴリー化はその最たる例）という意味において、視点依存的（perspectival）であるという理由で、特殊である。理論的に重要な点は、言語的記号とは、長い歴史の間に文化の中で蓄積されてきた、世界に対する間主観的なさまざまな解釈を具体的に体現した物だということである。また、言語記号を習慣的にどのように使うか習得し、習得することで世界のさまざまな解釈を内面化する過程は、根本的に子供の認知的表示の本質を形成するということである。

1　言語習得における社会的認知の基盤

　第三章で述べたような人間の文化への適応は、子供が生後九か月から十二か月程度で他者もまた意図を持つ主体であるということを理解する能力を持つようになることにかかっている。この能力は何もないところで発現するわけではもちろんないが、子供が他者と出会い、さまざまなやりとりをするところには自然に発現する。例えば、誰かが子供に向かって変な音をたてたり手を振ったりし

129

第四章　言語的コミュニケーションと記号的表示

て、何らかの応答を期待している様子だとする。そういう雑音や手の動きに、学習され、常用されているコミュニケーション上の意味があるということがわかるようになるためには、子供は、雑音や手の動きの背後には特殊な意図、つまり伝達意図があるということを理解しなければならない。しかし、伝達意図の理解は、伝達意図の社会的認知の基盤となるような、何らかの共同注意の場面でのみ可能である。さらに、このコミュニケーションの参加者としての自分と相手の役割は交替できるということ、相手が今したのと同じことを自分も相手に対してできるということがわからなければ、他者と同じように（同じような伝達手段を用いて）伝達意図を表現することはできない。したがって、ここでは次の順に論じていく。(a)早期言語獲得の社会的認知の基盤としての共同注意場面、(b)子供が、大人がどのように言語記号を使っているかを把握する際の、主な社会的認知プロセスとしての伝達意図理解、そして、(c)子供が言語記号の積極的使用を習得する際の、主な文化学習プロセスとしての役割交替を伴う模倣。

共同注意場面

西洋の知的伝統において過去何世紀もの間、多くの理論家たちは言語の指示機能を、記号と、知覚される世界におけるその記号の指示対象という、ただ二つの項目においてのみ記述してきた。しかし、そのような見方は適切ではないことがわかっている。そのような見方が理論的に適切ではないことは Wittgenstein (1953) や Quine (1960) などの哲学者たちが立証してきた通りで、また経験的にもいろいろな意味で適切ではない。そのような見方は特に、固有名詞や初歩的な名詞以外のおおかたの言

130

1 言語習得における社会的認知の基盤

語記号(例えば、動詞、前置詞、冠詞、接続詞など。Tomasello and Merriman eds., 1995 参照)のように、知覚される世界とのつながりがあるとしても希薄としか言えない言語記号が、いかに習得され、駆使されるかということを説明することができない。したがってわれわれは、言語記号のある人間が、別の人間の注意を世界の中の何かに向けさせようとする社会的な行為であるという理論的な点を明確に認めなければならない。さらに、言語の指示機能は、私が共同注意場面(joint attentional scene)と呼ぶ(Bruner, 1983; Clark, 1996; Tomasello, 1988, 1992a)ある種の社会的なやりとりのコンテクストの中でしか理解できないという経験的な事実も認めなければならない。

共同注意場面とは、子供と大人が一緒に第三の何かに、また第三の何かに向けられた相手の注意に、ある程度の時間にわたって注意を向けるという社会的なやりとりのことを言う。過去の議論では、共同注意を伴うやりとり(joint attentional interaction)、共同注意エピソード(joint attentional episode)、共同注意を伴う活動(joint attentional engagement)、共同注意形態(joint attentional format)などの用語が用いられてきた。私がそれらの用語と類似してはいるが、しかし新しい用語を採用するのは、この一般的な現象を議論するのに、過去において必ずしも注目されたとは言えない二つの本質的な特徴を強調するためである。

その本質的な特徴とは、第一に共同注意場面に何が含まれるかということである。共同注意場面とは、一方では、知覚される出来事と同じではなく、子供に知覚される世界の中の一部の物だけを含む。他方で、共同注意場面は言語的出来事と同じではなく、言語記号が明示的に示す以上の物を含む。共同注意場面はしたがって、より大きな知覚的世界とより小さな言語的世界の一種の中間、つまり社会

第四章　言語的コミュニケーションと記号的表示

子供は、他者とのやりとりにおける自分と自分の役割を、相手や物に対するのと何ら変わらない表示形態の一部として「外側の」視点から概念化し、共同注意場面に含まれる不可欠な要素として理解しているという事実である。このことは、言語記号を習得するプロセスにおいて決定的な重要性を持つことになる。

共同注意場面のこの二つの本質的特徴について、例を挙げて説明しよう。子供が床の上でおもちゃで遊んでいるが、同時に部屋の中のほかのいろいろな物も知覚しているとする。大人が部屋に入ってきて、一緒におもちゃで遊ぶために子供に近づく。子供が、自分と大人の両方の注意の対象の一部だと知っている物体や活動が共同注意場面になり、子供も大人もそれが自分たちの注意の対象であることを知っている。(もし、二人が同じ物に注意を向けていても、それが偶然で、相手に気づいていなければ、それは共同注意ではない。Tomasello, 1995a 参照。) この場合、絨毯やソファや子供のおしめなどは、たとえ子供個人は基本的に常にそれを知覚していたとしても、それは「私たちがしていること」の一部ではないので、共同注意場面の一部にはならない。反対に、もし大人が新しいおしめを持って部屋に入ってきて、絨毯の上で子供のおしめを換えるしたくをしたとしたら、その場合の共同注意場面はまったく異なった物になる。その場合、注意の対象になるのは、おしめ、安全ピン、それから絨毯などであって、「私たち」はおもちゃに関して共通の目標を持っていないので、おもちゃは対象にならない。大切なのは、共同注意場面は意図によって決定されるということである。つまり共同注意場面は、子供と大人が自分たちのたずさわっているある目標を持った活動として、「私たちがし

1 言語習得における社会的認知の基盤

ていること」が何だと思っているかによって、共同注意場面となり、一貫性を持つ。ある時、私たちがおもちゃで遊んでいるとする。その時に私たちがしていることをまったく違う物体や活動なのだ。どのような共同注意場面においても、私たちが共に関心を持つのは、状況の中で実際に知覚されるすべての物のうちの一部だということだ。

しかし、共同注意場面は、ことばにおいては明確に記号化されている指示場面（referential scene）とは違い、記号化のプロセスが起きる間主観的なコンテクストを提供しているにすぎない。例えば、一般的な原理を説明するために大人の場合を例に挙げよう。一人のアメリカ人がハンガリーの電車の駅にいるとしよう。そこに、どこからともなくハンガリー語のネイティブスピーカーが近づいてきて、ハンガリー語で話しはじめる。この状況で、そのアメリカ人旅行者がハンガリー語の単語や句の習慣的な使い方を習得するということはまずない。しかし、今度は、そのアメリカ人がハンガリー語の切符を売っている窓口に行って、そこで働いているハンガリー人から切符を買おうとしたとしよう。その状況でなら、二人のアメリカ人旅行者が、何らかのハンガリー語の単語や句を学ぶということもあるかもしれない。それは、このコンテクストの中で、電車の発着時刻についての情報を得るとか、切符を手に入れるとか、お金を払うとか、互いに相手が何を目的としてやりとりしているのかということを理解しているからである。切符とお金を交換するなどの、意味のある、すでに了解されている行為の実行を通じて目的は端的に表明されている。このような状況の中で言語学習の鍵となるのは、ネイティブスピーカーが何か新しい単語や句を、例えば、旅行者の手のなかにある紙幣に手を伸ばしながら、ある

第四章　言語的コミュニケーションと記号的表示

いは切符かおつりを差し出しながらなど、その時その発話を行う理由がわかるように使うということである。そのような場合、学習者は、もし未知の表現がXという意味ならば、この共同注意場面で切符販売員の目的と関係がある、というタイプの推論をする (Sperber and Wilson, 1986; Nelson, 1996)。言語において記号化されている指示場面は、だから、共同注意場面の中の意図的なやりとりの中で起きていることの一部としか関係がない。

共同注意場面に関する第二の重要な事実は、子供の観点から見て、共同注意場面が、共同注意の対象となる物、大人、そして子供自身という三つの関係要素を同じ概念平面上に含んでいるということだ。これまで私も、私の知る限りほかの誰も、子供自身が含まれているということを強調してこなかった。それどころか、共同注意とは、子供が物と大人という二者の間でのみ注意を操作することだと性格づけられることもある。しかし第三章で概観したように、大人が外界の物に注意を向ける様子を子供がモニターするようになると、その外界の物が子供自身であることがわかる場合もある。子供は、大人が自分に注意を向けるのをモニターするようになると、それによって、自分を外側から見ることになる。それだけでなく、子供は大人の役割も同じ外側の観点から把握するので、総合的に言えば、子供は自分自身を役者の一人として含む全場面を上空から眺めているようなものになる。これは、ほかの霊長類やヒトの生後六か月の幼児が「内側の」視点から社会的なやりとりを眺めるのとはまったく違い、ほかの参加者が現れる形態（三人称の外部知覚 (exteroception)）とは異なる。ここで私が主張している区別は、イメージの研究者が、自己 (ego) の観点からのメンタルなイメージ（例えば、私の足

(一人称の自己知覚 (proprioception)。Barresi and Moore, 1996参照) と

134

1 言語習得における社会的認知の基盤

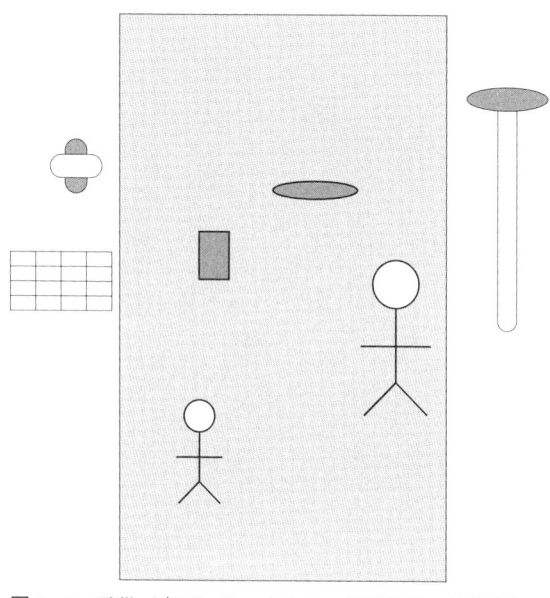

元からボールが飛んで行くのが見える）と、外側の観点からのイメージ（例えば、他者がボールを蹴っているのが見えるというのと同じような視点から、自分が（自分の体全体が）ボールを蹴っているのが見える）を区別する時に使うのと同じ区別である。

図 4−1 子供（自己）と，大人と，共同注意の対象となる二つの物を含む共同注意場面。知覚された物のうち，三つは共同注意場面を構成していない。

　共同注意をこのように理解することは非常に重要である。共同注意場面が言語習得のための「一形態」であるためには、子供が、そこでは参加者にそれぞれの役割があって、その役割は交換できるものだということを理解していなければならない(Bruner, 1983)。これから見ていくように、子供は、そのことを理解することによって大人と同じ役割も果たすようになり、大人が自分に注意を向けさせるのに使った単語を、同じように自分も大人に注意を向けさせるために使うことができるようになる。これが私が役割交替を伴う模

倣と呼ぶものである。ここでは、図4−1に、子供の観点からみた仮定的な共同注意場面を図示することにしよう。要点は、(a)共同注意場面は、知覚される場面の中から、そして指示場面の中から、互いが注意を向ける一部の物体や活動だけを対象とする、そして(b)子供は、場面の中で、自分を大人や共同注意の対象となる物と同等の参加者とみなしているということである。

伝達意図の理解

共同注意場面を理解したり参加したりするのには幼すぎる幼児に対して、大人が何か新しいことばを使ったとしよう。その大人は、そのような幼い幼児にとってはただ雑音を発しているのに過ぎない。もちろん、家庭で飼われているペットが「ごはん」ということばの音が食物の到着を告げていると理解するのと同じように、幼い幼児でも、大人の雑音の一つを何かの知覚される出来事と関連づけて学ぶことはありうる。しかし、それは言語ではない。子供が、大人が何かに注意を向けさせる意図で音を発しているということに初めから気づいているわけではなく、共同注意場面への参加が必要だし、てその音は言語になる。それが言語だということを理解するようになる。そのためには、第二章で概観したように、他者も意図を持つ主体であるということを理解しなければならない。また、前に詳しく述べたように、共同注意場面の中で特定の意図的行為、つまり、伝達意図を表す伝達行為を理解しなければならない。実験者が、サルと人間の二歳児を相手に、彼らの見たことのない伝達用の符号を使ってコミュニケーションをはかろうとするのを見てみればよい。Tomasello, Call, and

1　言語習得における社会的認知の基盤

Gluckman (1997) は実際その通りの実験を行った。チンパンジーと二歳から三歳の子供に、三つの容器のうち、どれにご褒美が入っているかを教えるのに、(a)正しい容器のうえに小さな木片を印として置く、あるいは(c)正しい容器のレプリカを見せた。子供はすでに指さしを知っていたが、伝達用の符号として印やレプリカを使うことは知らなかった。子供はご褒美を見つけるために、そういう新しい符号を非常に効果的に使うことができた。それに対してサルは、実験の前に知らなかった伝達用の符号をどれも使うことはできなかった。サルは、自分たちの注意の状態に働きかけようとする意図を持っていることを理解できなかったのではないかというのが、一つの解釈である。つまりサルは、人間が伝達行為を試みているのを、面倒な経験の繰り返しでしか学べない標識と同じようなものとしてしか認識できなかったのだ。それに対して子供は、大人が伝達行為を試みているのを、大人がその状況に関連して何かに注意を向けさせようとする意図の表現と認識することができた。

つまり子供たちは、それとなく実験者の伝達意図を理解したのである。伝達意図の概念化や説明には、豊かな哲学的な歴史がある (Levinson, 1983 に優れた概観がある)が、私は同じ争点に、より心理的な説明を加えている Clark (1996) の見方に従いたい。その最新の分析によると、相手の伝達意図を理解するためには以下を理解しなければならない。

相手は［私がXに対する注意を共有することを］意図している。

137

第四章　言語的コミュニケーションと記号的表示

Grice (1975) 以降、誰の分析においても、伝達意図の理解には、この埋め込み構造がなければならないとされている。したがって、もし相手が私のところにやってきて私を椅子に押しつけないで私に注意を払うのを、相手が意図していると私にわかるが、もし相手が私に「座れ」と言ったら、座れという依頼を理解することは、意図を理解することの特殊な場合だということを明確に示している。この分析は、伝達意図を理解することは、他者の意図だけを理解することより明らかに複雑な作業である。つまり、伝達意図を理解するためには、自分の注意の状態に対する他者の意図を理解することなのである。しかし、相手の意図を理解するためには、私は相手がそのボールに関して何を目的としているのか理解するためには、私は、第三者（物）に対する私の意図・注意の状態に対して、相手が何を目的としているのかわからなければならない。

この分析は、子供が他者を意図を持つ主体として理解し、また共同注意場面に参加するほかの主体と同じように、自己も意図を持つ主体であると理解しなければならないとしている、私のこれまでの分析から容易に導き出せる。この定式化では、他者が自分に対してどのような意図を持っているか、自分の意図の状態に対してどのような意図を持っているかをモニターできる子供だけが、伝達意図を理解できるのである。もしこれを図にして、伝達意図を理解できないチンパンジーとの違いを表すなら、図4－2のようになる。まず、「挙手」を見る。それから、次に（似たような過去の状況での経験から）、図4－2 a は、チンパンジーが、相手が「挙手」をしているのを見ている経験を図式化している。

138

1 言語習得における社会的認知の基盤

図4-2a 身振りを知覚し解釈する時の，チンパンジーによる概念化：まず相手が身振りをするのを見，それから次に何をするか想像する。自己はこの概念の中に含まれていない。

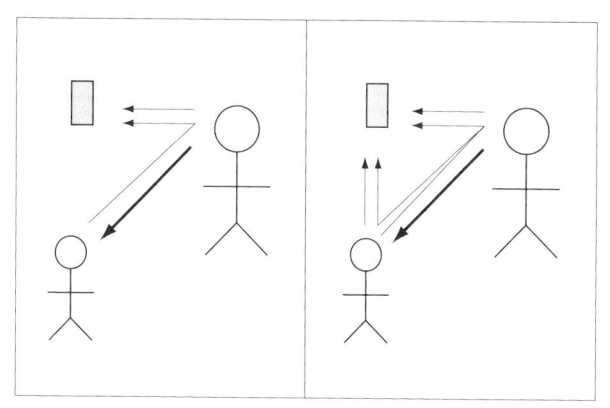

図4-2b 言語記号を知覚し解釈する時の，人間の幼児による概念化：まず相手が，自分が注意を共有することを意図していると理解する。それから注意を共有するというのはどういうことか想像する。注意を共有するというのは，自分と相手がともに，指示対象と，互いがその指示対象に注意を向けているということに注意を向けることである。自己が相手と同じように概念の中に含まれている。

第四章　言語的コミュニケーションと記号的表示

ら）、何が起きるかを予想する。図4—2bは、大人が、自分に外界の実体に注意を向けるよう言語的な働きかけをしたのを、子供が正しく理解した経験を図式化している。左側の図は、大人が、子供にXに注意を向けさせようとするやりとりにおいて、子供が、客観的に自分を参加者の一人として見ていることを表している。右側の図は、子供が大人の提案に応じて、大人と一緒にXに注意を向けていることを表している。（参加者は二人とも、Xと、互いがXに注意を向けていることに注意を向けている。）

役割交替を伴う模倣と間主観性

子供が他者の伝達意図を理解できるようになったとして、今度はその理解を駆使して、理解したことばを産出することを学ばなければならない。そこで、再び文化学習、つまり模倣学習に話はもどる。

しかし、伝達記号の産出を学ぶ場合、模倣学習のプロセスは、ほかのタイプの意図的な行為を学ぶ場合とは違う。例えば、大人が新しいおもちゃを使っているのを見て、それを模倣して同じことをするのを学ぶ場合、大人と子供は同じようにそのおもちゃを扱えばよい。子供はただ、大人のかわりを自分がすればよい。しかし、大人が、子供におもちゃに注意を向けさせるために新しい伝達記号を使う場合、子供がその伝達行為を模倣によって学びたくても、それは状況が違う。その理由は前に述べたように、大人が同じ伝達記号を使う目的には子供自身が関わっているからで、特に、大人は子供の注意の状態に働きかけることを意図している。その結果、もし子供が単純に自分を大人に置き換えたとしても、記号を自分自身に向けて使うことになってしまい、もちろんそれは、ここで必要な

1 言語習得における社会的認知の基盤

ことではない。

伝達の記号を習慣に従って適切に使うことを学ぶために、子供は、私が役割交替を伴う模倣 (role-reversal imitation) と呼んでいることをしなければならない (Tomasello, 2001)。つまり、子供は、大人が自分に向かって使うのと同じように、大人に向かって記号を使うことを学ばなければならない。これは、目的と、その目的を達成するための手段の両方において、子供が自分を大人の位置に並べるという、明らかに模倣学習のプロセスである。それは、子供が大人の立場に立って、自分が行為者になるということだけではなく（文化学習はすべてこのタイプである）、大人を自分の立場に置いて、自分の意図的な行為を大人に向ける（つまり、行為の目標を、子供の注意の状態から大人の注意の状態に置き換えなければならない）ということだ。外部の観点から眺めるということは共同注意場面に固有の特徴であり、図4-2bの右側の図を見れば、この種の模倣学習において、役割交替はその直接的な結果だということがわかる。共同注意場面における子供の役割と大人の役割はともに「外部の」観点から理解され、だからその二つは必要に応じて自由に交換される。この点について興味深いのは、幼い幼児の一部、そしてもっと大きな子供はだれでも、他者同士が話しているのを観察することでも新しいことばを学べるということだ（例えば、Brown, 2001）。それでもなお、参加者の立場を入れ替えるプロセスは基本的なプロセスであり、そのような場合は、子供が言語的なやりとりのともとの参加者に含まれていないというだけのことだ。そのような言語学習については詳細な研究がまだなく、子供がどのようにそのような離れ業をやってのけるのか、あるいは発達段階の初期では困難が伴うのか、よくわかっていない。

第四章　言語的コミュニケーションと記号的表示

役割交替を伴う模倣のプロセスの結果生じるのが、言語記号、つまり、やりとりの両方の側から間主観的に理解される伝達装置である。言い換えると、この学習のプロセスの結果、子供は、大概の状況で聞き手も同じ記号を理解したり産出したりできることがわかっているという意味で、自分が習得したのは社会的に「共有されている」記号であることを確実に理解できるようになる。単なる伝達信号を理解するプロセスはそれとは非常に異なっていて、チンパンジーや言語習得前の幼児の身振りによるコミュニケーションにおいてそうであるように、参加者はそれぞれ内側の視点からのみ自分の役割を理解している。しかし、非言語的な身振りの場合でも、もし学習のプロセスで伝達意図の理解が行われて、共同注意場面の中で役割交替を伴う模倣が行われているとすれば、その産物はやはり伝達記号だということができる。したがって、もし子供が、大人が子供自身の指さす身振りを見て、それを模倣することで自分も他者を指さすことを学んだとすれば、その場合の指さしは記号的である（「ばいばい」と手をふることから、鳥のように腕をばたばたさせることまで、幼児の初期の「記号的身振り」についてはAcredolo and Goodwyn, 1988 参照）。ほかにも興味深いのは、社会的に共有されている記号には固有であるが、一方通行の信号にはない間主観性は、さまざまな語用論的「含意」を生み出すということだ。この語用論的「含意」はGrice (1975) が詳細に研究しているが、他者が、より面倒で間接的な表現よりは双方が知っているとわかっている習慣的な表現を使うだろうという期待に基づいている。例えば、もしある状況で前と同じことを言おうとしているのなら、知っている記号を使うに違いないのだから、大人が何か新しい記号を使うのは、新しいことを言おうとしているからに違いないと、子供が考える

1 言語習得における社会的認知の基盤

ような場合だ（Carey, 1978 のいわゆる迅速マッピング（fast mapping））。まとめると、子供が、間主観的に理解されている言語記号の習慣的な使い方を習得するためには、次のようなことが必要である。

- 他者が意図を持つ主体であると理解すること。
- 言語的コミュニケーションを含む記号的なコミュニケーション行為の社会的認知の基盤となるような、共同注意場面に参加すること。
- 単なる意図だけでなく、共同注意場面で何かに注意を向けさせようとする誰かの伝達意図を理解すること。
- 文化学習のプロセスの中で、大人と役割を交替し、大人が自分に向かって使った記号を大人に向かって使うこと。実際、これは間主観的に理解される伝達上の習慣や記号を作り出すことにもなる。

言語記号をこのように学ぶことは、子供たちが、その地域社会や文化全体の中に前もって存在しているさまざまな社会的なスキルや知識を最大限に利用することができるということだ。しかし、それだけではない。認知的観点から見て言語記号が真にユニークなのは、記号はそれぞれ物や出来事に対する特定の視点を具体的に体現しているという事実だ。例えば、ある物体は、同時にバラであり、花であり、贈り物である。この視点依存性によって、言語記号は他者の注意を操作するために使われ

143

る時、無限に限定的になる。その事実は、後述する認知的表示の性質に深い関係を持つ。しかし、幼い子供がどのように言語記号を学ぶかを検討しているこの文脈では、それは、ある問題も引き起こしている。その問題とは、言語記号が高度に限定的であるために、子供は、大人が自分の注意の状態に働きかけようとしていることに気づくだけでなく、大人が特定の共同注意場面の中で、自分に特定させようとしている物が何なのか、特定しなければならないということだ。

2 言語習得における社会的やりとりの基盤

これまで、子供の社会的認知のスキルをいくつか（そして、知覚、記憶、カテゴリー化などという霊長類としての一般的なスキルも）考えてきたが、そういうスキルが言語記号を学ぶために実際にどのように使われるのかという問題が残っている。Wittgenstein (1953) が最初に指摘し、その後 Quine (1960) が詳細に検討したその問題は、（彼ら哲学者たちがそのように問題を定式化したわけではないが）言語記号の視点依存性から生じている。言語記号は視点依存的であるため、ある特定の場合に、何が意図されたのかを確定するためのアルゴリズム化された手順がない。大人がボールを持ち上げて「ダックス (dax)」と言ったとしよう。その大人が言及しているのは、持ち上げている物自体なのか、その色なのか、より一般的な種類の物（例えば、おもちゃとか）なのか、物を持ち上げる行為なのか、ほかにも無限に可能性があり、子供はどのようにそれが何なのか知ることができるのだろうか。この問題を解決するため、言語習得が始まる時期までに、子供はある種の単語を学ぶための「制約条件」

144

2　言語習得における社会的やりとりの基盤

を身につけていて、その制約条件が、話し手の意図する指示対象に子供を正しく導くと提案している研究者たちもいる（例えば Markman, 1989, 1992; Gleitmanz, 1990）。

この種の「前もって確立されている調和」説に私は疑いを持っている。かわりに、子供がコンテクストの中で、大人の伝達意図を社会語用論的に理解することに基づくアプローチを選択したい（Tomasello, 1992a, 1995c, 2001）。Wittgenstein の問題に対する私の解決は、少なくとも部分的には、子供は有意味な共同注意場面――Wittgenstein の用語によると「生活形式（form of life）」――の基盤の中で、大人の伝達意図を理解するのだという点にある。その場合、子供による伝達意図の理解は、習得の対象になっていることばそのものに対する理解とは独立している（その状況の中で、子供が習得対象以外のことばを理解しているかどうかには依存するかもしれないが）。子供は、大人の伝達意図を進行中の社会的なやりとりや談話の中で突き止めなければならず、その実際の過程はとらえにくく、複雑である。解決の別の部分は、問題の発生と同じ源から導くことができる。言語記号が視点依存的な性質を持つということは、言語記号が多くの場合において相互に意味的な対照を成すということだ。「買う（buy）」と「売る（sell）」、「貸す（loan）」と「借りる（borrow）」のように、これらの言語記号はある意味では互いと対比させることで定義される。そしてそのことは、特に基本的な単語を学んだ後では、子供が微妙な意味の違いを学ぶ助けとなる。

共同注意と初期の言語

Wittgenstein の問題を認め、その答えを提案した幼児言語習得の最初の研究者は Bruner（1975,

第四章　言語的コミュニケーションと記号的表示

1983) だった。Brunerは、Wittgensteinの一般的なアプローチと同様、子供は他者とのやりとりの形態（生活形式、共同注意場面）に参加することで、言語記号の習慣的な使用を習得すると主張した。子供は最初にそのようなやりとりを非言語的に理解し、その結果、すでに社会的重要性がわかっている共有の経験の中において、大人の言語を理解する。このプロセスの重要な要素の一つは、明らかに子供は、大人が意図を持つ存在であり、だから特定のコンテクストで大人と注意を共有することができると理解していることだ。別の要素は、子供が、前もって外的・社会的世界を持っているということだ。言語を習得するためには、子供は、自分が理解できる、構造化された社会的活動の世界に生きていなければならない。われわれの想定したハンガリーへの旅行者が、切符を買ったり、電車でいろいろなところに行ったりするプロセスを理解していたのと同じことだ。子供にとって、その世界は、規則的あるいは日常的に繰り返される同じ一般的活動を意味し、その結果、どのように活動が行われ、その中でどのようにさまざまな社会的役割が機能するのかを子供は識別することができる。言語習得について言えばもちろん、大人は新しい言語記号を、子供が共に参加している活動に関連するように使わなければならない。（電車の駅でいきなり話しかけてきたハンガリー人は、そうはしなかった。）一般的に、もし子供が同じ出来事が二度と起きない世界に住んでいて、同じ物が二度現れることもなく、大人も同じコンテクストで同じことばを二度使うこともないとしたら、子供の認知能力にかかわらず、どのように自然言語が習得されるのか想像しがたい。

各種の研究によると、子供は言語習得をいったん始めると、社会的に他者と共有する共同注意場面、特にお風呂に入ったり、食べたり、おしめを換えたり、本を読んだり、車で移動したりするなど、日

146

2 言語習得における社会的やりとりの基盤

常的な経験の中で繰り返される場面で、もっとも効率的に新しい単語を学ぶ。これらの活動は、いろいろな点で電車の駅で切符を買うシナリオと類似している。子供は状況の中で自分の目的や大人の目的を理解していて、そのため大人のことばが目的とどのように関連しているかを推測することができ、そこから大人の注意の対象を推測することができるからだ。Tomasello and Todd (1983) は、子供が生後十二か月から十八か月の間に母親との共同注意の活動に多くの時間を費やすほど、生後十八か月で多くの語彙を持っていることを報告した (Smith et al. 1988; Tomasello, Mannle, and Kruger, 1986 も参照)。共同注意場面での大人の言語使用について、Tomasello and Farrar (1986) は、母親が、子供が注意を向けている物を追跡してことばを使う方が(つまり、母親が、すでに子供の興味と注意の対象になっている物について話す方が)、子供に何か別の物に注意を向けさせようとするよりも、子供はより多くの語彙を学ぶ結果となるという仮説に対して、相関関係を示す証拠や実験的な証拠を提示している (Akhtar, Dunham, and Dunham, 1991; Dunham, Dunham, and Curwin, 1993 も参照)。

Carpenter, Nagell, and Tomasello (1998) は、子供が言語の使い方を学び始めたばかりのさらに早い段階で、同様の関係があることを発見したが、これも特に重要であろう。彼らは、母親と一緒により長い時間共同注意を伴う活動をした生後十二か月の幼児の方が、その時点やそれ以降、ことばをより多く理解し、産出できることを発見した。さらに、母親が生後十二か月の子供の注意の対象をことばで追跡した場合、それ以降、子供が理解語彙をより多く持っていることを発見した（ことばの産出との相関はそれよりも少し遅れて現れる）。これらの二つの変数、つまり、子供が共同注意を伴う活動に費やした時間と、母親が言語の指示機能を使う時に子供がすでに注意を向けている対象を「追跡

第四章 言語的コミュニケーションと記号的表示

する」傾向とを、回帰方程式（regression equation）に含めると、子供の言語理解と産出の分散の半分以上を、生後十二か月から十五か月のいくつかの時点で予想することができ、特異な分散の大部分もそれらの変数から説明することができる。子供の非社会的・認知的発達を示す、大体は物体や空間についての子供の知識に関する測定値には、言語やその他の共同注意の活動との相関関係は見られないが、そのことは、共同注意の活動と言語との相関関係が、単なる発達一般の結果発現するものではないことを示している。

この研究の結果は、もっと年長の子供を対象とする類似の研究で発見された相関関係や実験的な結果と一致している。また、生後一年ごろ子供に発現しはじめる、共同注意を伴う活動に大人と非言語的に参加する能力が、新たに発現しはじめる言語スキルと密接に関係していることを発見した（共同注意と初期の統語スキルについての同様の発見は、Rollins and Snow, 1999を参照）。この発見が重要なのは、共同注意のためのスキルと言語は、非言語的な共同注意のスキルの発現の方が多少早いが、いずれも子供の最初の誕生日の前後の月に発現し、よく知られているその時期的な一致が単なる偶然でないということを示しているからだ。社会的側面に焦点を当てない早期言語習得の理論にとって、この発見は緊急の深刻な問題を提示している。主に単語学習の認知的側面に焦点を当てる理論（例えば、Markman, 1989）や、主に連合学習のプロセスに焦点を当てる理論（Smith, 1995）にとって、問題は、なぜその時に言語習得が始まるのかということだ。なぜ、共同注意のスキルが発現したすぐ後に、言語習得は始まるのか？　例えば、子供は一般的に生後一年で初めて新しい物を概念化したり、学習したりできるようになるからだという、非社会的な認知学習プロセスに訴える答えはどれも、な

148

2 言語習得における社会的やりとりの基盤

ぜ初期の言語が、非言語的な社会的認知のスキルや、社会的やりとりのスキルと相関して発現するのかという問いに答えなければならない。私の知る限りでは、初期の単語学習と言語習得について、上述の発見を説明できる唯一の理論は、Bruner (1983)、Nelson (1985)、Tomasello (1992a, 1995c, 2001) が提唱するような社会語用論だけである。

Carpenter, Nagell, and Tomasello (1988) の研究によると、興味ぶかいことに、母親が、子供がすでに注意を向けている対象を「追跡」することと、子供の言語学習の関係は、子供が成長するにつれて弱まる。これはおもしろい発見で、それが示唆するところは、母親が子供の注意の対象を追跡しながらことばを使うことは、大人の伝達意図の識別を助けるという意味で初期の言語習得に足場（スキャフォルディング）を設けてやっているようなものなのだが、この種の足場は、子供が成長し、特別に配慮されていない言語的なやりとりの中でも伝達意図を識別できるようになるにつれて必要なくなるということだ。事実、少なくとも生後十八か月にもなれば、子供は特別に子供に合わせたわけではない広範なやりとりのコンテクストで、大人の伝達意図を識別する実に驚くべき能力を見せる。

社会的やりとりの流れの中での単語学習

西洋の中流階級では、子供に物の名前を言う時、大人はよくそれを持ち上げたり、指さしたりする。このプロセスの社会的な性格は明白である。子供は、大人がその状況のどの点に自分の注意を向けがっているのか、何とかして識別しなければならない。Wittgenstein や Quine が分析したようにその状況は非常に複雑ではあるが、視線の方向や指さしの身振りを視覚的に追跡することは幼児にとっ

第四章　言語的コミュニケーションと記号的表示

て基本的な動作なので、この場合は比較的単純だ。しかし、世界の多くの文化において、大人は幼い子供とこの種の命名ゲームをしないということがわかった (Brown, 2001)。さらに、西洋の中流階級の大人でも、物の名前以外の単語にこの命名ゲームを使うことはあまりない。例えば、大人がもっともよく動詞を使うのは、動作の名前を言うためではなく、子供のふるまいを規制したり促したりするためだ。実際、大人が子供に、「ごらん、これが片づける (あるいは、あげる、もらう) ということだよ。」などと説明するというのは非常に奇妙である (Tomasello and Kruger, 1992)。かわりに、子供が動詞をよく耳にするのは、だいたい大人がおもちゃ箱を指して「おもちゃを片づけなさい」と言うなど、子供の行動を指図する時だ。大人が、意図する指示対象 (つまり、片づける動作) を子供に示すための社会語用論的な合図は、具体的な物の名前を命名するコンテクストより、ずっと微妙で、複雑で、多様であり、事実、状況によって根本的に変化する。大人は、子供の顔にスプーンを向けることで豆を食べるように要請し、手を出すことで子供に何かを渡すように要請し、片付け場所を指さすことでおもちゃを片づけるように要請している。このように、物の名前を命名する場合、子供によっては標準化された命名ゲームがあるかもしれないが、動詞については標準化された「元祖命名ゲーム」というものはない (Tomasello, 1995c)。前置詞のようなほかのタイプの単語を考えれば、状況はさらに複雑になるだけだ (Tomasello, 1987)。

最近のいくつかの研究が実験的に示しているところによると、幼い子供は、さまざまな複雑な社会的やりとりの中で、新しい単語を学ぶことができる。子供は、大人が何かしている手を止めるのために物の名前を言う時だけでなく、子供も大人も何かやろうとしている、社会的なやりとりの進

150

2 言語習得における社会的やりとりの基盤

行中の流れの中でも新しい単語を学ぶ。そういう状況の中で、子供は、すでに自分が定めている注意の対象を大人が追跡してくれることをあてにはできず、むしろ、子供は大人の注意の対象に合わせなければならない。例えば、Baldwin (1991, 1993) は、二つの新しい状況下で、生後十九か月の幼児に新しい単語を教えている。一方の状況では、大人が幼児の注意の対象を追跡し、ほかの研究からわかっているように、幼児はほかの条件下よりも新しい単語をよく学んだ。しかし、子供が見ていない物を見て大人がその名前を言い、だから子供はそちらを見て大人の注意の対象が何なのかを識別しなければならない状況でも、幼児に新しい単語を教えることができた。

私と共同研究者は、同種の証明のために、さらに徹底的な研究をいくつか行った。すべての研究で、大人が子供とさまざまなゲームをしながら子供に話しかけて、ゲームの流れにできるだけ自然に沿うように新しい単語を使った。すべての場合において、指示対象には複数の可能性があった。つまり、子供が言語的な表現方法を知らない新しい指示対象が複数あり、一種類の言語的コンテクストだけを使って新しい単語を導入した。異なる研究では、子供が社会語用論的な手掛かりに反応を示すかどうかを見るために、大人の意図した指示対象に対するさまざまな社会語用論的な手掛かりを試みた。それらの研究は、さまざまな研究者が提案している、よく知られている単語学習の制約条件（例えば、全体対象 (whole object)、相互排除性 (mutual exclusivity) 統語的立ち上げ (syntactic bootstrapping) など、Markman, 1989; Gleitman, 1990) が可能な指示対象を絞り込んでしまわないように設計されている。さらにこれらの研究では、視線の方向が大人の意図した指示対象を示さないように工夫されている。すべての研究において、生後十八か月から二四か月の子供が対象で、子供の大多数は理解語

第四章　言語的コミュニケーションと記号的表示

彙、産出語彙、あるいはその両方として（ほかのさまざまな対照条件下よりもよく）新しい単語を学んだ。

子供が大人の伝達意図を推測して新しい単語を学ぶ状況がどのようなものかを示すために、以下に、生後十八か月から二四か月の子供が、新しい単語を容易に学んだ実際の状況を七つ要約する。それぞれの研究の出典には、詳細な制御条件なども挙げられている。

- 探し物ゲームの中で、大人は「トマを探す (find the toma)」意図を宣言して、一列に並んだバケツの中を探した。バケツの中にはそれぞれ何か入っていた。最初のバケツで探している物を見つけたこともある。長い間探さなければならないこともあり、探していない物が出てきた時は顔をしかめてバケツに戻し、探している物が見つかるまで続けた。探している間に探していない物がでてきたかどうか、また探していない物がいくつでてきたかにかかわらず、子供は大人が探している物（笑顔と捜索の終了で示される）を指す新しい単語を学習した。(Tomasello and Barton, 1994 ; Tomasello, Strosberg, and Akhtar, 1996)

- 同じように探し物ゲームの中で、大人が子供に四ヶ所の隠し場所で四つの異なる物を見つけさせ、その一つは特徴のあるおもちゃの小屋だった。子供が何がどこに隠されているか理解した後で、大人は「ガザを見つける (find the gazzer)」意図を宣言した。それからおもちゃの小屋のあるところに行くが、小屋には「鍵がかかっている (locked)」ことがわかった。大人は小屋を見て眉をひそめて、「ほかに何が見つかるか見てみよう。(Let's see what else we can find.)」と言い

152

2 言語習得における社会的やりとりの基盤

- 子供が、いつも特定のおもちゃのキャラクターとだけ何か新しい行為をするような（例えば、ビッグバードとは一緒にブランコにのり、ほかのキャラクターとは別の何かをする）筋書を、大人が作った。それから、大人がビッグバードを取り上げて、「ビッグバードをミークしよう。(Let's meek Big Bird.)」と宣言するが、ブランコがどこにもないので、その行為は行われなかった。子供は、新しい動詞が使われた後その動詞が指す行為が行われるのを一度も見たことがないにもかかわらず、後ほど、別のキャラクターを使って、その新しい動詞を理解していることを示した。(Akhtar and Tomasello, 1996)

- 大人が「ミッキーマウスをダックスする (dax Mickey Mouse)」意図を宣言し、その後である偶然の行為を行い、それから意図した行為を行う（あるいは、時にはその反対の順序で）。子供は、偶然の行為と意図した行われた順序にかかわらず、その単語が、偶然の行為ではなく、意図した行為の方を指すということを学習した。(Tomasello and Barton, 1994)

- 子供と、その母親と、実験者が三つの新しい物で遊んでいた。母親が部屋を出ていった。四つ目の物が取り出されて、子供と実験者がそれで遊び、母親がいないことに言及した。母親が部屋に

153

第四章　言語的コミュニケーションと記号的表示

- 大人が子供に曲がった円筒を見せた。その中に物を投げ込むとおもしろい動きをする。ある状況では、大人が一つの新しい物を投げ込みながら、「さあ、モディよ (Now, modi)」と宣言した。この状況で、子供は「モディ」はその三つ目の物の名前だと思った。別の状況では、大人が新しい物を取り出して、まずそれを使って何かをし、次に同じ物で何か別のことをして、その後でそれを円筒の中に投げ込みながら、「さあ、モディよ」と宣言した。この状況で、子供は「モディ」は物を円筒の中に投げ込む行為の名前だと思った。共通点は、それぞれの場合において、子供は、コミュニケーションの状況下で新しい物体、あるいは行為が、大人が話している対象だと推測した。(Tomasello and Akhtar, 1995)

- 大人が子供とメリーゴーランドのゲームを何回かした。それから、何か別の遊びをした。それから、大人がそのメリーゴーランドに戻った。一つの状況では、大人は戻ってメリーゴーランドで遊ぶ準備をし、それから新しい物を子供の目の前に取り出して、子供とメリーゴーランドに交互に視線をやりながら、「ジェイソン、ウィジット。(Widgit, Jason.)」と言った。この場合子供は、「ウィジット」は、メリーゴーランドでその新しいおもちゃを使うようにという依頼だと思

戻ってきた時に、同時に四つの物を見て「見て、モディよ、モディ！ (Oh look! A modi! A modi!)」と叫んだ。母親が、前にも遊んだことのある物ならそれほど喜んだりはしないだろうが、初めて見る物なら喜ぶだろうという理解で、子供はその新しい単語が母親が前に見たことのない物を指すことを学習した。(Akhtar, Carpenter, and Tomasello, 1996)

154

2 言語習得における社会的やりとりの基盤

った。別の状況では、大人はメリーゴーランドで遊ぶ準備をしないで、視線もやらず、新しい物を子供の目の前に取り出して、それと子供に交互に視線をやりながら、「ジェイソン、ウィジット」と言った。この場合子供は、「ウィジット」は、メリーゴーランドと関係ある行為ではなく、その物の名前だと思った。(Tomasello and Akhtar, 1995)

これらの研究に別の解釈を与えることもできるかもしれないが（例えば、Samuelson and Smith, 1998 参照）、私の意見では、これらの研究をまとめて見るともっとも妥当な解釈は、子供は生後十八か月から二四か月になるまでには、他者が意図を持った存在だということを十分に、かつ柔軟に理解している。だから、広範な、比較的新しいコミュニケーションの状況下でも、彼らはそれが共同注意場面だと理解すれば、実に上手に大人の伝達意図を突き止めることができる。子供が、大人の言語が自分たちの社会的・道具的な活動と関係しているだろうと思うことは、子供が意図を理解しているとの自然な現れに過ぎない。だから、上記の研究のいくつかで、子供はまず、自分と大人が探している物ゲームをしているという現れに過ぎない。意図を理解している（そして、ゲームの詳細をある程度理解している）から、子供は、大人がある物に対して眉をひそめた時に、それが探していた物ではないということを推論することができた。あるいは、大人が、欲しいおもちゃの入っているおもちゃの小屋を開けようとして、開かなかった時に眉をひそめたのなら、その場合は、意図したおもちゃを手に入れられないことの不満に対して眉をひそめたと推論することができた。重要なのは、笑顔をつくったり眉をひそめたりという大人のふるまいは、それ自体では子供に大人の意図した

第四章 言語的コミュニケーションと記号的表示

指示対象を示すのに十分ではないということだ。にもかかわらず、大人と子供が共に共同注意場面だということを理解すれば、それで十分の場合もある。最後の二つの研究で述べられているように、ゲームの事象構造や、大人のふるまい、談話が強力に意図性を示唆しているので、子供はまったく同じ発話であるにもかかわらず、ある時はそれが物体を、別の時はそれが行為を指していると信じるに至ったということも、重要である。

まとめるとこういうことになる。言語記号の慣習的な使用を習得するためには、子供は、大人の伝達意図（子供の注意をどこに向けたいかという大人の意図）を突き止められなければならない。それから、役割交替を伴う模倣において、大人が子供に対して使った時と同じように、同じ伝達目的で新しい記号を大人に対して使えなければならない。最初は生後一年くらいで、子供は、自分の注意の対象を大人が追跡してくれるような、たいていは繰り返しの多い、予測しやすい共同注意場面でこの離業ができるようになる。しかし、子供がより広範な共同注意場面で大人の伝達意図を識別するのが上手になるにつれて、大人が気をきかせて状況を整えることはあまり重要ではなくなる。子供は、さまざまな変化に富んだ社会的なコミュニケーションのコンテクストで、大人の注意の対象を識別して、より積極的に共同注意を確立するようになる。この点について関連があるかもしれないのは、西洋の多くの中流階級のように、子供のために足場をもうけたり、気をきかせてやったりするということがほとんどない文化においても、子供は母語を習得するという発見である(Schieffelin and Ochs, 1986)。さらに多くの研究を待たなければならないが、いくつかの研究によると、そのような文化の中で言語を習得する子供は、二歳の誕生日前に多数の単語を習得することはほとんどない (L.

deLeon, personal communication)。そういう子供は、進行中の社会的なやりとりの流れの中で、共同注意場面を確立し、大人の伝達意図を識別することを自分で積極的にできるようになるまで、言語記号の大多数を習得することはないのかもしれない。

視点、対照、立ち上げ

ここでとりあげている単語学習に関するすべての研究は、それ以外の単語学習の研究でも大部分がそうであるように、どのように子供は、ある状況で大人が指している特定の物体、出来事、あるいは性質を突き止めるのかということを問題にしている。特定の単語や言語表現を用いて、大人が一般的に何を意味しているのかを学習することは、また別の問題だ。例えば、子供が実験で「ダックス(dax)」と言われてある物を選んだとして、その子供がほかに何が「ダックス」と呼ばれると思っているのか（例えば、ある形をした物全部、転がる物全部など）、われわれにはわからない。つまり、子供が単語の習慣的な使い方として理解している内包(intension)も外延(extension)も、われわれにはわからない。自然言語の大多数の単語はカテゴリーを表わしているので、そういう単語使用の基礎になっている認知カテゴリーについて議論することもできる。しかし、私は「視点(perspective)」というもっと一般的な用語を使いたい。視点によって、伝達目的あるいはほかの目的に応じて、一つの物でも複数の概念カテゴリーに含められる可能性もある。だから言語記号は、経験的な状況に一定の解釈を与えたり、ある視点から眺めたりするように他者を促すための社会的な習慣だと言うこともできる。

第四章　言語的コミュニケーションと記号的表示

言語記号の視点依存性は、認知言語学あるいは機能言語学として知られている言語研究の不可欠な要素である。Langacker (1987a) は、いろいろ列挙している中で、視点の三つの主要なタイプ (Langacker が言うところによると、解釈操作 (construal operation)) を、挙げている。

- 一般性・特定性 (granularity-specificity)（机のいす、いす、家具、物）
- 視点 (perspective)（追う・逃げる、買う・売る、来る・行く、借りる・貸す）
- 機能 (function)（父親、弁護士、男、客、アメリカ人）

Fillmore (1985) は、言語表現の意味を決定しているような、頻出するコンテクスト・フレーム (contextual frame) の役割を強調している。それによると、特定の言語記号を用いることは、しばしば、そのコンテクストに対するある視点を採用するということだ。例えば、同じ土地のことを、話のコンテクスト・フレームによって、「沿岸 (coast)」「海岸 (shore)」あるいは「海辺 (beach)」と呼んだり、同じ出来事をそれに対する観点によって「売る (selling)」あるいは「販売する (marketing)」と呼ぶことができる。ことばのメタファーによる解釈は、このプロセスが自由に柔軟に行われることを示している。例えば、「人生は海辺である。(Life is a beach.)」とか、「あの女は自分を売っている。(The doe is marketing her wares.)」などと言うことができる。いかなる場合でも、特定の言語記号を使うということは、カテゴリー化するための特定の一般性レベル、物や出来事に対する特定の視点や観点、そして多くはコンテクストにおける機能を選んでいることを意味する。そして、各

158

2　言語習得における社会的やりとりの基盤

種の文法的組合せによって生じるさらに多くの視点がある。(「彼は荷車を干し草で満たした。」(He loaded the wagon with hay.)」対「彼は干し草を荷車に積んだ。(He loaded hay onto the wagon.)」、あるいは、「彼女は花瓶を壊した。(She smashed the vase.)」対「花瓶は壊された。(The vase was smashed.)」などである。)このプロセスについては第五章でさらに述べるが、言語がこのようになっている唯一の理由は、人は、異なる多くの物について、異なる多くの伝達環境において、異なる多くの観点からコミュニケーションする必要があるからだということは明らかである。そうでないとすれば、それぞれの物や出来事、あるいはそれぞれの物のタイプや出来事のタイプは、ただ一つの真の名前を持つのみで、それに尽きることになっていただろう。

ここで最も重要なのは、言語の本質についてのこの事実が、言語習得について何を意味するのかということだ（認知的表示への波及効果については、後出）。一方で、言語の視点依存性は、指示対象の不確定さなどから子供に多大な困難をひきおこしているが、他方で、視点は相互の対照を可能にし、結果的に相互を限定することにもなり、その結果問題を少しは扱いやすくしている。簡単に例を見てみよう（もっと年長の子供についての多数の例は、Clark, 1997参照）。生後十八か月から二四か月の時、私の娘は物を頼むためのいろいろな方法を習得した (Tomasello, 1992b, 1998)。主な方法は以下の通り。

- 名前で頼む（彼女は物の名前を多く知っていた）
- 「それ (that)」「これ (this)」という代名詞で頼む

第四章　言語的コミュニケーションと記号的表示

- 持ちたいと頼む（典型的には、相手が持っているものを、彼女が持ちたい時）
- もらいたいと頼む（一般的）
- 返してと頼む（相手が彼女から取り上げた後で）
- 取ってと頼む（典型的には、彼女には届かない時）
- くれと頼む（相手が持っている時）
- 分けてと頼む（相手と一緒に使う）
- 使いたいと頼む（一人で使ってから、相手に返す）
- 買ってと頼む（店で）
- 持っていたいと頼む（相手が、取り上げるとおどしている時）

これらまったく日常的な例の重要な点を二つ挙げたい。一つ目は、言語習得の初期段階において、子供は同じ状況でもいろいろな見方があるということを理解するようになることである。子供は、大人が指示場面を記号化するのに、その中からほかのどの見方でもなく、ある一つの見方を選んでいるということを学び、自分も同じようにすることを学ぶ。物が欲しいと頼むのに、一般的な依頼表現が使われるかもしれない。しかし時には、特定の状況の特殊性を考慮した方がいいこともあるかもしれない。ある物を「もらいたい」と頼むこともできる。しかし、状況によっては、それを「使いたい」と頼んだ方が効果的かもしれない。また、ある物の名前を言って頼むこともできる。でなければ、単に「あれ」や「それ」で頼むこともできる。子供がこの時点で学んでいるのは、言語記号は、ある伝

160

2 言語習得における社会的やりとりの基盤

達状況に合わせて何かに対する特定の解釈、つまり特定の視点を、具体的に体現しているということだ。同じ解釈はほかの伝達状況にはふさわしくないかもしれない。子供がある意味ではそういう機能を理解しているということは、言語を生産的に使えるようになってすぐ（生後十八か月から二四か月）、まったく同じ指示対象に対して、異なる伝達環境に応じて言語表現を使い分けることができるという事実からもわかる（Clark, 1997）。また、その年齢の子供は、言語の産出において単一の物を持ち上げて、「ぬれている（wet）」「青い（blue）」「私の（mine）」など、いろいろな特徴を言うことができるということもよく観察されている（Bates, 1979）。また、例えば「猫」や「りんご」など基本的な物の名前のように、広範な状況で基本的に同じ意味で使える種類の言語記号もあるが、常に選択肢はほかにもある。事実、幼い子供は状況によって、そういう基本的な物の名前をしばしば代名詞に置き換える。このように、子供にとって言語記号は、伝達目的に応じて同じ経験を別の言語記号でも表すことができるという意味で、知覚される状況そのものには縛られない視点を象徴するようになる。

二つ目の重要な点は、同一の伝達状況で複数の言語表現を対照させる（contrast）能力は、新しい単語、特に意味の近い単語を学ぶための重要な役割を果たすということだ。例えば、私の見るところでは、私の娘がもし「くれる（give）」や「もらう（have）」「分ける（share）」や「使う（use）」という語を学ぶことはほとんど不可能だったと思われる。重要なのは、子供は、これらのより限定的な語に遭遇した時に、大人がその場で使うこともできた、しかし実際には使わなかった一般的な語との対照によっ

第四章　言語的コミュニケーションと記号的表示

てのみその使い方を詳しく学ぶということだ (Clark, 1987)。どうしてお母さんは、「もらって (have)」はいけないけれど、「使って (use)」もいいと言ったのか？　どうしてお母さんは、私には犬に見えるこれを「牛」と言ったのか？　この対照のプロセスを、言語習得に対する生まれつきの制約条件だと見なす理論もあるが (Markman, 1989 の相互排他性 (mutual exclusivity)、私は、言語記号の使い方に関して学習によって得た語用論的な原理だと考えたい。Clark (1988) は、すべての単語がその意味において互いに何らかの対照を成すという原理は、「もしこの状況で、誰かがあの単語ではなくこの単語を使っているとすれば、それには理由がなければならない」というような、合理的な人間行動の原理であると議論する。だから子供は、例えば今この状況で大人は「分ける (share)」を使ったけれど、この状況は、自分や大人が「くれる (give)」や「もらう (have)」を使うような、より一般的な状況とどう違うのかということを発見しようと、現在の状況を調べるのだ。そのプロセスは詳細には研究されていないが、単語の意味をほかの単語と対照させることができるということは、ほぼ間違いなく、子供が新しい単語、特に概念的により基本的な状況から「波及した」語を習得するのを容易にしている (Tomasello, Mannle, and Werdenschlag, 1988 の例を参照)。

ここで、よく似たもう一つのプロセスに言及しよう。それは、新しい言語表現を学ぶのに、それが埋め込まれている言語的なコンテクストが助けとなるプロセスである。このプロセスの何種類かは、いわゆる統語的立ち上げ (syntactic bootstrapping) と考えられている。それによると、子供は、「the」のような文法的マーカーの存在から、統語構造全体に至るまで、すべてを単語の意味を突き止めるヒントとして使っている (Brown, 1973; Gleitman, 1990)。ほかにも、統語構造にそれほど頼ら

162

ない、より日常的な種類の立ち上げもある。それは、もし子供が、大人が手で机をたたきながら「私は今タムしている。(I'm tamming now.)」と言うのを聞いたとして、そこに机は言及さえされていないことから、タムと呼ばれているのは行為の対象の状態を変える動作ではないことを推測できる、というものである (Fisher, 1996参照)。このプロセスのさらに微妙な種類としては、例えば、「彼はそれを箱の中からミークしている。(He is meeking it out of the box.)」など、動詞が場所を示す特定の前置詞と共起するのを聞いた時に、「の中から (out of)」は前置詞句の中に明示されていることから、その意味は動詞の意味の一部ではないと考えることもできる。発話の構成要素は、発話の意味全体を構成するのに何らかの役割を果たしているのだから、子供は大人の発話を聞いて、その全体の意味を構成要素に割り振らなければならず、結果として、新しい単語にも意味の一部が配分されることになるからである。Tomasello (1992b) はこれを、機能に基づく分布分析 (functionally based distributional analysis) と呼んでいる (Goodman, McDonough, and Brown, 1998も参照)。旧来から考えられているような対照の原理とあわせて、すでに何らかのことばを知っている子供は、新しい単語を聞いて、それを話し手がかわりに選ぶこともできたであろうほかの単語と対照させたり (系列的関係 (paradigms))、その発話の意味の中に表れるほかの単語と対照させたり (連辞的関係 (syntagms)) することができる。このような場合の子供の推論は、この共同注意場面のこの発話において、なぜ大人がこの単語をこのように使ったのかという、子供の理解を基盤としているという意味ですべて語用論的である。そのような推論を行う能力は、子供が言語をさらに学習するにつれて増すはずである。

第四章 言語的コミュニケーションと記号的表示

このように言語記号の本質は、(a)間主観的であり、(b)視点依存的であることと特色づけてもよい。

言語記号は、使用者が産出し、理解し、そして相手も理解するとわかっているという意味で間主観的であるが、この間主観性は、例えば生後十八か月の子供の記号的な身振りから国旗に至るまですべての物を含む、言語以外の種類の伝達記号の特色でもある。したがって、間主観性は、言語記号がどのように機能するのか、そしてほかの動物の種の伝達記号とどのように違うのかを理解するためには非常に重要な鍵であるが、それによって言語記号だけを人間が使う言語以外の種類の信号から区別することはできない。言語記号をもっともはっきりと区別するのは、その視点依存性である。視点依存性は、異なる伝達目的のためには同じ物でも異なる記号から見ることができるという人間の能力、また反対に、ある伝達目的のためには、異なる実体でも同じ物として扱うことができる人間の能力から派生している。異なる視点が異なる記号として具体的に体現されると、それは対照を作りだす。言語記号の間主観性は、言語習得のプロセスの非常に早い時期に幼い子供の目にも明らかになるが、その視点依存性が明らかになるには、物にはいろいろな見方があり、話し方もあるということが子供にわかるようになるまで、さらに時間がかかる。視点依存性によって、意図されているかもしれない指示対象が無限に増えてしまうので、言語習得上の問題にもなるが、同時に、ある伝達環境の中でなぜ人はほかの表現ではなくこの表現を選ぶのかということを子供が学ぶにつれて、指示対象も限定されて行く。

164

3 感覚運動的表示と記号的表示

言語習得が、人間の子供に、人間同士がコミュニケーションしたり、やりとりしたりするための無類の強力な手段を提供していることに疑いの余地はない。言語は、その指示機能がより高度な特定性や柔軟性を持つだけでも、霊長類のほかの種が使っているような音や身振りより、ずっと強力なコミュニケーションの媒体である。しかしそれに加えて、言語記号を習得し駆使するプロセスは、人間の認知的表示の本質を形成していると私は主張したい。

言語と認知的表示については多くが書かれているが、言語記号の間主観性と視点依存性の重要性は十分に理解されているとは言えないと思う。研究者の多くは、言語記号は既に形成されている概念の単に便利な名札であるという見方をしているので (例えば Piaget, 1970)、言語習得が認知的表示の本質に大きな影響を与えているとは考えていない。またほかの研究者は、非言語的認知を一種の「思考言語 (language of thought) として特徴づけていて (例えば Fodor, 1983) 私の意見ではその結果、非記号的な表示形式と記号的な表示形式との基本的な違いを見失ってしまっている。言語の認知に対する影響に特に関心のある研究者は (例えば Lucy, 1992; Levinson, 1983)、たいていは、特定の自然言語を習得することが、どのように非言語的認知のプロセスに影響するかを研究の対象としていて、言語を習得しない場合と比較した言語習得の影響は研究しない。言語が認知に与える影響が一般的に無視されているこの状況の中で、主な例外として Premack (1983) は、言語訓練を受けた類人猿と受

第四章　言語的コミュニケーションと記号的表示

けていない類人猿の研究に基づいて、非言語的表示は写実的（imagistic）であるのに対し、言語的表示は命題的（propositional）であると提案している。しかし命題とは、典型的にはある特定の配置にある言語記号のみが持つと了解されるもので、だから「命題的」という用語はこの文脈では特に役に立たない。さらに深い考察が望まれる。

カテゴリーとイメージ・スキーマ

個人的経験にまつわる、特定の物体、同種の個体、出来事、そのほかのいろいろな側面を記憶すること、そして、ある場合にはその記憶に基づいて未来の経験を予想することが認知の必須条件であり、哺乳類の種の多くはそのような認知的表示を持っている。さらに哺乳類の種の多くは、知覚あるいは運動上の目的に応じて、すべての類似した現象を同一の現象として扱うことができるという意味で、知覚的、運動的な経験のカテゴリーを形成している（第二章参照）。ヒトの乳児も、生後数週間からいろいろな種類の学習経験を覚えていて、発達段階のかなり早くから物体や出来事の知覚カテゴリーを形成し始め、生後三か月から六か月である種の知覚形式を形成するということも、多分驚くにはあたらない（概論は Haith and Benson, 1997 参照）。言語習得前の幼児も、ある出来事が別の出来事を「引き起こす」という非常に単純な因果関係を理解している可能性もある（Mandler, 1992; Bauer, Hestergaard, and Dow, 1994）。

生命体が、環境についての知覚だけでなく、特に物体のカテゴリーや動的な出来事のイメージ・スキーマ（image schema）などという、環境についての感覚運動的表示もできるということは、自然

166

3 感覚運動的表示と記号的表示

界のもっとも驚くべき現象の一つである。もっとも重要なのは、そのことは、生命体に記憶やカテゴリー化を通して個人的な経験から学ぶ能力を与え、そして、限定的でしばしば柔軟性を欠く生物的適応によってのみ未来を決定する自然の力に左右されにくくしているということだ。人間の幼児が持つ種類の感覚運動的表示とは、少なくとも私の考えるところでは、これと同じ一般的なタイプの物のようだ。しかし、人間の大人が作り出しているのは当然もっと違う形式の表示で、幼児期以降の子供も自然にそれを学び、使っている。人間は、言語や絵や文章や地図など、対外的に規定され (exogenous)、社会的に制定され (socially constituted)、公的に使用されている (publicly displayed) さまざまな記号を作り出している。社会的なやりとりにおいて、そういう外的、文化的な表示を持つということは、内的、個人的な表示の本質に重大な影響を与えるというのが仮説である。この仮説はある意味では Vygotsky (1978) の内面化 (internalization) についての提唱を思わせるが、言語習得や記号処理能力の発達のプロセスについてこれまで蓄積された知識に基づいて、異なる点もある。

共同注意の記号的表示への内面化

言語習得のプロセスで最も興味深いのは、子供は大人からことばを学ぶが、その大人も人生の初期において同じプロセスを通過したということだ。そして世代を通して、英語やトルコ語などの言語を構成している記号的産物は、文法化や統語化などの言語変化のプロセスによって、新しい言語形式が作られるたびに変化を積み重ねてきた。今日の子供は、歴史的な集大成を学んでいることになる。したがって、子供はそのように長く使われてきた記号の習慣的な使い方を学ぶ時、その文化における祖

167

第四章　言語的コミュニケーションと記号的表示

先が、過去に他者の注意を操作するのに有用であることを発見した使い方を学んでいるのである。教養のある人間は自分も歴史的な時間を過ごしながら、互いの注意を操作するさまざまな目的を作り出してきたので（そして、それを必要とする多種多様な談話状況があったので）、今日子供はどのような状況においても、いろいろな解釈を具体的に体現させた多様な言語記号や構造に出会う。その結果、子供は、言語記号を内面化する時、そして言語記号に体現された人間の視点を学ぶ時、状況の知覚的あるいは運動的側面を認知的に表示しているだけでなく、ほかにもある解釈の中からその時の状況に対する「私たち」、すなわち記号の使用者の解釈を表示しているのである。人間による言語記号の使い方は、より単純な知覚的あるいは感覚運動的表示の場合とは明らかに異なり、全面的に言語記号の社会的性質によって決まる。

ヒト以外の霊長類（と、ヒトの幼児）も同じように、同一の状況に対して認知的に異なる解釈をしたり、表示をしたりするという反論もあるかもしれない。例えば、同じ相手がある時は友達であり、別の時は敵になる。ある時は、木は敵を避けて登るための物で、別の時は巣を作るための場所になる。同じ相手とのさまざまなやりとりにおいて、個は、その時々の目的に応じて注意を使いわけているということに疑問の余地はない。Gibson の用語では、動物はその目的に応じて異なる環境のアフォーダンス（affordance）に注意を向けるのである。しかし、目的に応じて順番に注意を移行していくことは、何かに対して同時にいくつもの解釈があるということを知っていて、その結果、同時にいくつもの違う目標の可能性やそれに応じた注意の向け方を考えることができるということと同じではない。

言語使用者は、ある木を見て対話者の注意をその木に向けさせる前に、相手の現在の知識や期待をど

168

3 感覚運動的表示と記号的表示

う評価するかによって、「あそこのあの木（That tree over there）」と言うか、あるいは「それ（It）」「その樫の木（The oak）」「あの一〇〇歳の樫の木（That hundred-year-old-oak）」「その木（The tree）」「そのぶらんこの木（The bagswing tree）」「あの庭にある物（That thing in the front yard）」「あの飾り（The ornament）」「あの困りもの（The embarrassment）」あるいは、ほかのたくさんの表現の中から何と言うのか、決めなければならない。その木が庭に「ある（is in）」のか、「立っている（is standing in）」のか、「大きくなっている（is growing in）」のか、「配置されている（was placed in）」のか、「繁っている（is flourishing in）」のか、決めなければならない。そういう決定は、問題になっている物体や活動について、話し手が直接何を目標にしているのかに基づいてなされるのではなく、その物体や行為についての聞き手の興味や注意に対して、話し手が何を目標にしているのかに基づいてなされる。そのことは、話し手は、自分が選択できるのと同じ解釈を、聞き手も選択できると知っていることを意味する。そして、それらの解釈はどれも同時に選択可能なのである。実際、話し手が、話しながら聞き手の注意の状態をモニターしているという（あるいは、その反対の）事実は、会話の参加者両方が、状況について少なくとも二つの視点が実際に存在し、さらにそれ以外にも言語記号や構造によって記号化されうる形の実体を持っていることも重要であるように思える。実体によってのみ、言語記号を社会的に共有することができるからである。そういう公的な記号は、話し手が話しながら自分でも聞けるし、記号自体を知覚的な観察やカテゴリー化の対象とすることもできる。言語記号（私的な感覚運動的表示では、少なくとも同じことはできない。）この外的な性質は、子供が、言語記号

169

第四章　言語的コミュニケーションと記号的表示

が使われているのを知覚して、抽象的な言語カテゴリーや構文（例えば、英語における名詞や動詞、他動詞構文や二重目的語構文）の形でそのカテゴリーやスキーマを構築する時に、別のレベルの認知的表示を可能にする。それが、メタファーによって、物を動作として解釈したり、動作を物として解釈したり、ある物をそれ以外の物にたとえて解釈したりするための、非常に重要な能力を導き出している（この現象については、次の章でさらに詳しく述べる）。バルバリーマカクが、日々の本業に精を出しながら、感覚運動のカテゴリーやイメージ・スキーマの形で自分の環境の認知的表示を試みたり、その表示に対してカテゴリー化やスキーマ化などの認知操作を施しているとはとても考えられない。

子供は、言語記号の公的な性質のおかげで、自分の認知的解釈それ自体を、興味、注意、考察、知的操作の対象とすることができるのである。

言語記号は、人間が持つ概念に便利な名札を提供し、また概念のあり方に影響を与えたり決定したりしているだけではない。重要なのは、人間の言語記号の間主観性と、間主観性の結果の一つとしての視点依存性は、言語記号が知覚的あるいは感覚運動的表示のように世界を直接的に表示するのではなく、他者に知覚・概念的状況についてある特定の解釈をさせ、注意を向けさせるために使われることを意味するということである。だから言語記号の使用者は、どのような場面を経験してもそれが同時に何通りもの視点から解釈できるということに暗に気づいていて、そのことが言語記号を、空間に存在する物体を含む感覚運動的世界から切り離し、その時々の伝達目的に応じた見方で世界を眺めることのできる人間能力の領域に属させているのである。

子供は、こういうコミュニケーションのやりとりへの参加を、Vygotskyが想定したようなやり方

170

3 感覚運動的表示と記号的表示

で内面化しているのではないかと私は主張したい。内面化は、ある人たちが思うほど神秘的なプロセスではなく、単に模倣学習の正常なプロセスにすぎず、他者どうしが互いに注意を共有するのに使ったのと同じ記号的手段の使い方を自分も学ぶという、特別な間主観的な状況で起きるというだけである。そうやって他者から言語記号を模倣しながら学ぶことで、私は彼らの伝達意図（彼らが、私にも注意を共有させようとするその意図）だけではなく、彼らが採用した特定の視点も内面化することになる。私は、その記号を他者に対して使いながら、私が使った記号の結果として他者の注意がどう展開したかをモニターし、(a)自己とコミュニケーションの相手との二人分の実際の注意の対象と、(b)その状況で使いうるほかの言語記号によって記号化される潜在的な対象との両方を自由に駆使する。

柔軟性という点や、知覚から比較的解放されているという点で、この種の記号を操作することの効果は明らかである。しかし、物体を行為として扱ったり、行為を物体として扱ったり、物をさまざまなメタファーによって解釈したりするという、物を概念化するための真に新しい道を子供に開くという意味で、記号にはばかにもっと遠大で、予想外の効果もあると思う。そういう新しい思考方法は、認知的発達の初期に、何年も他者とともに言語的コミュニケーションにたずさわることの効果が蓄積することによって生じる。これらの点については、第五章と第六章でさらに詳細に扱う。

記号としての物体

主に知覚に基づく感覚運動的表示と、主に概念的解釈と視点に基づく言語的表示の区別は、言語だけに限られているわけではない。初期の認知的発達には、言語記号の習得や使用と類似する別の現象

第四章　言語的コミュニケーションと記号的表示

もある。それは、ふり遊び (symbolic play) である。第三章で簡単に触れたように、幼い子供は二歳くらいで、記号的と呼ばれているさまざまな方法で物体を使い始める。例えば、生後二四か月の子供が床の上で積み木を押して、「ブルーム！(Vroom!)」と言うかもしれない。こういうふるまいの多くは、特に二歳以下の子供の場合は、ほぼ間違いなく真に記号的なわけではなく、むしろそういう物を使って単に大人の行為を模倣しているだけだ。しかし、ある時点で子供も記号として物を使うようになり、多少の遅れはあっても、その時期が言語記号の習得時期と大体同じ時期にあたるということは決して偶然ではない。子供は、まず最初に、自分「に対して」他者が何か記号的な行いをするのを理解しようとする。（生後二四か月の子供が自分で記号を発明すると主張する研究者もいるが、私にはそうは考えられない。その証拠は、Striano, Tomasello, and Rochat, 1999 参照。）子供は、何らかの方法で、父親が自分に積み木を車だと解釈させたがっているということを理解し、それから今度は役割を逆にして他者に言語記号を使い、他者「に対して」同じようにすることを学ぶ。記号が他者に対する物だという事実は、子供が遊びの記号を作り出す時に、他者をうかがうその顔（と、時には笑顔）を見ればわかる。初期の遊びの記号は、他者の模倣であり、他者についてある解釈をさせようとする試みとして他者に対して作られる。子供は、成長するにつれてもちろん、自分だけのために遊びの記号を作り出すようになる。これは、子供が、まず他者と話すことを学んだ後で、初めて自分に独り言を言うようになるのと同じである。

DeLoache (1995) は、一連の優れた実験で、部屋の模型を実際の部屋を指す複雑な記号であることを理解することは、子供にとって特に困難であることを示した。

など、物理的な物を記号とみなす大人の意図を理解することは、子供にとって特に困難であることを

3 感覚運動的表示と記号的表示

示した。子供は、模型が感覚運動的なアフォーダンスを持つ現実の物体であると同時に、大人によって意図的、記号的なアフォーダンスを付与された記号的な物体でもあることを簡単には理解できないという事実が、子供の困難の原因だとDeLoache は主張し、これを「二重表示問題（the dual representation problem）」と呼んでいる。この文脈で特筆にあたいするが、Tomasello, Striano, and Rochat (1999, 第三章に既出) の研究では、幼い子供は、この困難をもっと辛辣な反応で示して、大人が記号だと解釈させたがっているおもちゃの複製によく手を伸ばして物理的につかんでしまう。子供にとって、例えばカップを帽子とみなすなど、別の意図的なアフォーダンスを持つ人工物を記号として理解させようとする大人の伝達意図を解釈することは、さらにむずかしい。問題は、カップは感覚運動的な物体であるばかりでなく、飲むための物であるという意図的なアフォーダンスを持つ文化的な人工物であるばかりでなく、また、帽子を指す記号であるという意図的、記号的という、三つの競合する物体の表示上の解釈があるため、研究者は実際にこれを「三位一体表示問題（triune representational problem）」と呼んでいる。

言語記号と身振りに対する私の分析と考え合わせると、次のことが言える。生後十二か月から十八か月までに、子供はその社会的認知や文化学習のスキルに基づいて言語記号を理解し、時には使ったりするようにまでなる。同じくらいの歳で、記号的身振りも理解したり使ったりするようになる。同じ時期に、子供が記号として物を理解したり、使ったりし始める可能性もあるが、ある物に対するあたかもほかの物であるかのような解釈は、それを理解するにしても産出するにしても、この時期の子供にはむずかしい。それは、手で触れるような物体が身近なスペースに現れた時にはいつも作動する、

173

第四章　言語的コミュニケーションと記号的表示

感覚運動的スキーマを抑制することが子供にはできないからで、このスキルはもっと後から発現する。子供が、既知の意図的なアフォーダンスを持つ物体を、明らかにそれと競合する解釈で、慣習とは違う別の物を表す記号として（例えば、カップは帽子を指す）理解したり、使ったりすることはさらにむずかしい。確かに、ある時点で子供は多種の図形的記号や、模型、数字、図形などを含む物体を、記号として効率よく扱うことを学ぶ。そうすることで、子供は物理的な記号の背後にある伝達意図を、言ってみれば地図の作製者が地図の利用者に伝えようとしているようなことを、内面化する。そういう伝達意図は視点依存的な側面を持つ、豊かな認知的表示の一つの源であり、言語記号と同じように思考を介助する物として内面化され使用されることもある。ここでの要点は、初期の子供時代の認知的表示の文化的・意図的・記号的な側面は言語に限らず、記号を使うほかの形の活動にも見られるということだ。そういうほかの形の活動は、ヒトの記号が元来、社会的で、間主観的で、視点依存的であり、すべての類人猿やほかの哺乳類に共通の感覚運動的表示の形式とは根本的に異なるという見方を支持している。

4　注意の操作としての記号的表示

現在の理論的観点からいうと、言語記号の使用を学ぶということは、間主観的なやりとりの相手である、意図を持つ主体の興味や注意を操作する（影響を及ぼす、作用する）ことを学ぶということを意味する。つまり言語的コミュニケーションは、子供がすでに持っている共同注意を伴うやりとりの

174

4 注意の操作としての記号的表示

スキルや、文化学習のスキルの顕在化であり、拡張であるに過ぎない。それが非常に特別な顕在化であり、拡張であるだけだ。子供と大人が実世界の中で何かをしながら、それと同時に互いの注意を操作しようとしている社会的なやりとりの流れの中で、社会文化的なスキルを駆使して言語記号を習得するためには、共同注意場面を理解したり、伝達意図を理解したり、役割交替をしながら模倣したりするなど、社会文化的なスキルの特別な顕在化が要求されている。

言語習得において子供が展開する認知的表示の様式は動物界の中でも独特であり、ヒト独自の共同注意の活動から直接発現している。子供は、共同注意場面において大人が特定の記号を使う伝達意図を識別しようとし、自力で言語記号の習慣的な使い方を学ぼうとする中で、言語記号と言われているこの特別な伝達装置が、使用者が皆、他者と記号を「共有」しているという意味で視点依存的で間主観的であり、伝達目的に応じた状況の解釈を具体的に体現させているという意味であるということを理解するようになる。特に後者の性質によって言語記号は身近な知覚的状況から遠く切り離されているが、それは言語記号が物理的に存在しない物体や出来事を表わすなどのわかりきった置換 (displacement) (Hockett, 1960) を可能にしているからだけではない。言語記号は間主観的、視点依存的であることで、記号を共有するわれわれが伝達場面で取りうるいくつもの視点を知覚的状況の上に何層にも積み重ね、むしろ知覚的状況という概念そのものを弱体化させている。

言語記号が本質的、不可分的に社会的であるということは、もし誰かが言語を持たなかったら、その人は「私的な言語」を発明するかと問いかける時に非常にはっきりする (Wittgenstein, 1953)。完成された言語使用者が、自分だけの私的な使用目的で新しい記号を発明することはあるかもしれない

第四章　言語的コミュニケーションと記号的表示

(この点について、私はWittgensteinと意見を異にする)が、人間が一人だけで、他者から言語を使わされたことが一度もない場合、社会的なパートナーや事前に存在する記号なしに、現代の言語を構成するのと同様な言語記号からなる「私的な言語」を自分で発明することはまったく不可能であると私は主張する。それは、(a)記号の間主観性を確立することが不可能であり、(b)物に対して異なる視点を持とうとする何の伝達上の動機も機会もありえないという実に簡単な理由による。

子供の認知的発達における言語の役割を重視する説は皆、言語的コミュニケーションの発達が正常でない子供の場合の問題を取り上げなければならない。聴覚障害児がすぐに心に浮かぶが、もちろん現代社会では、聴覚障害児は実質的にみな彼ら自身の独自の自然言語か、それに近い言語を学ぶ。Goldin-Meadow (1997)が研究した聴覚障害児たちは系統的な手話に接触することはなかったが、人々が彼らに向かってさまざまな視覚的な方法で伝達意図を絶え間なく表現するという状態で育った。子供たちが、そういう記号的コミュニケーションの代替形式から、どの程度まで物に対する概念的視点を学べるかというのは興味のある問いである。特異的言語発達障害 (SLI, specific language impairment) を持つ子供が言語習得だけでなく、類推的推論から社会的認知に至る多くの非言語的認知スキルにも問題を持つということも、また興味ぶかい（最新の概観はLeonard, 1998; Bishop, 1997参照)。そしてもちろん、自閉症の子供がいろいろな意味でもっとも興味ぶかい。自閉症の子供については主にその特殊な能力を強調したイメージが一般的だが、実際は約半数が言語を習得することはまったくない。他者の伝達意図を強調を、人間特有のやり方で理解するということができないからだと考えられている。興味深いことに、自閉症の子供は典型的なふり遊びはしないということがかなり前

176

4 注意の操作としての記号的表示

から知られていて、反面、言語が得意な子供はよく物を使ってふり遊びをする傾向があり、言語とふり遊びには何か相関関係があるかもしれないことを示している (Jarrold, Boucher, and Smith, 1993; Wolfberg and Schuler, 1993)。これらの記号処理能力の欠陥が、自閉症の子供の認知的表示に影響しているかどうかはわかっていないが、自閉症の子供が物事に何度もまったく同じ方法で、同じ視点からアプローチを繰り返す傾向があることは、よく言及される特徴の一つである。自閉症の子供にとって意図を持つ主体として他者を理解することが困難だということは、その記号処理スキルの欠陥につながり、それで状況を視点依存的に表示することが困難なのかもしれない。

第五章　言語の構文と出来事の認知

> 日常的な言語において、ことばが類似した文法構造を持つように見える時、我々はその意味も類似していると解釈しがちである。
> ——ルートヴィヒ・ウィトゲンシュタイン

子供による言語記号の習得の説明で、私はもっぱら単語という種類の言語記号に注意を向けてきた。しかし、最初の単語を習得するのと同時に、子供は言語のより複雑な構造も言語的ゲシュタルトとして習得している。この観察が妥当である、あるいは必要でさえあるということは、物の名前以外の単語の学習に注意を向ければ明らかである。例えば、子供が「与える(give)」という単語を学習する時、与えるという行為に必然的に伴う、与える人、与えられる物、与えられる人という参加者(物)の意味役割から単語の学習を切り離すことさえできない。実際、そういう参加者(物)なしに与えるという行為を想像することさえできない。「外に(out)」、「から(from)」、「の(of)」という単語にしても、二つの物体あるいは位置の間の関係としてのみ学習することができるのであって、同様のことが言える。したがって、認知発達における言語習得の役割に関心がある場合、子供の単語習得のみでなく、意味を持つ記号の単位として文レベルの構文(例えば、所格構文(locative construction))や、

179

第五章　言語の構文と出来事の認知

yes-no 疑問文）を含む、言語のより大き目の構文の習得を調べなければならない。実際、長い複雑な発話から孤立した単語を子供が耳にするということはほとんどなく、単語習得とは、多分、言語のうちもっとも単純な構文を分離し、抜き出すこととして概念化するべきなのだ（Langacker, 1987a; Fillmore, 1985, 1988; Goldberg, 1995）。

　始めから強調しておかなければならないが、言語の構文とは、特定の単語や句を用いた具体的な構文の場合もあるし、単語に共通するカテゴリーやスキーマを用いた抽象的な構文の場合もある。例えば、「彼女は彼に子馬を与えた (She gave him a pony)」「彼は彼女に手紙を送った (He sent her a letter)」「彼等は私に招待状を電子メールで送った (They e-mailed me an invitation)」などの具体的な構文は、抽象的に名詞句＋動詞＋名詞句＋名詞句と記述できるような、英語の抽象的な二重目的語構文の具体例である。言語学者や心理言語学者の一部は、一種の生得的な言語原理をもって生まれてくることによって、幼い子供は最初から、大人が保持するのと同様の抽象的な言語原理を操作していると信じている（例えば、Pinker, 1994）。しかしこの説は、すべての言語が、同じ基本的な言語原理をそなえているのでなければ理屈に合わず、事実はそれに反する。（生得的な普遍文法の具体例であるにしては、言語間に見られる違いが多様すぎることを報告している最近の概観としては、Comrie, 1990; Givón, 1995; Dryer, 1997; Croft, 1998; van Valin and LaPolla, 1996; Slobin, 1997 を参照）。かわりに、人間はそれぞれ個体発生の初期に、種に普遍的にそなわっている認知的、社会認知的、かつ文化的な学習能力によって、個々の文化が長い歴史の間に社会的生成 (sociogenesis) の過程によって作り出してきた言語の構文を、理解し習得するのだという見方をすることもできる（Tomasello, 1995d,

1 言語の最初の構文

1999b)。この見方によれば、言語の複雑な構文は、人間がその祖先から引き継いだ、記号的な遺産の一種に過ぎないことになる。ただしこの遺産は、子供にカテゴリー化やスキーマ化の試みを促すという意味では特殊である。つまり、具体的な発話を聞くだけで子供はそこから言語の抽象的な構文を構築しようと試みるのであり、その過程は子供の認知発達、特に複雑な出来事、状況、それらの関わり合いについての概念化に関する認知発達において、重要な意味を持つ。

私は、この複雑なトピックを、できるだけ単純に取り上げてみたい。したがって、現在の関心事にもっとも関連する、言語習得の過程の三つの側面に順に目を向けて行きたい。まず第一に、言語の比較的大き目の構文を習得する発達段階について、第二に、言語の大き目の構文が学習される過程について、そして第三に、言語の大き目の構文が子供の認知発達一般に果たす役割について見て行きたい。

1 言語の最初の構文

子供は世界の出来事や状況について話す。「ボール」というように、単語一つから成る発話として物の名前だけを言う時でさえ、子供はほとんどいつでも、誰かにボールを取ってくれるように、あるいはボールを見てくれるように頼んでいる。ほかに何の目的もなく、単に物の名前を挙げるだけのことば遊びをする子供もいるが、それは典型的には西洋の中流階級の家庭の子供だけで、かつ、基本的なレベルの物に限られている。また、「見て！ 置くこと！ (Look! Putting!)」のように、単に行為

181

第五章　言語の構文と出来事の認知

の名前を挙げたり、「見て！の！(Look! Of!)」のように、物事の関係を示す単語だけを挙げる子供はどこにも存在しない。したがって、子供の初期の言語にアプローチする時には、空間的・時間的設定の中で一人、あるいは複数の参加者（物）が関わる複雑な経験の場面として、関連している出来事や状況全体に目を向けなければならない。なぜなら、それが子供の話していることだからである。

子供の発達段階が進むにつれて、一語文 (holophrase)、動詞の島 (verb island) 構文、抽象的な構文、そして語りが用いられるようになる。

一語文

生後一年ほどで自分のコミュニティの言語的な習慣を習得しはじめるまでに、子供はすでに何か月も身振りや音声を使って、他者が持っている物を要求するために命令的 (imperatively) に、あるいは、他者に物を示すために宣言的 (declaratively) に、他者と意図伝達を行っている (Bates, 1979)。すべての文化において、子供はこのように言語記号を宣言的、命令的に使うことを学び、間もなく疑問的 (interrogatively) に物をたずねることも学ぶ。それは、それぞれ異なるイントネーションのパターンを持っている (Bruner, 1983)。世界のすべての言語を通して、子供がもっとも頻繁に話題にするのは、以下のような経験の場面である (Brown, 1973)。

・人や、物や、出来事の存在、不在、再出現（「こんにちは (hi)」「さようなら (bye)」「なくなった (gone)」「もっと (more)」「もう一度 (again)」「もう一つ (another)」「やめる (stop)」、

182

1 言語の最初の構文

- 「離れて (away)」
- 他者との物の交換、所有（「あげる (give)」、「持っている (have)」、「分ける (share)」、「私の (my)」、「私の物 (mine)」、「お母さんの (Mommy's)」）
- 人や、物の動き、所在（「来る (come)」、「行く (go)」、「上に (up)」、「下に (down)」、「中に (in)」、「外に (out)」、「離れて (off)」、「ここに (here)」、「そこに (there)」、「外に (outside)」、「持ってくる (bring)」、「持って行く (take)」、「どこに行くの？ (Where go?)」）
- 物や、人の状況、状況変化（「開く (open)」、「閉まる (close)」、「落ちる (fall)」、「壊れる (break)」、「なおす (fix)」、「ぬれている (wet)」、「かわいい (pretty)」、「小さい (little)」、「大きい (big)」）
- 人の身体的、精神的活動（「食べる (eat)」、「蹴る (kick)」、「乗る (ride)」、「描く (draw)」、「抱きしめる (hug)」、「キスする (kiss)」、「投げる (throw)」、「転がす (roll)」、「欲しい (want)」、「要る (need)」、「見える (look)」、「する (do)」、「作る (make)」、「見る (see)」）

　これらは実質的にすべて、意図され、ひき起こされた出来事や状況であり、あるいは、子供が意図的に大人に注意を向けさせようとしたり、何かを実現させようとして、ひき起こしたり、意図したりする行為の終点、結果、移動である (Slobin, 1985)。要点は、子供は始めから、世界の出来事や状況の意図的、因果関係的な構造を種に固有の理解のしかたで把握し、それに基づいて経験の場面について話しているということである。

183

第五章　言語の構文と出来事の認知

初期段階において、子供は、主要な記号的媒体として、一言だけの表現である一語文を発話行為として使う（例えば、「私はもっとジュースが欲しい（I want more juice）」を意味する「もっと（more）」）。子供が出来事について話しだす一語文は、言語によって異なる構造を持つ。英語では、もっとも初期の言語学習者は、「もっと（More）」、「なくなった（Gone）」、「上に（Up）」、「下に（Down）」、「着る（On）」、「脱ぐ（Off）」などの、いわゆる関係語を数多く使う。これは、顕著な出来事を語るのに大人が、顕著に関係語を用いるためだと考えられている（Bloom, Tinker, and Margulis, 1993 参照）。韓国語や中国語では対照的に、大人の会話の中で、子供にもっとも顕著にわかるのは動詞であり、幼い子供は、同じ出来事を語るのに最初から大人が使うような動詞を習得する（Gopnik and Choi, 1995）。いずれの場合も、出来事について十分に話すために、子供は、例えば、単に「脱ぐ（Off）」から「シャツを脱ぐ（Shirt off）」「シャツを脱いで（Take shirt off）」「シャツを脱がせて（You take my shirt off）」へと、関わっている参加者（物）など欠けている言語的要素を埋めていかなければならない。しかしそれに加えて、「それをしたい（I-wanna-do-it）」「わたしにみせて（Lemme-see）」「ほにゅうびんはどこ（Where-the-bottle）」のように、子供はたいてい大人の表現を一語文であるかのように解析しないまま学ぶことで、構文を習得し始める。そういう場合、子供は、ある時点で文の要素を表現全体から分離し抜き出すことで、複雑な内部構造を伴うらない（Peters, 1983; Pine and Lieven, 1993）。実際、大人の会話において、複雑な内部構造を伴う「一語文」が多い言語（つまり、多くのエスキモー言語のような、いわゆる膠着語）を習得する子供にとって、それが主要な習得のプロセスとなる。一般的な原理として、幼い子供は、その基本的な経験の

184

1　言語の最初の構文

場面について完全に話せるようになるために、部分から全体、全体から部分の両方向の学習能力を備えているということである。

動詞の島構文

二層以上の構造を持つ発話、つまり複数の意味的な構成要素を伴う発話をするようになるにつれ、子供が、どのように経験場面全体を、出来事（あるいは状況）や関わっている参加者（物）などの構成要素に言語的に分割しているのかということが、認知的に興味深い疑問となる。最終的に、子供は、動作主（agent）、被動作主（patient）、道具（instrument）など、出来事の中で参加者（物）が果たすさまざまな意味役割を、どのように記号的に示すかということも学習しなければならない。

子供は初期の段階で、出来事や状況を記号的に示すための、場合によって変化する単語一つの組み合わせを多く使う。ある決まった単語一つと、参加者（物）を示すための（More juice)」、「ミルクをもっと（More milk)」、「クッキーをもっと（More cookies)」などと言っているのに気付いて、「～をもっと（More__)」というスキーマを習得することになるのではないかと考えられる（いろいろな言語についての報告はBraine, 1976を参照）。こういういわゆる軸語構文（pivot construction）では、出来事の異なる参加者（物）が異なる意味役割を果たしていることが記号的に示されているわけではない。しかし、子供は、参加者（物）の意味役割を記号的に示すことをかなり早くから学ぶ。いろいろな言語に共通の記号としては、英語におけるような語順や、トルコ語やロシア語におけるような特定の格標識がある。しかし、子供が記号的表現を学ぶ時、例えば他動詞

185

第五章　言語の構文と出来事の認知

構文の発話 (transitive utterance) すべてというように、ある種の出来事の記号的な表現をすべて学ぶわけではなく、個々の動詞を一つ一つ学ぶ。例えば、私の娘の言語発達を見ていると、ある動詞は一種類の単純なスキーマだけを用いて (例えば、「〜を切って (Cut_)」)、それとまったく同じ発達段階に、ほかの動詞はいくつもの、もっと複雑なスキーマを用いて (例えば、「〜を描いて (Draw_)」、「〜を〜に描いて (Draw_on_)」、「私が〜で描く (I draw with_)」、「〜のために〜を描いて (Draw_for_)」、「〜が〜に描く (_draw on_)」) 使っているのがわかった。加えて、「同じ」参加者 (物) でも、記号的には動詞によって一貫性なく表されていた。例えば、ある動詞の道具は「で (by)」や「で (with)」という前置詞で表しているのに、ほかの動詞の道具では違う前置詞を用いていて、娘が言語的に「道具」という一般的なカテゴリーではなく、「描く道具 (thing to draw with)」「切る道具 (thing to cut with)」などの個々の動詞固有の、例えば、「キスする人 (kisser)」、「キスされる人 (person kissed)」、「こわす人 (breaker)」「こわれた物 (thing broken)」などであった (Tomasello, 1992b)。

　動詞の島仮説 (verb island hypothesis) は、子供の初期の言語能力は、この種の言語の構文のリストからのみ成り立っているとしている。それぞれの動詞は参加者 (物) を表すスロットを備えていて、その参加者 (物) の意味役割は個別の動詞ごとに記号的に表されているという仮説である (図5-1参照)。このような初期の段階では、子供はさまざまな動詞に共通な構文パターンを一般化してはおらず、動詞共通の言語カテゴリー、スキーマ、あるいは決まった表示の仕方も持ってはいない

1 言語の最初の構文

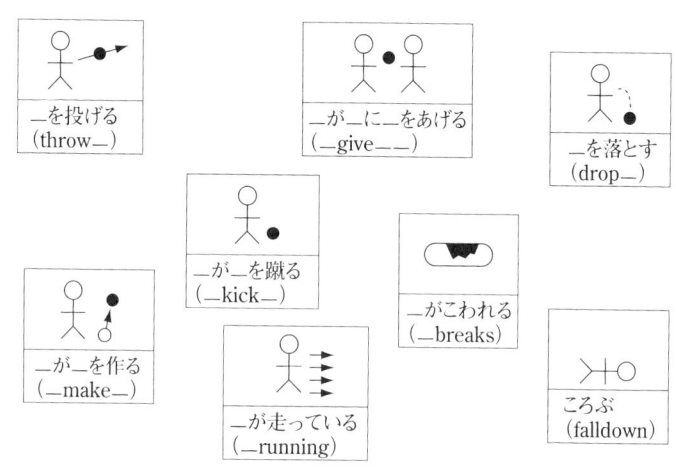

```
_を投げる       _が_に_をあげる      _を落とす
(throw_)       (_give__)           (drop_)

_が_を蹴る
(_kick_)                    _がこわれる
                            (_breaks)

_が_を作る
(_make_)      _が走っている      ころぶ
              (_running)       (falldown)
```

図 5−1 動詞の島構文の単純な図式化。これは，子供の最初期の統語スキルのすべてを図式化している。

(Lieven, Pine, and Baldwin, 1997; Berman and Armon-Lotem, 1995; Pizutto and Caselli, 1992; Rubino and Pine, 1998；概観としては、Tomasello, 1996b; Tomasello and Brooks, 1999 を参照)。

繰り返すと、実質的には個々の動詞の構文の単純な寄せ集めにすぎない動詞の島構文のリストが、子供の初期の言語能力のすべてであり、それ以外には、文を生成するための隠れた原理も、パラメーターも、言語カテゴリーも、スキーマも存在しない。

このように、個々の語句ごとに言語が使われる段階はしばらく続く。実際言語学者の多くは、大人も、慣用句（idiom）、決まり文句（cliche）、習慣的な連語（habitual collocation）、ほかの多くの「非中核的な」構文など、個々の語句を一般に信じられているよりも多く使っていると見ている（例えば、「元気かい。(How ya doing.)」、「彼は彼女にそれを告げた。(He put her up to it.)」、「彼

187

女はそれを乗り越えるだろう。(She'll get over it.)」など。Bolinger, 1977; Fillmore, Kay, and O'Conner, 1988)。しかし子供の言語では、全般的にこの構成がしばらく続く。子供の文レベルの構文は、関連している参加者（物）がそれを示すスロットとして抽象化されてはいても、動詞や統語的記号（語順や文法的な格標識）が表す関係構造(relational structure)は完全に固定されている動詞の島構文である。認知的な観点からすれば、子供がそういう構文のスロットに、参加者（物）を簡単に差し換えることができるということは興味深い。一つの仮説としては、この能力は、共同注意場面の参加者（物）すべてを、外部からの視点で概念化することができ、その結果、参加者（物）を簡単に差し換えることができるという、子供の本質的な非言語的能力から派生していると考えることもできる（第四章参照）。しかし、出来事や状況の差し換えは不可能で、だから子供はそれぞれの出来事や状況を個々に理解するのである。

抽象的な構文

動詞の島構文の習得は、大人の言語能力への主要な通過点であり、行程の初期段階の目的地ともいえる一種のベースキャンプであるが、いったん到達すれば、それは言語のさらに抽象的、生産的な構文という目標への一手段にすぎない。より抽象的な構文も、ほかの認知カテゴリーやスキーマのように、個々の動詞の島構文からパターンが抽出されるにつれて徐々に蓄積される認知スキーマにすぎない。それはやがて、構文の中核となるプロトタイプと、それがいろいろと変化した、周辺的な(pe-

188

1　言語の最初の構文

ripheral)事例となる。そういうより抽象的な構文のいくつかは、特定の単語を不可欠な一部として含み、また別の構文は、完全に単語共通となっている。英語を話す子供の初期の構文で、基本的には大人の構文に対応する要素をすべて含み、ある程度の抽象化が進んでいるものには次のようなものがある。

- 命令文 (imperative)（「それを転がして！ (Roll it!)」、「笑って！ (Smile!)」、「私を押して！ (Push me!)」）
- 単純他動詞構文 (simple transitive)（「アーニーは彼女にキスした (Ernie kissed her)」、「彼はボールを蹴った (He kicked the ball)」）
- 単純自動詞構文 (simple intransitive)（「彼女は笑っている (She's smiling)」、「それが転がっている (It's rolling)」）
- 所格構文 (locative)（「私はテーブルにそれを置いた (I put it on the table)」、「彼女は本を学校に持って行った (She took her book to school)」）
- 結果構文 (resultative)（「彼はテーブルをふいてきれいにした (She wiped the table clean)」、「彼女は彼をなぐって気絶させた (She knocked him silly)」）
- 与格／二重目的語構文 (dative/ditransitive)（「アーニーはそれを彼女にあげた (Ernie gave it to her)」、「彼女は彼に投げキスをした (She threw him a kiss)」）
- 受身構文 (passive)（「私は傷つけられた (I got hurt)」、「彼は象に蹴られた (He got kicked by the elephant)」）

189

第五章　言語の構文と出来事の認知

- 属性／同定文 (attributive and identificational)（「それはかわいい (It's pretty)」、「彼女は私のママだ (She's my mommy)」、「それはテープレコーダだ (It's a tape recorder)」）

重要なのは、ある発達段階の時点において、構文は、含まれるどの語からもある程度独立した意味を持つ、抽象的な構造としてそれ自体が記号であるということだ。したがって、英語の話者はほとんど誰でも、実際には存在しない動詞「フロースする (floos)」に、次の発話のようにいろいろな意味を持たせることができる。

XがYにZをフロースした。(X floosed Y the Z.)
XがYをフロースした。(X floosed Y.)
XがYをZの上でフロースした。(X floosed Y on the Z.)
Xがフロースした。(X floosed.)
XがYにフロースされた。(X was floosed by Y.)

これらの例で、実際には存在しない単語「フロースする (floos)」は何も意味を持っておらず、構文自体が意味を持っていることがわかる。だから構文は、少なくとも含まれている特定の単語からある程度独立した、それ自体の意味を伴う記号的な存在なのだ (Goldberg, 1995)。大人の言語も、完全に抽象化されているわけではないということを再び強調したい。最近の心理言

190

1　言語の最初の構文

語学の実験は、大人でさえ多くの場合、個々の語句に基づく、動詞中心の言語構造を操作しているということを報告している。例えば、「盗む (rob)」という動詞を使う時、大人でも、より抽象的な「動作主」や「主語」というカテゴリーではなく、「盗む人 (robber)」という参加者のカテゴリーを使っている (例えば、Trueswell, Tanenhaus, and Kello, 1993; McCrae, Ferretti, and Amyote, 1997 参照)。これは、大人が認知の領域で抽象的なカテゴリーやスキーマを使っていてもなお、認知処理の多くを、ある意味では抽象的なカテゴリーやスキーマの実質を形成するとも言える、具体的な語句や構造に頼っているということを考えれば、驚くに値しない (Barsalou, 1992)。幼い子供は、特定の語句に基づく構文を始めとして、徐々により抽象的な構文を形成していくというのが全体の要点である。やがてそれが、言語能力の次の階層である、記号的な存在となるのかもしれない。

語り

子供は、複数の単純な出来事や状況が一連となって何らかの複雑な語り (narrative) を構成している談話の中でも、日常的に複雑な構文を経験している。そのような談話では、典型的には複数の出来事に共通の同じ一人以上の参加者がいたり、因果関係や意図的なつながりがあったりして、それが連続する全体に一種の一貫性を与え、「物語」をランダムな出来事の連続とは区別している。子供がどのように、複数の出来事や意味役割を通して同じ参加者を追跡したり、そういう出来事や意味役割をつないで物語を構成している「小さな語」(「そこで (so)」、「だから (because)」、「そして (and)」、「けれど (but)」、「だから (since)」、「しかし (however)」、「にもかかわらず (despite)」など) を理解し

たり使ったりできるようになるのかという過程はよく理解されていない（興味深い分析と議論としては、Nelson, 1989, 1996; Berman and Slobin, 1995を参照）。

2　言語の構文学習

人間の子供は生物的に、基本的な認知、社会的認知、発声・聴覚スキルなど、自然言語を習得するためのさまざまな能力を備えている。それにも関わらず、そして子供が世界の言語すべてに同じように適用することができる生得の普遍文法を備えているとしても、子供はそれぞれ、やはり自分の個別言語の、具体的、抽象的な個別の構文を習得しなければならない。もっとも重要なのは、文化学習、談話と会話、そして抽象化とスキーマ化という三つの過程である。

文化学習

子供が、どのように特定の語句で構成されている具体的な構文を習得するかは、本質的に単語の学び方と同じである。子供は、大人がある言語の構文を使う時、共同注意場面のどのような側面に自分の注意を向けさせたがっているのかを理解しなければならないし、文化的に（模倣によって）その構文が意図伝達においてそのような機能を持つということも学ばなければならない。もちろん、構文の内部構造の複雑さによる違いもあるし、もっと後の発達段階では、構文の抽象性に由来する違いもある。しかし、それらの点については次の二項で述べることにして、ここでは、子供が動詞の島構文を

192

2 言語の構文学習

子供が最初に学んでいるのは、抽象的なカテゴリーではなく、具体的な単語で構成されている構文だということが重要である。つまり、動詞の島構文と、文化学習、特に模倣学習の一般的な過程が、言語習得過程の十分な説明になっている（一つの例外は、下記を参照）。それは、私と共同研究者が、注意深く状況を制御しながら新しい動詞を幼い子供に教えた、最近の一連の実験で例証されている。いずれの実験でも、構文一つだけを使って子供にある新しい動詞を教え、その後で、子供にその動詞をほかの構文の中でも使わせることができるかどうかを調べた。先導するような質問をすることで、われわれが「ボールはアーニーにダックされている（The ball is getting dacked by Ernie）」（受身構文）と言ったとする。その後で、「アーニーは何をしているの？（What's Ernie doing?）」とわれわれがたずねる。普通であれば、答は「彼はボールをダックしている（He's dacking the ball）」（能動、他動詞構文）である。しかし、三歳から三歳半よりも幼い子供に、自分が聞いた構文とは異なる使い方で新しい動詞を使わせることは非常に難しいということがわかった（Ahktar and Tomasello, 1997; Tomasello and Brooks, 1998; Brooks and Tomasello, 1999; 概観としては Tomasello and Brooks, 1999; Tomasello, 1999 を参照）。子供のそういう保守性が、非言語的な「運用上の要因（performance factor）」などによる困難さから来るという説明を排除するために、状況をいろいろと制御した。興味深いことだが、子供の言語の構文学習が模倣学習であるということに対する唯一の例外として、同じ子供でも、物の名前についてだけはそのように保守的ではなく、どのような構文の中で聞

第五章 言語の構文と出来事の認知

いたとしても、いったんある物が「ワグ (wug)」と呼ばれることを学んだ子供は、それを自分が知っているどのような動詞の島構文の中でも非常に生産的に使うことができる (Tomasello, Akhtar, et al. 1997)。これは、動詞の島構文が、その参加者（物）を表すために比較的開かれたスロット（典型的には、物の名前というラベルだけを持つスロット）を持っているということを、再び例証しているに過ぎない。

これらの研究が示しているのは、幼い子供は、言語発達の初期の段階から物の名前というカテゴリー（「名詞」に対応するようなカテゴリー）は形成できるのに対し、意図という観点からそれは何に関することか、というような発話の中心的な関係構造については、基本的に、単に大人と同じ単語を同じように模倣して使いながら学んでいるということである。つまり、子供は動詞の島構文を学ぶが、発話の関係構造を示す部分は特定の単語で構成されていて、参加者（物）あるいは名詞の部分だけが空白のスロットになっている。例えば有名な Braine (1963) の「スティッキーがもうない (Allgone sticky)」のように、初期段階の言語において、子供が示す言語表現とは事実上すべて、動詞の島構文の参加者（物）あるいは名詞のスロットに、新しい異なる言語表現を埋め込むことなのだ。繰り返すと、子供の言語使用は後の段階ではもっと創造的になるが、初期の段階では、大人が生活の中の場面の関係構造や事象構造 (event structure) について話すのを聞いて、それをまったく同じように、まったく同じ単語や構文を使って話すことを学ぶ。これは、文化学習であり、言い換えると、純然たる模倣学習である。

194

談話と、機能に基づく分布分析

単語と動詞の島構文の、文化学習の過程は基本的には類似しているが、主要な違いもあって、それには構文の内部構造の複雑さが関係している。大きï目の構文を完全に理解するために、子供は大人の発話が、全体として伝達意図を表現しているのに加えて、分離可能な記号の要素を含んでいて、それぞれの要素が、その伝達意図の中で異なる役割を果たしているということを理解しなければならない。言い換えると、子供は、複雑な発話のさまざまな言語記号が指示場面を個々の知覚的・概念的要素に分割していて、記号と指示対象という、二組の要素が適切に対応付けられていることを学ばなければならない。非常に複雑に聞こえるが、現実には、子供は単語を一つ学ぶためにさえ、不完全ではあってもその対応付けを達成しなければならない。なぜなら、単語一つの場合でさえ、学ぶべき単語と学ぶべき指示対象を、それぞれが埋め込まれている複雑な総体から分離しなければならないからだ。例えば、第四章で述べた Tomasello et al. による単語学習の研究で、大人が「トマを探しに行こう (Let's go find the toma)」と言った時の、その全体的な伝達意図は、子供は探し物ゲームという非言語的な文脈のみから理解したかもしれない。そこでも、「トマ (toma)」という記号的要素だけは、明らかにそれを取り囲む複雑な記号的総体から分離されており、探している物という指示対象だけは、明らかにそれを取り囲む複雑な知覚的総体から分離されている。「トマを探しに行こう (Let's go find the toma)」という発話全体を理解するということ、つまり、大人の全体的な伝達意図や、それぞれの言語要素や要素の複合体がどのようにその伝達意図に貢献しているのかを理解するということは、この過程を精巧にしたものにすぎない。

第五章　言語の構文と出来事の認知

この精巧化は、何よりも、子供が他者と、さまざまな発話の要素がさまざまに強調されるような談話をやりとりすることで達成される。最も重要なのは、(a)子供はしばしば、発話の中の単語をいくつかすでに知っていて、(b)談話の中で先立つ大人の発話の後を続けることで会話を進めることができるという事実である。例えば、もし大人がアメリカ人の三歳の子供に、何か目新しい活動が進行中なのを一緒に見ながら「アーニーはバートをダックしている (Ernie is dacking Bert)」と言ったとすると、子供は以前の経験から、大人が目前の顕著な活動を指していて、それで「ダックする (dacking)」というのはその目新しい活動を表すに違いないと思うだろう (Fisher, 1996 参照)。だから、子供はその構文全体と、その中の異なる要素のすべての意味役割を理解することになる。

さらに、談話の中で大人とやりとりすることは、より大き目の構文の中でさまざまな言語要素が持つ意図伝達上の機能を子供にわからせるために、非常に重要な役割を果たすと思われる (K. E. Nelson, 1986)。次の例のように、子供は大人と談話しながら、話者が交代する時、新しい要素を導入する際に、時には相手の最後の発話の要素を繰り返したりして、さまざまな意味役割がさまざまな言語要素によって表されることをしばしば経験できる。

子供：椅子の上。(On the chair.)
大人：よし、それを椅子の上にミークしよう。(OK, we'll meek it on the chair.)

196

2 言語の構文学習

この場合、多分子供は大人の伝達意図全体がわかり、大人が繰り返した自分の発話部分が、どのような意図伝達上の役割を持つかということもわかる。それが、子供が自分の知らない新しい単語の役割を分離する手助けとなる。同様に、次の例のように大人と子供は、時には談話の中で順番に発話しながら一つの構文を形成する、いわゆる垂直構造（vertical structure）を作りあげる（Scollon, 1973）。

子供：私はそれを壊そう。（I'll smash it.）
大人：そのガザーで。（With the gazzer.）

繰り返すが、この種のやりとりは、子供が発話をその構成要素に解析し、その構成要素が意図伝達上どのような役割を果たすかということを理解する手助けとなる。

まとめると、Tomasello (1992b) が言うような機能に基づく分布分析（functionally based distributional analysis）が、ここでの提案である。どのような種類の言語構造でも、その意図伝達上の重要性を理解するために、子供は大人の伝達意図全体にそれがどのような貢献をしているかということを見きわめなければならない。図5−2は、その過程を極端に単純化した図式化である。この過程は、場合に応じて、その過程のある一面がより重要性を持つことはもちろんとしても、単語やより大きい日の構文、あるいはどのような言語単位の学習にも、同様にあてはめることができる。そして、この過程は、いかなる意味でも文化学習の過程と矛盾したり競合したりすることはない。唯一の争点は、どのような単位を子供が模倣によって学び、どのようにその単位を子供が分離し、その結果その習慣的

197

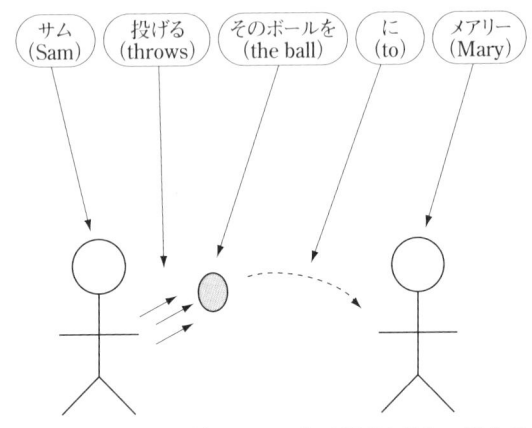

第五章　言語の構文と出来事の認知

サム (Sam) 　投げる (throws) 　そのボールを (the ball) 　に (to) 　メアリー (Mary)

図5-2 極端に単純化した，指示場面とそれに伴う言語の図式化。機能に基づく分布分析によって，子供がそれぞれの言語要素の意図伝達における機能を理解した後を示している。

な使い方を模倣によって学ぶことができるかということだけである。言語習得における文化学習とは、常に、ある記号形式が使われる時、それが習慣的にどのような意図伝達上の機能を持っているかを学ぶということである。ある言語形式を取り囲む談話を理解するということは、事実上常に、その言語形式の意図伝達上の機能を理解するということの不可欠な一部なのである。

抽象化とスキーマ化

幼い子供が動詞の島構文をどのように抽象化、あるいはスキーマ化して、より抽象的、生産的な大人の持つような構文を作り出すのかということは、ほとんどわかっていない。一つの仮説として、子供は単に、非言語的認知において出来事のスキーマを形成するのと同じように、言語の構文スキーマも形成しているのかもしれない（例えば、Nelson, 1986, 1996 の研究にみられるように）。したがって、最近の研究は、幼い子供は、ある出来事がその都度異なる参加者（物）を伴うというような多様性がある場合の方が、一連の出来事をよくお

198

2 言語の構文学習

ぼえているということを示している (Bauer and Fivush, 1992)。これは、例えば何かを蹴るという出来事の、参加者が異なるいくつもの具体例に基づいて動詞の島スキーマを形成するということに相当するだろう。「XがYを蹴る (X kicks Y)」「XがYを愛する (X loves Y)」「XがYを見つける (X find Y)」などの具体例も、一段階上のレベルでは、より一般的な一つのスキーマの具体例とみなされるなど、子供は単にタイプの異なる出来事も同じようにスキーマ化することで、より一般的なスキーマを形成している (Gentner and Markman, 1997 の、アナロジーと構造マッピング (structure mapping) 参照)。そのような過程を成功させるためには、さまざまな動詞の島スキーマが、「臨界量」に達するまでカテゴリー化される必要があると考えられている (Marchman and Bates, 1994)。

明らかに、子供が抽象的な構文を習得する年齢は、構文の意図伝達上の機能を理解するのに必要な社会的認知のスキルと、構文の記号形式 (その長さと複雑さ、その統語的記号の顕著さと一貫性、等) を習得するのに必要な認知、発声・聴覚スキルによって決まり、さらに多分、抽象化すべき動詞の島構文の総数とその間の一貫性にもよる。しかし、いったん子供が抽象的な構文を形成しはじめると、すべてのカテゴリー化やスキーマ化と同じように、過剰一般化 (overgeneralization) の問題が生じる。大人の構文を大人のように使うことを学ぶために、どの動詞が個々の構文に使われるかということとだけでなく、どの動詞は使われないということも含めて、子供は適切な一般化を行わなければならない (例えば、「彼女は彼にその本を寄贈した (She donated him the book)」というように、「寄贈する (donate)」を二重目的語構文で用いることはできない、Pinker, 1989)。構文に対する実際の制約が何で、子供がそれをどのように習得するかということは、よく理解されていない。しかし、子供が、新たに

199

第五章　言語の構文と出来事の認知

形成した文レベルの構文で過剰一般化をするようになるまでに、三歳あるいはそれ以上になっていなければならないことをいろいろな証拠が示している（例えば、「私をくすくすと笑わないで（Don't giggle me）」という具体例のように、自動詞を、習慣に反して他動詞構文で用いること、Bowerman, 1982）。そして、それらの生産的な構文の使用を大人にならって制限し、この種の過剰一般化による間違いを避けることができるようになるには、四歳から四歳半になっていなければならない（概観としてはTomasello, 1999bを参照）。だから、言語の文レベルの構文全般の抽象性には、よく知られている英語の過去形の例と同様に、U字型の発達パターンが見られるのかもしれない。子供は個々の語句に基づく複数の構文を学び、それを一般化し、時には過剰に一般化し、そしてその後でさまざまな過程で一般化を習慣的な範囲にまで刈り込むのである。

カテゴリー化とスキーマ化の過程は、子供それぞれの認知的発達によるものだということは、興味深いことで、重要である。もちろん、子供がカテゴリー化し、あるいはスキーマ化しているものは、何世代にもわたって文化が築き、蓄積してきた言語記号と構文に直接由来している。しかし、子供は言語の抽象的な構文を直接経験するわけではなく、具体的な発話のみを聞いて、それを自分で抽象化しなければならない。だから、言語習得とは、個人の認知的発達と文化の認知的発達の相互作用を見ることができる重要な領域なのである。子供はそれぞれ抽象的な構文を構築するのだが、そのためには、自分が属する社会的集団にすでに存在する、文化的な習慣となっている記号的遺産（構文）を用いているのである。

3 言語的認知

もし、言語を認得とは別個の物とみなすのであれば、言語習得がどのように認知に「影響し」、「影響され」、あるいは「影響しあう」のかと問うこともできる。しかし、私は、言語は認知の一形式だと考えている。言語とは、人と人との間の意図伝達を目的とする認知のことである（Langacker, 1987a, 1991）。人間は、他者と自分の経験を分かち合うことを望み、長い年月の間に、それを達成するための記号的習慣を生み出した。その記号的習慣を習得する過程で、Slobin (1991) が「話すための思考 (thinking for speaking)」と言っているように、人間は、言語なしでは概念化できないようなことも概念化するようになる。人間の記号による意図伝達が効果的に成功するためには、独自の形式の概念化が要求されるからである。したがって、私は単に言語的認知ということ、特に、指示場面を出来事（あるいは状況）とその参加者（物）に分割すること、指示場面に対する視点の設定、指示場面のカテゴリー化という、言語的認知の三つの側面を議論すべきだと思う。

出来事と参加者（物）

言語習得の、認知的にもっとも重要な結果は多分、言語使用者が自分の世界を特定の種類の個々の単位へと分割するということである。もちろん、その分割過程は何かを新たに概念化するわけではないが、それはすでに概念化されている物を、もし言語的意図伝達を行わないのであれば、必要としな

第五章　言語の構文と出来事の認知

いような特別なまとめ方で、まとめるという目的を果たしている。言語のもっとも主要な機能が、他者の注意を操作すること、つまり現象に対して他者にある視点を取るようにしむけることだとすれば、言語記号や構文は、子供の祖先がそのために子供に遺した記号的遺産以外の何物でもないと言える。そういう記号的遺産を学習し、その背後にある視点を内面化することで、子供は、その産物の創造主と同じように世界を概念化するようになる。

自然言語が用いる、もっとも基本的な認知的区分は、出来事（あるいは状況）とその参加者（物）の区別である。その区分は言語によってさまざまで、多様な顕在化を見せるが、もっとも重要な決定要素は、(a)「物のような (thing-like)」現象と、(b)「過程のような (process-like)」現象の認知的区分 (Langacker, 1987b) と、何について話しているかという「談話の焦点 (discourse focus)」Hopper and Thompson, 1984) である。このように、ある言語では、大体は名詞と動詞と呼ばれるような二種類の単語があり、典型的にはそれぞれの単語がどちらか一方のタイプの要素としてだけ用いられるのに対し、別の言語では、英語の「ブラシ（をかける）(brush)」「キス（する）(kiss)」「電話（する）(call)」「飲み物（飲む）(drink)」「助け（る）(help)」「金づち（で打つ）(hammer)」「抱きしめる（こと）(hug)」「散歩（歩く）(walk)」などのように、言語的文脈によって、どちらのタイプの要素としても同じように用いられる。

前述のように、幼い子供は、伝達意図を表現するために一語文を使うことで言語発達を開始するが、間もなくより複雑なことをするようになる。発達を通して、主に次のようなことを学ぶ。

3 言語的認知

- 伝達意図を、大体においては出来事・状況と、参加者（物）とに対応する区別をした要素に解析しながら、単語の組み合わせを用いる（例えば、～を脱いで（_off）、～をもっと（More_））。
- 出来事や状況における参加者（物）の意味役割を、主に語順や格標識などを使って記号的に表しながら、動詞の島構文を用いる。
- 動詞の島スキーマを、言語のより抽象的な構文へとカテゴリー化、あるいはスキーマ化し、多くの生産的な言語的一般化を可能にする。

この進歩の過程は全体として、幼い子供が、自然言語を形成している構文の習得と使用に基づいて、自分の経験場面を多様に「切り分ける」ことができ、その後、経験のパターンを識別するそれぞれの認知スキルに基づいて、その切り分け方をカテゴリー化、スキーマ化することができるようになるということを意味する。

進歩の過程の要約は、表5−1の通り。

いろいろな種の動物も、物や出来事を知覚し、それに対処すると考えられているが、動物は出来事やその参加者（物）を（それぞれの意味役割がはっきりと示された形で）明瞭な認知単位として概念化したり、それについて意図伝達したりすることはない。ヒトも、何かの具体的な手段として道具を作ったり、使ったりする時のように、世界と直接関わり合っている場合は、そのようなことはしない。

しかしヒトは、言語によって他者と意図伝達し合う時、世界を、出来事や状況とその意味役割をになう参加者（物）とに解析する。それは第一に、認知的、意図伝達的な明確な目的があるからであり

概算年齢	経験場面	言語
生後9か月	共同注意場面 （未記号化）	—
生後14か月	場面の記号化 （未識別の記号化）	一語文
生後18か月	場面の分割 （出来事と参加者（物）の識別）	軸語のような構文
生後22か月	場面の統語化 （参加者（物）の記号的表示）	動詞の島構文
生後36か月	場面のカテゴリー化 （参加者（物）の意味役割の一般的な記号的表示）	動詞に共通する構文

表5—1　幼い子供における，自然言語の習得に伴う経験場面の概念的な解析とカテゴリー化

（上記参照、Langacker, 1987b; Hopper and Thompson, 1984）、第二に、それが自分の祖先がそうして来た方法だからである。それでも、自分の集団の仲間と効果的に意図伝達をするためには、言語習得者はそれぞれ、自分の祖先がどのように無数の個々の概念的状況を区別して来たかを経験し、それと同じやり方を学ばなければならない。

視点の設定

発話事象（speech event）はそれぞれ皆違う。だから、発話者は個々の言語使用の場合において、話題にしている指示場面を、対話者と共有している現行の共同注意場面にどのように「結び付ける（ground）」かを決めなければならない。言い換えると、発話者は、個々の場合において対話者の知識、期待、視点など、特定の意図伝達上の文脈に合わせた、記号的な表現手段を選ばなければならない。これは、発話者が、対話者に対して話題にしている参加者（物）や出来事をどのように表すかということに関してもそう

3 言語的認知

であり、場面全体に対してどのような視点を設定するかということも、また同様である。

まず、人が誰かにある物を指し示したい時、固有名詞（「ビル・クリントン (Bill Clinton)」）、一般名詞（「大統領 (the president)」）、あるいは代名詞（「彼 (he)」）で指すというように、聞き手がその場合どのような情報を必要としていると判断するかによって（つまり、現行の共同注意場面で、正確には何が共有されていて、何がされていないかという評価によって）、いろいろな選択がある。固有名詞は、固有で、個別の呼称であり、話し手と聞き手が共にその人を名前で知っている時に使われる。一般名詞は、その性質としてカテゴリーを表わしていて、意図した個人を特定するためにはほかの言語記号と共に用いられなければならない。例えば、話し手が、聞き手がその個人をカテゴリーのヒントだけから特定できると思える場合には、定冠詞と呼ばれる特別な記号が使われる（例えば、「その X (the X)」、「あの Y (that Y)」、「この Z (this Z)」）。話し手が、聞き手がその個人を特定するためにはもっと情報が必要だと思った時には、修飾付き名詞句（「その青い車 (the blue car)」、「昨日見つけた車 (the car you found yesterday)」）のような複雑な構文が使われる。関係節（「あなたが共同注意場面の中で、双方が指示対象を正確に知っている時に用いられる。代名詞は、その場合どのような情報を必要としていると判断する時に用いられる。同じように、話し手はしばしば、経験した継続的な出来事の中から、ある特定の出来事を聞き手に対して特定してみせなければならない。ほかには何も知らなくても、われわれは「彼はそれを蹴った (He kicked it)」と言うのとは違う出来事を指し示していると言えば、「彼はそれを蹴るだろう (He will kick it)」と言うのとは違う出来事を指し示しているということがわかる。Langacker (1991) のモデルは、共同注意場面（進行中の発話事象）とは、ある出来事を、過去、現在、未来、また発生を望む出来事のような場合には、想像上の時点に位置付ける

205

第五章　言語の構文と出来事の認知

ことのできる中心点 (the centering point) だとみなしている。

発話全体としては、話し手は、指示場面について話している内容を、聞き手の知識、期待、その時の注意の対象に合わせることで、進行中の共同注意場面に結びつけなければならない。例を挙げて説明しよう。フレッドという名前の人が、窓に石を投げて壊したとする。いろいろな発話レベルの構文を使って、その出来事の違う側面を前面化 (highlight) したり背景化 (background) したりすることができ、そのすべてで違う視点を設定することができる。違う動詞や名詞を使って (「砕いた (shattered)」「器物損壊した (vandalized)」「その男 (the man)」「その強盗 (the burglar)」「私の兄 (my brother)」など)、可能性を無限に増やすこともできるが、ここでは主要な内容語 (content word) として、「フレッド (Fred)」「石 (rock)」「窓 (window)」「壊した、壊れた (broke)」という語を使って（発話者の伝達意図を単純な情報伝達に限るとして）単刀直入に表現する場合を考えよう。

フレッドが窓を壊した。(Fred broke the window.)

石が窓を壊した。(The rock broke the window.)

フレッドが石で窓を壊した。(Fred broke the window with a rock.)

窓が壊れた。(The window broke.)

窓が壊された。(The window got broken.)

窓が石で壊された。(The window got broken by a rock.)

3 言語的認知

窓がフレッドに壊された。(The window got broken by Fred.)
窓がフレッドに石で壊された。(The window got broken by Fred with a rock.)
窓を壊したのはフレッドだった。(It was Fred that broke the window.)
窓を壊したのは石だった。(It was the rock that broke the window.)
壊れたのは窓だった。(It was the window that broke.)
壊されたのは窓だった。(It was the window that got broken.)

同じ基本的な単語を使って、単語の選択に現れる視点の違いを一定に固定した場合でさえ、非常に基本的で一般的な英語の文レベルの構文を使って、一つの場面をさまざまに表現することができる。それぞれの表現で、参加者（物）の一人が「第一焦点的参加者（物）（primary focal participant）」（主語）として選ばれていて、ほかにも可能な参加者（物）は「第二焦点的参加者（物）（secondary focal participant）」（直接目的語）として含まれたり、補助的な参加者（物）（ancillary participant）（前置詞句）として含まれたり、あるいは完全に言及されないでいる。話し手が、これらの表現の中から一つの表現を選ぶ理由は、自分の意図伝達上の目的や、聞き手の意図伝達上の必要や期待に対して、どれがもっとも適切かという話し手の評価に関わっている。例えば、もし、聞き手がビルが窓を壊したと信じていると推測すれば、話し手は頭を横に振りながら「窓を壊したのはフレッドだった。(It was Fred that broke the window.)」と言うかもしれないし、もし、聞き手が気にしているのは窓がどうなったかということだけだと思えば、話し手は「窓が壊された。(The window got bro-

207

ken.）とだけ言うかもしれない。Talmy (1996) は、いろいろな注意の「切り出し (windowing)」と「空所化 (gapping)」は、ある場面に対する言語の個々の構文の使用を記述しているし、Fisher, Gleitman, and Gleitman (1991) は、ある場面に対する特定の視点に聞き手の注意を向けさせるために、話し手が使う一種の「ズームレンズ」として構文を特徴づけている。

このような言語の奥深さが、何故人間の言語はこのように法外に複雑なのか、という非常に単純ではあるが、深遠な疑問に答えるためには不可欠となる。その答えには、主に二組の要素が関係している。自然言語は複雑である。それは第一に、人間には、複数の参加者（物）が複雑に関係し合う複雑な出来事・状況について話したいという願望があるからである。そのために、壊すという出来事、フレッド、石、窓を取り上げる必要があり、出来事全体の中でそれぞれが果たす意味役割を示す必要がある。しかし、それだけなら、単に「フレッド石窓壊す (Fred break window rock)」でも足りる。さらに複雑さが加わるのは、話し手が、聞き手と共有中の共同注意場面に、指示場面を結びつける必要があるからで、つまり、統語的な複雑さは、意図伝達の語用論 (pragmatics) に起因している。これは、現行の共同注意場面の中で、指示対象を特定の参加者（物）や出来事に（例えば、定冠詞や時制表現で）結び付ける必要があることも同じで、話し手が聞き手に合わせて（例えば、窓や、石や、フレッドを発話の第一焦点にすることで）出来事のいろいろな側面を切り出したり、空所化したりする過程についても同じことが言える。

言語の中で、もっとも一般的でよく使われる発話レベルの構文は、長い歴史の間に習慣化したできあいのパッケージになっており、そのため、子供は単にそれを学べばよい。しかしそれでも、子供は

208

3 言語的認知

いろいろな意図伝達の環境の中で、効果的にどのオプションを選ぶべきかという語用論的な能力を発達させなければならない。実際には、子供がある状況の中で、単に最初に思いついた言語の構文を使っているだけなのか、そうではなくて、何かの原理に基づく意図伝達上の理由である言語の構文を選んでいるのか見きわめることは簡単ではない。しかし一般的に、子供の視点とその意図伝達の相手の視点が分かれている時はいつもそうであるように、敏感に相手の視点に合わせるということは、幼い子供にとって重要な発達上の達成であり、多分それは、相手も自分の思考と信念を持つ心的主体 (mental agent) であることを理解する能力の発現まで待たなければならない。

派生表現、メタファー、物語

抽象的な構文は、子供の言語的な創造力の主要な基礎をなしていて、子供はそれぞれ、成長した言語使用者から聞いた発話の中からパターンを見分けながら、構文を一つ一つ構築しなければならない。このことは、言語の抽象的な構文を、認知的に特に興味深い物にしている。抽象的な構文は、文化的に習慣化された言語の構文と、それぞれの子供が、究極的には霊長類の個体として生物的に受け継いでいる物から派生する、カテゴリー化やスキーマ形成の認知スキルに基づいているからである。しかしそれに加えて、言語の抽象的な構文は、動物の世界には比類のない、独自の認知的操作につながっている。言語の抽象的な構文と、具体的な個々の単語との相互作用は、物事の、派生、アナロジー、メタファーによる解釈、(construal) の、強力な新しい可能性を生み出す。例えば英語では、以下のような解釈ができる。

209

第五章　言語の構文と出来事の認知

- 性質や活動が、物であるかのような解釈（「青は私の大好きな色だ（Blue is my favorite color）」、「スキーするのはおもしろい（Skiing is fun）」、「宝物の発見は幸運だった（Discovering the treasure was lucky）」）
- 物や活動が、性質であるかのような解釈（「彼の剃った頭は彼女の気をそらせた（His shaven head distracted her）」、「彼のニクソン流のやり方は私の気にさわった（His Nixonesque manner offended me）」）
- 物や性質が、活動であるかのような解釈（「彼女は会議を司会した（She chaired the meeting）」、「彼はパンツをぬらした（He wet his pants）」、「新聞配達の少年は新聞を玄関に投げ入れた（The paperboy porched the newspaper）」）
- 出来事や物がそれ以外の何かであるかのような解釈（「愛はバラだ（Love is a rose）」、「人生は旅だ（Life is a journey）」、「原子は太陽系だ（An atom is a solar system）」）

人間は、特定の意図伝達の状況で、言語の在庫にある資源では表現上の必要性を十分に満たせない時に、この種のアナロジーを創造する。これは、意図伝達上の必要性にかられて、従来の言語的意図伝達の手段では応えられない機能的な要求に応えているのであり、それ以外の理由で、人間が活動を物として概念化したり、物を活動として概念化したり、あるいはもっとも初歩的なメタファーを用いた思考以上のことをするということは、想像しがたい。この文脈で重要なのは、子供が、動詞固有の構文から、動詞共通の構文へと移行しながら作り出す抽象的な構造は、意図伝達上の必要がある時には、

210

3 言語的認知

あらゆる種類の概念内容に、たとえそれがある種の現代詩(そして「無色の緑色の考えが猛然と眠る (Colorless green ideas sleep furiously)」のような文)のように明確に矛盾している内容であっても、それに簡単に適応することができるということである。そういう文法的な柔軟性は、認知的な重要性を伴わない単なる便利な意図伝達の装置ではない。Wittgenstein (1953) は、人が、言語的には名詞で表現される物すべて(例えば、思考、期待、無限、言語など)に、物体や実質を見出そうとする傾向があって、それが哲学的には多くのパズルを生み出しているという例をいくつか紹介している。

以下簡単ではあるが、人間の認知における語りの役割も、認識しなければならない。特にBruner (1986, 1990) は、文化(あるいは、家族のようなほかの社会的単位)の中で語られる物語は、文化がそれ自体をどのようにみなしているかを表していて、その構成員の認知を形成することになるとしている。例えば、ある文化の起源、ヒーローやヒロイン、歴史上の主な出来事、有史前の神話的な出来事などに関してその文化に正しいと認められた物語にはすべて、それなりの理由がある。つまり、何らかの理由で、文化が伝統的に、どのような種類の説明に価値を見出すか、どのような種類の語りの解釈や類型を創造したか、等々と関係があると考えられている。だから、長大な語りもまた、人間の言語的認知を、それぞれの語りならではの方向へと導いている。

211

4 言語と認知

言語の構文は、特別な種類の言語記号であり、複雑な内部構造をもち、複雑ではあるが頻繁に必要な意図伝達上の機能を扱うために、歴史を通して習慣化されていて、その構文全般を学ぶことは、言語なしでは不可能な経験を子供にさせる。特に、次のようなことを子供にさせる。

• 世界を、出来事と参加者（物）に解析し、
• 現行の共同注意場面と何らかのつながりがある、さまざまの視点から複雑な出来事を見、
• 抽象的な構文を創造する。それによって、あらゆる現象の経験を、実質的にはほかのどのような現象としても見ることができる（物としての活動、活動としての物、そしてほかのあらゆる概念的なメタファー）。

だから、言語習得によって、子供は出来事を、習慣的な言語を学ばなければできない複雑なやり方で概念化し、カテゴリー化し、スキーマ化する。そして、そういう出来事の表示やスキーマ化は、人間の認知に多くの複雑さと柔軟性を加えている。
言語の複雑な構文の創造において、子供は最初は非常に保守的で、一般的に、成長した言語使用者から学んだ通りの構文の関係構造（動詞の島構文）を、そのまま模倣する。この観察で重要なのは、

言語の複雑な構文の習得という、従来は文化学習の貢献が限られていると思われていた領域でさえ、人間は文化学習を用いる傾向が非常に強いということである。重要なのは、この傾向は、(a)特にNagell et al., (1993)(第二章参照、Want and Harris, 1999も参照)の研究に出てくるような二歳児の、道具使用の課題、(b)特に二歳児の、単語学習の課題(第四章で概観した、Tomasello et al., 1999の研究参照)、そして(c)特に二歳児の、物の操作やふり遊び課題(第三章で概観した、Tomasello, Striano, and Rochat, 1999; Striano, Tomasello, and Rochat, 1999)における、子供の模倣傾向と完全に一致している。全体的な結論として、一歳から三歳の期間、幼い子供は、自分の社会的集団の中で、成長したメンバーの文化的なスキルや行動を取り込もうとする事実上の「模倣マシーン」だと言える。

子供は、もちろん発達段階の初期から、文化的な遺産や言語的な習慣に対しても創造力を発揮するし、認知発達段階のもっと後では、文化的な道具を使っていろいろ目新しいことをするなど、模倣の影響は減少する傾向にあるので、模倣の傾向がすべてを語っているわけではない。しかし人間の子供は、一歳から四歳までで最初に自分の文化の遺産や習慣を学び始める時期に、強い模倣傾向を示す。

問題解決の状況の多くにおいて子供は、必要なスキルを持たなかったり、どうすればよいかわからない時に、大人がよく模倣に頼るのとまったく同じように、最初の反応としてしばしば周りの行動を模倣する。したがって、言語記号や構文についてもっとも興味深い問題は、それが、言語記号や構文の模倣学習として「大人のようにしようとする」必要性と、文化的に継承された遺産を現行の意図伝達状況に創造的に合わせ、さらに一般化しようとする必要性との間に、はっきりとした緊張関係をもたらすということである。発達段階の初期に、幼い子供が他者を模倣する傾向は繰り返し現れる。だか

第五章　言語の構文と出来事の認知

ら、初期の子供時代は、自分が生まれる前からの遺産や習慣を習得し、その習得過程として遺産や習慣を創造的に使いながら、文化の世界に入場する時期だと結論することができる。

言語と認知の疑問に対する標準的なアプローチは、異なる言語の習得者の認知スキルを比較することである。しかし私は、どの言語かに関わらず、言語を習得する場合と、どの言語も習得しない場合の比較に興味がある。もちろん、現代社会において、言語を正常に習得できなかったさまざまな人の場合にも興味があるが、第四章で詳述したように、そういう人が、無言語の状態、ましてや無文化の状態を代表しているとは言い難い。経験的には、手話言語など、言語記号のさまざまな代替手段や変化形も、自然言語と同じように間主観的に共有され、視点依存性を持つ習慣的な記号でさえあれば、注意や認知を操作する点で、言語として同じ効果を持つ。

第六章　談話と表示上の再記述

> 発話はどんなものであれ、非常に複雑に組織された発話の連鎖の一環である。
> ——ミハイル・バフチン

　ここまでに私が論じてきたことは、大筋においては、いずれも世界中のすべての乳幼児に共通する普遍的なものばかりである。すなわち、全世界の乳幼児が自己を他者と一体化させ、自己と同じく意図をもつ主体として他者を捉え、他者とともに共同注意活動を行い、外界の対象や事態の間に成立する因果関係の多くを理解し、他者がジェスチャー、言語記号、構文によって表現する伝達意図を理解し、役割交替を伴う模倣を通してそれらと同じジェスチャー、記号、構文を他者むけに産出するようになり、言語に基盤をもつ、もののカテゴリーや事態のスキーマを組み立てる。このような認知スキルがあるために、幼児には発達の文化的な経路を本格的にたどり始めること、すなわち、自らが所属する社会集団に特有のスキルや慣習や知識の諸領域を文化学習（転用、獲得）し始めることができるのである。それにも拘らず、子供が幼児期およびそれ以降に特定文化に固有の発達の経路をたどるに際しても、発達のプロセスやさらにはその中の重要な段階にすら、やはり普遍的な特徴が認められる。

第六章　談話と表示上の再記述

したがって、こうした後の発達期における子供を観察するに際しては、人間の認知機構の個体発生に見られる、個別文化に固有の面とすべての文化に共通の面の双方を説明することが課題になる。

人間の認知の個別文化に固有の面についての説明の仕方はどのような理論的立場の研究者であっても基本的には同じで、次のようなものである——子供は身の回りにある物事に接することでそれらの物事を習得するのであり、文化が異なれば子供が接する物事も異なってくる。文化的な相互作用に主な関心がある文化心理学者（例えば新生得主義者）であれ、より個体中心的な立場から個人の問題解決を主に研究する理論家（例えば新ピアジェ派の研究者）であれ、恐竜、ギリシャの歴史、祖先、敷物織りなどについての知識を子供がどのようにして習得するかを説明するには、一人一人の子供が特定の社会的・物理的コンテクストの中で知識を獲得すると言う他はない。しかし、すべての文化に共通のスキルや知識ということになると、理論的な難点が生じるのである。人間の認知発達の普遍的な面をめぐる論争では個体中心的な立場が現在支配的であるが、そうした研究者の大多数にとっての根本的な関心の一つは、さまざまな認知スキルや知識の領域がどの程度まで「生得的」で「モジュール的」であるか、ということである（例えば Hirschfield and Gelman, eds., 1994；Wellman and Gelman, 1997 を参照）。個体中心主義のアプローチのいずれにおいても、子供／科学者／機械が接する「インプット」ないし「データ」が習得の対象になる特定の知識領域ごとに異なるということを除いては、基本的で普遍的な認知構造の発達に際して社会的・文化的なプロセスには何ら役割が与えられていない。それに対して、文化心理学者は子供の認知発達における社会的・文化的プロセスに注目することこそがこのアプローチの決定大いに関心を寄せてきた——そもそもこれらのプロセス

第六章　談話と表示上の再記述

的な特徴である——が、認知発達の個別文化に固有の面に関心が集中するあまり、人間の認知機構の最も基本的で普遍的な面の個体発生において社会的・文化的なプロセスが果たす役割を概してほとんど無視してきた。

私自身の立場は、社会的・文化的なプロセス——あらゆる文化に共通のもの——が人間の最も基本的かつ普遍的な認知スキル、とりわけ人間という種に特有のスキル、の多くがたどる通常の個体発生経路の一環として必要不可欠である、というものである。こうした文化・社会的なプロセスの中には、あまりにも当たり前であるがゆえに、理論家によって取沙汰されることがめったにないものもある。例えば言語その他の記号的なメディアを通して大人から子供へ知識や情報が「伝達」されるプロセスがそうである。また、こうしたプロセスの中には、子供が環境と相互作用する際に媒体となる文化的な産物の役割など、それほど当たり前でないものもある。さらに、私の考えでは、新ヴィゴツキー派の文化心理学者の一部の人々にとってのみ研究の対象になっている。少しも当たり前ではなく注目するのに値するのに、現代の理論家の誰一人として注目してこなかったものもある。これらがなおざりにされてきた主な理由は、それらが言語によるコミュニケーションや談話のプロセス——子供が対話を通して他者と心的に関わり合うプロセス——を含んでいて、どちらの立場の理論家もこうしたプロセスを十分に理解していなかったり、誤解していたりすることである。個体中心的な立場の理論家は言語が他の認知能力と重要な点で関わり合うことのない、領域固有の能力であるという考え方を大抵は受け入れていて、一方文化心理学者は、行動の社会化と単純なカテゴリーの形成における言語の役割にはある程度注目してはいるものの、複雑な認知スキルの発達において言

第六章　談話と表示上の再記述

語的コミュニケーションが果たす役割には概してまったく注意を向けてこなかったのである。

本書の仮説は以下のとおりである。言語記号の表す意味には記述の対象である事態に対する特定の視点が含まれており、談話でのやりとりにおいて言語記号が用いられると記述の異なる視点が明示的に対比され、共有されることになるのであるが、そのようにして与えられる素材をもとに、どの文化に属する子供たちも柔軟で多様な視点を含む——ことによると対話的（dialogical）ですらあるかもしれない——認知的な表示を組み立てるのであり、人間の認知が比類のない驚嘆すべき力をもつのはそのような認知的な表示に負うところが大きい。この章では、この考え方を詳述することを試みる。

最初に、言語的コミュニケーションと談話のプロセスが幼児期の初期段階における人間の認知発達を構成する働きをすると言えるいくつかの点——単に子供を事実に基づく情報に触れさせることから現象に対して複数の、場合によっては相反する、視点を与えることによって子供が世界を理解し認知的に表示する方法を変換するまで——を概観する。第二に、このような言語的プロセスが幼年期から精緻化している二つの主要な知識領域——社会的・心理的（意図的）主体性の理解と物理的な（因果的）事態と関係の理解——における子供の認知発達にどのように貢献するかをより詳しく検討する。第三に、いくつかの特別なタイプの言語的なやりとりや談話から、幼児期の初期段階の終わりに、自己規制、メタ認知、表示上の再記述というきわめて重要なプロセスが生じ、それらのプロセスの組み合わせから対話的な認知表示が生じる様子を検討する。

1 言語的コミュニケーションと認知発達

少なくともサピアとウォーフ以来、しかし実はヘルダーとフンボルト以来、言語的コミュニケーションが認知に与える影響は哲学者、心理学者、言語学者が非常に興味をいだく話題であり続けてきた。ほぼすべての理論家の関心の焦点は、ある特定の言語（例えば英語ではなくホーピ語）を習得することによって人間が世界を概念化する方法がいかなる影響を受けるか――「言語的決定論」の仮説――にあった。最近の研究によると、特定の言語が非言語的な認知に特定の仕方で影響を与えるという「強い」形であれ（例えば Lucy, 1992 ; Levinson, 1983）、特定の言語を習得し使用すると事態の特定の側面に注目するようになる――いわゆる話すための思考（thinking for speaking）(Slobin, 1991)――という「弱い」形であれ、この仮説は何らかの形ではほぼ確実に正しいのではないかと思われる。

しかし、認知発達一般において言語的コミュニケーション――自然言語をまったく用いないのに対してどれであれ自然言語を用いること――がいかなる役割を果たすのか、というこれよりさらに基本的な問いが存在する。これは無人島で育つ幼児などに関する思考実験の領域にわれわれを再び誘う問いであって、実際の経験的な研究によって直接取り組むことはできない。それにも拘らず、理論的な根拠を関連する経験的な研究や観察で補強することによって、認知発達における言語的コミュニケーションの役割についていくつかのかなり確固とした結論に達することができるのではないかと私は考えている。具体的には、問題のプロセスの次の三つの面を重点的に扱いたい。(1) 言語的コミュニケーシ

ョンを通して知識が子供に文化的に「伝達」されること。(2)言語的コミュニケーションの構造によって子供による認知的カテゴリー、関係、アナロジー、メタファーの構築がどのような影響を受けるか。(3)他者との言語的なやりとり（談話）を通して子供が現象に対して複数の異なる——対立することも補い合うこともある——視点を取るようになる様子。

言語的コミュニケーションによる知識の伝達と教え込み

次のことはあまりにも明白であるがためにわざわざ述べられることがまずないほどである。子供が言語、絵画、その他の記号的なメディアを通して大人による教え込みを受けることができないとしたら、子供は恐竜についてプラトンやアリストテレスがもっていたのと同じ量の知識——つまり知識量ゼロ——しかもたないことになる。それどころか、人間の子供が、ある種の霊長類の個体のように、一日中単独でさまよい歩いていたとしたら、恐竜から生物学、野球、音楽、数学に至るまで、発達心理学者が現在子供の専門化した知識を研究の対象としている話題のいずれについても、子供の知識は皆無に等しくなるであろう。したがって、霊長類の認知の基本的なスキルを別にすれば、子供の領域固有の知識と専門化した知識は、自分の所属する文化で蓄積された知識とその知識が文字と絵画の両方を含む、言語その他の記号を通して自分に「伝達」されることにほぼ完全に依存していることになる。どのような生物の個体であれ、その個体が単独で世界を観察するだけで得られる知識の量は非常に限られたものにすぎないのである。

知識やスキルが子供に「伝達」されるプロセスは文化によって異なる。現代の西洋文化の子供たち

は、文字を持たない多くの文化の子供たちよりも、ことばおよび読み書き能力に基づく教え込みをはるかに多く与えられる。無文字文化の子供たちは典型的には大人たちの行動をじっと見守り、彼らが何らかのスキルを要する慣習的な行為を遂行するのを観察することによって学習するように指示される。しかし、文字を持たない文化においてすら、ほぼ全面的に記号という形態を取っているがゆえに記号を通してしか伝達されえないような重要な知識の領域が存在する。最も明確な例としては、遠い親戚や祖先の特徴のような空間的にも時間的にも離れた物事に関する知識、神話やある種の宗教的儀式、その土地の動植物についての知識などがある。このように、すべての人間社会の大人たちが自分の子供たちにその文化にとって大切な何らかの知識の領域についてかなり大量の直接的な教え込みや説明を与えるものであり、その少なくとも一部は言語その他の記号的なメディアを通して行われる (Kruger and Tomasello, 1996)。

言語の構造化するという役割

しかし、子供は一つの自然言語を習得することによって文化的に重要な情報に触れるようになるだけではない。一つの自然言語を習得することは、子供が自分の世界のさまざまな面に注目し、それらの面を概念化する特定の方法を社会化する、すなわち文化的に構造化するという役割も果たすのである。自分に向けられた言語的なコミュニケーション行為を理解しようとする過程で、子供はカテゴリー化と概念的な視点選択という、ある非常に特殊なプロセスに参与することになる。多くの動物の種がさまざまな目標を達成するためにいろいろな概念カテゴリーを創り出すことや子供が言語なしでも

第六章　談話と表示上の再記述

他者の視点を選択することができることを考えてもわかるように、言語がこうした基本的認知能力を生み出すわけではもちろんない。しかし、言語は人間の能力にさらなる概念カテゴリーと視点——言語的なコミュニケーションという目的のために構築されたカテゴリーと視点——を付け加えるのである。

　言語的なコミュニケーションという目的のために世界をカテゴリー化することには独自の特性が見られる場合がある。言語に具現化されたカテゴリーの中には、潜在的には他の生物種のものと同一でありうる（人間の幼児も言語以前に形成する可能性がある）ような、非言語的なカテゴリーをそのまま反映しているものもあるけれども、人間の言語的なコミュニケーションの特殊性を反映しているものもあり、中でも重要なのは、特定のコミュニケーションの場面で用いることの可能な複数の選択肢が構成する体系全体を反映するカテゴリーである。例えばある人が別の人に対してあるものを指示したいと思うたびごとに、その人はそれを「その犬」、「あそこのあの動物」、「それ」、「そのコッカースパニエル」、「ファイドー」等々のどれと呼ぶかを選択しなければならない。どのような選択がなされるかは、聞き手がコミュニケーション上何を要求しているかという点と自分の伝達したいことをきちんと伝えるのに役立つのは何かという点——第四章と第五章で概観したように、どのような記述の詳しさでどういう視点から伝えることが効果的なコミュニケーションを成功させるのに必要なのか——を話し手がどう判断しているかによって大きく左右される。言語が主としてカテゴリーのレベルで機能する（個々の対象や事態に対する固有名詞の膨大なリス

1　言語的コミュニケーションと認知発達

トとして進化してきたわけではない）ことからわかるように、言語に内在するカテゴリーやスキーマによって子供ができるようになることの一つは、同じ物事に対して複数の視点を適用することである——この対象は、この特定のコミュニケーションの場面において私がそれをどう捉えたいかに応じて、同時にバラでも花でも（その他の多くのものでも）ある。人間以外の動物や言語を習得する前の人間の幼児がこのように分類上の階層構造を柔軟に上下しながら世界をカテゴリー化または視点化しているということを示す積極的な証拠は何もない（Tomasello and Call, 1997）。人間以外の動物も、場面が異なれば、物事に対して異なる視点を適用することはできるかもしれないけれども、言語に具現化されているような他者のもつ複数の視点を用いることはできないために、一つの現象に対して同時に適用可能な捉え方が多数あることは理解できないのである。

子供が言語の中に見出すカテゴリーは物体や特性のような静的なものと出来事や関係のような動的なものの両方に関わる。認知カテゴリーの中で最もよく研究されているのは物体とその特性に関するもので、実際、認知心理学において最初に提示された知識表示のモデルの多くは物体カテゴリーの階層のみから構成されていたし、認知心理学者が研究する知識の領域のほとんどは関与する物体（例えば各種の動物、その他の「自然種」、人工物）によって定義されている。出来事と関係のカテゴリーもある程度は階層構造を構成していて、専門化した知識領域の中にはほぼある種の出来事によってのみ定義されるもの（例えば野球やチェスのような領域）もあるので、出来事の認知に関しても同じような研究を行うことは可能である（Barsalou, 1992）。しかし、言語に具現化された関係的なカテゴリーで何よりも興味深く認知の観点から見て重要なのは、アナロジーとメタファーに関するものである。

223

第六章　談話と表示上の再記述

これらが興味深いのは複数の異なる物体の領域を通じて「類似」していると了解される出来事や関係から構成されていることである。アナロジーとメタファーが非常に興味深いのは、物体のカテゴリーと根本的に異なる点が一つあるからである。例えばティラノサウルスは、観察する場所が本来の生息環境であっても同じ物体である、あるいはブロードウェイの芝居に登場しても、ティラノサウルスであることに変わりはない。しかし出来事や関係の方は何らかの物体というコンテクストに依存して成立する度合いに高い。例えば光合成は、ある特定の物体や物質の存在に依存するため、植物というコンテクストでしか生じえない。そこで、自動車という領域で光合成について語りたければ、異なる物体の領域間で同じ関係の構造を保存するために、ある種のアナロジーかメタファーを用いてある物体（例えばキャブレター）を代入するという操作が必要になる (Gentner and Markman, 1997)。

認知言語学と機能主義言語学の最近の研究によって、自然言語の最も日常的な用法にまでメタファーが浸透していることがわかっている（例えば Lakoff, 1987 ; Johnson, 1987 ; Gibbs, 1995）。大人は子供に "Toe the line"「(言われたとおりに) きちんとやりなさい」(文字どおりには「(走者が) スタートラインにつま先をつける」)、"Put that out of your mind"「そんなことを考えるのはやめなさい」(文字どおりには「それを頭の外に出す」)、"Don't lose patience"「我慢しなさい」(文字どおりには「忍耐心を失うな」) などとしょっちゅう言っている。こうした比喩的な語り方を理解することによって、子供は自らの運動感覚性の経験を通して知っている具体的な領域と学習の過程にある、より抽象的な領域――大人のやりとりや社会的で心的な生活――との間にアナロジーを見出すようになってい

224

1　言語的コミュニケーションと認知発達

子供は、ある種のメタファー表現に十分接すると、新奇な表現を生み出す元になるような、メタファーに基盤をもつ広く行き渡った理解の仕方を構築することができるようになるものと考えられる。そのようなメタファー基盤の理解の仕方としては、Lakoff and Johnson (1980) の "love is a journey," 「愛は旅である」メタファーが有名である。このメタファーでは、関係は "off the track" 「うまく行っていない」(文字どおりには「軌道をはずれている」) ことも "on the track" 「うまく行っている」(文字どおりには「軌道に乗っている」) こともあれば、"going nowhere" 「何の進展もない」こと も "moving fast" 「急速に進展する」こともあり、このパターンを知っている人ならそれを利用して (例えば "We set out for our married life but we did not pack the right things for the trip" 「われわれは結婚生活へと出発したのだが、旅行に持って行く荷物に入れるものを間違えてしまった」というような) 意味の通じるメタファーを新奇に考え出せる可能性がある。子供がメタファー表現を明確に理解するようになるまでにはしばらく時間がかかるが、それはこうした関係の写像がかなり複雑だからであろう (Winner, 1988 による概観を参照)。しかし、ここでの主張にとっては、最近の Gentner and Medina (1997) の研究が決定的に重要である。彼らは豊富な経験的根拠を検討した上で、アナロジー／メタファー的な思考の子供による理解を強力に促進し、ことによると可能にさえしているのは子供が関係を語る言語表現に接することであると結論づけている (Gentner et al., 1995 も参照)。

この点と関連して興味深く重要なのは、子供が自らの母語のさまざまな抽象的構文をうまく使えるようになるにつれて、あるタイプのものであることがわかっている物事を別のタイプのもののように解釈することができるようになることである。これは第五章で論じたことではあるが、重要

第六章　談話と表示上の再記述

なのでここでもう一度確認しておくに値する。個体発生の過程で、子供は周囲で聞こえる言語の抽象的なパターンを探知し、ひいては物体のカテゴリーからスキーマ化された抽象的な構文に至るまでの多種多様な言語的な一般化を構成するようになる。一方、歴史時間の範囲内で、どのような文化に属する人々も、さまざまな伝達・表現上の目的のために、こうした抽象的なカテゴリーやスキーマを新奇の仕方で適用してきたが、そのような新しい用法を理解するには現実の諸側面をメタファー／アナロジーに基づいて解釈することが必要である（Lakoff, 1987; Johnson, 1987; Gentner and Markman, 1997）。このような適用の例には、出来事を物体として解釈したり（They tabled the motion「彼らはその動議を提案した」（文字どおりには「議論の）卓上に載せた」））する派生のプロセスから "boil over with anger"「怒り狂う」（文字どおりには「自分の頭を吹き飛ばす」）や "blow one's top"「激怒する」（文字どおりには「怒りが吹きこぼれる」）のような明確なメタファーまで、およそさまざまなものがある。子供は自分の所属する文化で用いられる言語的資源のこの側面に遭遇し、それに対処することを要求され、ついには自らもそれを使うようになる。その結果、一言で言えば、他の動物の種ではとても考えられないような思考の柔軟性が生じることになる。他の動物は個体同士が記号を用いてコミュニケーションを取り合うことがなく、したがって、抽象的な記号のもつ解釈を蓄積することもないのである。

重要なのは言語がカテゴリー化、視点選択、アナロジーやメタファーの創造などの能力を何もないところから創り出すということではない。言語自体がこれらの能力に依存している上に、人間以外の

226

1　言語的コミュニケーションと認知発達

霊長類や言語を習得する前の幼児にもこれらの能力の基本形は存在しているかもしれないので、そういうことはありえない。実際に起こったのは、歴史時間の範囲内で、人間は協調し合うことによって、ありとあらゆる種類の物体、出来事、関係に対する夥しい数のカテゴリー化の視点や捉え方を創り出し、自然言語と呼ばれる記号的なコミュニケーションの体系の中でそれらに具体的な形を与えてきたということである。子供は、個体発生の過程で、カテゴリー化、視点選択、関係的な思考という基本的なスキルを——大人の伝達意図を理解する能力と合わせて——用いることによって、関連する記号的な形式の用法を身につけていく。そうすることによって、子供は自らの所属する文化の他の成員が適切であると感じて創造し記号化した——しかし、子供が単独では創り出そうとは考えもしなかったような——膨大な数のカテゴリーやアナロジーを利用することができるようになるのである。もちろん、それに加えて、場合によっては——これも発達の文化的な経路によって与えられた素材に発達の個体的な経路が作用する例であるが——子供自身もそうしたカテゴリーやアナロジーを一般化して独自に新奇のカテゴリーやアナロジーを創り出すこともありうるし、それらを今度は他人が採用することともありうる。

談話と概念的な視点選択

このように、言語習得が認知発達において果たす役割の重要な側面の一つは、幼い子供が通常の談話でのやりとりで扱わなければならない慣習的な——単語から統語的な構文や慣習的なメタファーに至るまでの——言語の構造に具現化されたカテゴリー、関係、概念的な視点である。しかし、それら

227

第六章　談話と表示上の再記述

に加えて、談話の意味内容、すなわち話し手の交代を伴う談話の内容には物事の互いに異なり、時として対立する捉え方が含まれている。このように、会話では意見が一致しないことや物事についての異なる知識が表現されることがあり、それによって子供は現在問題になっている現象について互いに異なる明示的な視点を与えられることになる。また、大人が子供の発話を理解し損なったりして、発話意図の説明を求められること（話し手が直前に行った発言の形式についての談話）も時としてある。最後に、子供が何かについて意見を述べたのに対して談話の相手がその意見に関して意見を述べる場合（話し手が直前に行った発言の内容についての談話）もある。これら三つの談話のタイプ――意見の不一致、発話意図の明確化の要求、教導的なやりとり――のそれぞれが談話における独自の視点を与える。

第一に、ある程度以上の長さの談話で何かの話題について会話する際には、互いに異なる知識や視点――意見の不一致と誤解の両方を含む――が明示的に表現される。例えば、子供が姉のおもちゃを自分にも使わせてほしいと言ったのに対して、姉はそんなことはさせたくないという、それに反する意見を述べることがありうる。あるいは、子供が二つのビーカーのうち一方の方が丈が高いのでそちらに入っている水の量の方が多いという意見を述べたところ、仲間がもう一方のビーカーの方が幅が広いのでそちらの方がより多く水が入っているという、それに反する意見を述べることがありうる。重要なのは、このような事例では同じ話題について実質的には同時に二つの対立する意見が述べられていることであり、子供は何とか両者の折り合いをつける方法を見つけなければならない。理論家の中には、この種の対立する意見は相手が仲間や兄弟姉妹の場合に特に重要であると考える人がいる。

1 言語的コミュニケーションと認知発達

このような場合、子供は（相手が大人の場合によくあるように）相手が述べた意見の権威におとなしく従おうとするのではなくて、意見の食い違いへの合理的な対処法を見つけようとするからである（例えば Piaget, 1932 ; Damon, 1983 ; Dunn, 1988）。

第二に、子供と大人の間で自然に生じる談話では、言い方のせいで、一方が言ったことが他方に理解されないことがよくある。そういう場合には、聞き手は話し手の発話に含まれていた何らかの形式を目標にした「何？」、「今何て言ったの？」、「鳥をどこに入れたって？」、「かごに何を入れたって？」などの質問をして、説明を求める。この種の説明要求は聞き手が話し手の発話のどこを理解し、どこを理解できなかったのかを多かれ少なかれ明示している。理想的な展開では、最初の話し手が、一度目には自分の発話を聞き手がうまく理解できなかったという事実――ことによるとその理由――を考慮しながら、発話を繰り返すか言い直すという形で修復が行われる。大人の説明要求に対する子供の応答についての一連の研究で次のような事実が明らかになっている。大人の説明要求に対して、「え？」といった）一般的な説明要求に対する応答の仕方とは異なる（Anselmi, Tomasello, and Acunzo, 1986）より具体的な説明要求に対する応答の仕方は（「どこに入れたんだって？」のような）(a)二歳児と三歳児の（「何？」や「え？」といった）一般的な説明要求に対する応答の仕方とは異なる（Anselmi, Tomasello, and Acunzo, 1986）、(b)二歳児と三歳児の(「何？」)要求に対して適切な受け答えができる（Wilcox and Webster, 1980）、(c)二歳児は、母親の説明要求に対する応答には発話を繰り返すことによって応答することが最も多いのに対して、母親の説明要求を繰り返すという応答の仕方をすることが最も多いのであるが、これは子供が、一方では、母親なら自分のことばがわかっているはずだから、自分の言ったことがよく聞こえなかったのだろうと考えていて、他方では、よく知らない大人には新しく言い替え

229

第六章　談話と表示上の再記述

てやる必要があると考えていることを多分に示しているのであろう (Tomasello, Farrar, and Dines, 1983)。この年齢の子供は多くの場面で大人に修復を要求することができるだけの知識ももっている (Golinloff, 1993；概観としてはBaldwin and Moses, 1996を参照)。また、同じカテゴリーに入る例として、学校から帰って来た子供が「あの男の子が私をぶったの」と言ったのに対して相手が「誰が？」と聞き返す（あるいは実際にはそうではないのにジミーだと思い込む）ような誤解があるが、これは相手が問題の状況について限られた知識しかもっていないことを示している。以上のすべての場合において、談話の内容によってやりとりの当事者の一人が状況または発話を相手とは違う仕方で理解していることが子供に伝えられている。

第三に、関連するけれども異なる種類の談話（実際にはメタ談話）として、子供がある状況について何らかの意見を述べたのに対して別の人がその意見についての意見を述べるというものがある。例えば、子供が丈の高いビーカーの方がたくさん水が入っているという意見を述べたのに対して、大人が、丈の高いほど普通は量も多いのでそうは言えない、と答えることがありうる。あるいは、子供がジグソーパズルを解くにあたってまず絵の中の木のピースを探すと言ったのに対して、大人が、それも悪くない戦略ではあるけれども、わけがわからなくなるかもしれないので、とりあえず絵は無視して、角のピースをまずは探した方がいい、と応答することがありうる。このような場合、子供は自分の意見と対等で相補的な意見ではなく、自分の意見への批判、それも権威をもった相手からの批判を受けていることになる。結果的に、この種のやりとりにおける大人の伝達意図を了解するにあたって、子供

230

1 言語的コミュニケーションと認知発達

は自分の述べた意見に対して大人が述べた意見を理解しなければならない。先行する談話についてのこのような談話が非常に特殊なのは、子供が相手の視点から自分の思考を検討することでその理解の一環として含むからである。自分の意見に対する相手の意見をこのように内在化することで子供はVygotsky (1978) の主な関心の対象であったような対話型の認知表示を行うようになり、ひいてはこのプロセスを一般化して、自らの認知プロセスを自分で管理調整する能力を身につけるようになる。このようにして表現されるメタ意見はもとの意見とまったく同じ自然言語を媒体としているので、内省は子供が単一の表示媒体を用いて首尾一貫性をもって体系的に世界の物事や世界への視点について考えたり仮説を立てたりすることに貢献する可能性がある（後述のように表示上の再記述としても知られる）。

子供はこの三種類の談話に日常的に参加するが、どの種類の談話の場合にも、子供は、個々の言語記号や構文の理解に内在する視点の選択に加えて、他者の視点に立つことも要求されることになる。また、状況によっては、食い違う複数の視点の折り合いをつける努力をしなければならないこともある。すなわち、明示的に表現された意見の間のずれを解消する努力、自分の言語表現の中で他者が理解し損なった部分を特定して言い直す努力、自分の視点とそれに対して意見を述べた人の視点を理解し、場合によっては両者を調整する努力などを行わなければならない。初期の認知発達に対して社会的・文化的な影響を与える他の二つの要因——言語その他の記号による知識の伝達と言語の構造化するという役割——と一緒になって、これら三種類の談話は児童期の初期に対話的で自己内省的な認知表示が発達するにあたって非常に重要な役割、私の考えでは、そうした表示の構成要素と言ってもよ

231

第六章　談話と表示上の再記述

い役割を果たすのである。

2 社会的知識と物理的知識

児童期初期の子供は、どんな文化の中でどんな教育を受けながら育つかに応じて、特定の認知領域の中の特定の現象について多種多様な知識を身につけていく。しかし、人間の個体発生において他と明確に区別された認知領域を認定するのは簡単ではなく、人間の認知領域にどのようなものがあるかに関する考え方は理論家によって大きく異なる（例えば Fodor, 1983, Karmiloff-Smith, 1992, Carey and Spelke, 1994を比較してみるとよい）。そこで私はここでも幼少期に対して取ったのと同じアプローチを取ることにする。すなわち、知識の領域ではなく、知識の対象に焦点を合わせる。その中でも社会的・心理的な対象と物理的な対象の二つが最も基本的であるが、この二つの振る舞い方は明らかに非常に異なる。人間という社会的・心理的な対象は生きていて（自力で動き）意図的・道徳的に行動するのに対して、物理的対象は生きておらず（自力では動かず）、その振る舞いは因果的で量的な関係に基づいている（第三章で主張したように、動物と人工物はその中間という非常に興味深い領域に属する）。

社会的対象と物理的対象を子供がどのように理解し、この理解の仕方が児童期初期の間にどのように変化するかを検討するに際して、私はこのような変化に関わる社会的・文化的・言語的なプロセスに焦点を合わせる。個体発生の過程で生じる変化を説明するのにこれらのプロセスさえあれば十分で

2 社会的知識と物理的知識

あると主張するつもりはない。他の認知プロセスも関与していることは明らかだからである。しかし、社会的・文化的・言語的なプロセスが必要であることは主張するつもりである。進んではっきりとこのような主張をしようという理論家はほとんどいない。他の霊長類のものとの重要な相違点は少数にすぎない双方において、私は以下のように主張したい。社会的な知識の領域と物理的な知識の領域の一〜二歳児の認知能力が、数年にわたって記号と談話を通して他者の心と対話的に関わることによって、他の霊長類のものとは数多くの点で異なる認知スキルと認知表示の形式へと変容を遂げていく。それぞれの場合について、先程詳述したばかりの三種類の社会的・文化的プロセス——知識の伝達、言語の構造、談話での視点選択——に焦点を合わせる。

社会的・道徳的な主体性を理解する

幼児が一歳頃までには意図をもつ主体として他者を理解しているとすると、次の重要な疑問が浮かんでくる。子供が他者を世界について自分とは異なる可能性のある信念をもつ心的な主体として理解するようになるのにさらに二年から四年、つまり三歳から五歳になるまで、かかるのは何故なのであろうか？

あらゆる文化の子供が大体同じ年齢で他者をこのように心をもつ主体として理解するようになるようである——ただし西洋以外の文化はごく少数しか研究されておらず、同じ文化内のばらつきはまだ十分に探求されてはいない (Lillard, 1997)。子供の社会的な理解がほぼ四歳の頃に変化することを説明するに際しては、もちろん例によって、信念の理解は生得的なモジュールであり、独自

第六章　談話と表示上の再記述

の発達スケジュールどおりに成熟するにすぎないと考える理論家がいる（例えば Baron-Cohen, 1995）。また、他者の心的状態の理解は物理的な領域で作用しているのと基本的には同一の理論形成のプロセスから生じると考える学者もいる。例えば、子供が自分には椅子の下にあることがわかっているボールを友達がソファーの下で探しているのを見ているとすると、友達の行動を説明するために、子供はその友達がボールはソファーの下にあるという「信念」をもっているのだと考える、というわけである（Gopnik, 1993；Wellman, 1990）。どのようなプロセスを通してであれ、この理論形成の能力とそのデータの役割を果たす他者と関わる経験とがおよそ四歳頃に必要な程度の力に達するというのである。

これらの考え方に対する代案が、最も目につく形では Harris（1991, 1996）が支持し、本書第三章で幼児の社会認知の説明に援用したシミュレーション理論である。主要な論点はここで問題になっているのが社会的・心理的な知識であって、この種の知識は物理的な知識とは重要な点で異なるということである。他者を理解しようとする場合に、子供は自分自身の心理状態についての一人称的な経験──目標意識や目標の達成感・不達成感、思考や信念など、独自の情報源としての内的経験──を利用することができるのであるが、これらは他者や無生物を観察している場合には得られない経験である。この考え方では、友達がソファーの下を探しているのを見た子供は、ものを探しても見つからない時の気持ちも、その後別の場所を探したら見つかった時の気持ちも知っていて、その友達の立場になって考えているために、同じ状況に自分があった時に経験した気持ちに基づいてその友達の行動を理解することになる。ハリスが指摘しているように、他者の経験をこのようにシミュレーションする

2 社会的知識と物理的知識

のは単純明快なプロセスではなく、子供はシミュレーションした経験と自分の一人称的な視点から得られる現実の状況についての知識、すなわち、実際にはボールは椅子の下にあるという知識などとの折り合いをつけなければならないことが多い。この点で興味深いのは、特定の状況で他者に何が見えるかを子供が予測するという課題で、子供が実際にその状況を先に自ら経験していれば予測の確度が上がることが Perner and Lopez (1997) の研究でわかったことである。そこで、生後九か月で乳児が意図をもつ主体として他者を理解するようになることを説明するのにシミュレーションというプロセスを援用したのに続いて、本書では幼児が他者を心をもつ主体として理解するようになることを説明するためにもシミュレーション説を援用する。しかし、そのためには、子供が四歳前後で自分自身の思考や信念を新しい仕方で理解するようになることが必要になり、そこから直ちにこの理解の仕方の変化がどのようにして生じるのかという問題が浮上する。

私は子供がちょうど四歳の時に何か劇的な変化が生じて、そのために突然自分の心を以前よりも深く理解できるようになる、などと考えているわけではない。そうではなくて、幼児期初期の間に、主として談話での多種多様なやりとりを通して、子供は自分の心と他者の心とが相互作用するという経験を徐々に積み重ねていくのである。実際、三歳時の子供の自然なやりとりには他者の心的状態を理解していることが明らかに見て取れることが多く (Dunn, 1988)、子供が誤信念課題に正しく答えられるようになる年齢には大きなばらつきがあって、五歳を過ぎても正しく答えられない子供もかなりいる。何人かの研究者(例えば Harris, 1996) は、子供が徐々に他人を心をもつ主体として見るようになるにあたって言語が重要な役割を果たしているかもしれないと考えている。しかし、そのような

第六章　談話と表示上の再記述

考え方の根拠になっている経験的な研究のほとんどは非常に一般的な関係に関するもの（例えば Happe, 1995 ; Charman and Shmueli-Goetz, 1998 ; Jenkins and Astington, 1996）か think「思う」、want「欲する、〜したい」、believe「信じる」といった心的状態を表す表現の使用に特に重点をおいて子供のことばの内容を検討するもの（Bartsch and Wellman, 1995）かのいずれかである。私自身の考え方は、心についての話の内容も重要ではあるが、言語的なコミュニケーションというプロセスそのものも重要である、というものである。他者の言語的なコミュニケーションを理解するためには、子供は他者が言語で自分の考えを表現する際の視点を何らかの意味でシミュレーションしなければならず、したがって、談話でのやりとりの中で子供は視点を自分から他人へ、そしてまた自分へと常に移し続けることになる。

したがって、幼児を誤信念課題についての談話に参加させること自体がこの課題を構成する心的行為に対する幼児の理解を促進するという Appleton and Reddy (1996) の研究や、言語をもたない大型類人猿は言語を用いない誤信念課題に正しく答えられないという Call and Tomasello (1999) の研究は驚くにはあたらない。Peterson and Siegal (1995) と Russell et al. (1998) の研究で聴覚障害児の誤信念課題の成績が非常に悪いことがわかったことにも特別に重要な意味があるかもしれない。こうした子供たちのほとんどは親が健常者であるために、幼児期の初期にある程度の長さの談話でのやりとりを経験することが比較的少ないのである。興味深いことに、同じ障害があるために手話で会話ができる親をもつ聴覚障害児の場合には、誤信念課題が特に難しいということはなく (Peterson and Siegal, 1997)、その年齢に達するまでには談話の経験を十分に積んでいるためか、思春期の聴覚障害

236

者はほぼ例外なく誤信念課題の成績がよい。

自分と他者の心的状態の関係を理解するために特に重要な談話の形式に意見の不一致と誤解がある。Dunn (1988) を読むと、同じ家族の子供たちがいかに多様な口論や意見の対立、それに協調的なやりとりに日常的に関わっているかを実例である程度確認することができる (Dunn, Brown, and Beardsall, 1991 も参照)。特別に重要である可能性があるのは、同じおもちゃを欲しがったり、同時に同じ活動をしたがったりするという形で兄弟姉妹が対立する欲求や要求をもつことがいやというほどよくあることである。目標や欲求がこのように対立することに加えて、Xが正しいという意見を一人が述べたのに対して相手がそれに異を唱えて正しいのはYだと主張して、子供たちが信念に関して対立することもある。また、同じように、一方が前提としていること (例えば he や it を使う場合に知識が共有されているという前提) を相手が共有していない場合のように、子供たちの知識や信念が明らかに異なることがあり、どんな知識や信念が共有されているかに関して相手が根拠のない前提をもっている場合にも同じことが役割の逆転を伴って起こりうる。このように、他者との談話、とりわけ兄弟姉妹との談話は、心的な状態を特に表す表現がまったく含まれていない談話も含めて、子供が自分のものと似ているけれども異なる欲求、思考、信念をもつ主体として他者を捉えるようになる過程を推進する原動力の一つである可能性がある。この一般的な考え方を支持する研究成果に、西洋の中流階級の子供の場合、兄弟姉妹のいる子供の方が兄弟姉妹のいない子供よりも早い時期から他者の信念を想定して他者を理解する傾向があるというもの (Perner, Ruffman, and Leekham, 1994) がある。

第六章　談話と表示上の再記述

子供が他者を心的な主体として理解するようになる過程で重要な役割を果たす可能性のある談話がさらにもう一種類ある。それはコミュニケーションの失敗とその修復というプロセスである。子供が二〜三歳で大人との談話に参加し始めると、誰かが子供の発言を理解しないということがかなりよく生じる。Golinkoff (1993) が詳しく取り上げているいくつかの例では、非常に幼い子供ですら彼女が「話し合いによる意味の取り決め」と呼ぶプロセスに参加している。このプロセスでは、子供の理解不能な発言の真意を大人が推測し、その推測による解釈を子供が受け入れることもあれば、拒絶することもある。子供は成長するにつれて、(a)誤解、すなわち、大人が自分の発話に自分の意図とは異なる解釈を与えることと、(b)説明要求、すなわち、自分の発言にわからないところがあったために大人が説明を求めてくることと、の両方を経験することになる。自然言語を習得する過程にある幼児のほとんど誰もが頻繁に経験するこのような種類の談話によって、幼児は聞き手がどのような情報の提示を求めているかについてある程度筋の通った何らかの仮説を伴った発話を組み立て、さらに自分の仮説が正確であるか不完全であるが不十分であるかが判明するような状況に置かれることになる。このような状況を経験することで、子供は何故大人に自分の発話がわからないのか——よく聞こえなかった、自分がした言い方に馴染みがなかった、等——を理解しようとするようになる。当然ながら、この種の誤解の発話を理解できないために大人に説明を求めることもありうる。以上をまとめると、この種の誤解とその修復は、ある状況に対してある視点が言語で表現されたという自分の理解がいかに他者の理解と異なりうるかについて非常に豊かな情報を与えてくれるように思われる。

ここで当然浮かんでくるのは、子供の中で発達していく、心的な主体への理解を特徴づけるにはど

238

2 社会的知識と物理的知識

	知覚的なインプットの理解	行動のアウトプットの理解	目標状態の理解
他者を生きている主体として理解する（乳児）	注視	行動	［方向］
他者を意図をもつ主体として理解する（9か月）	注意	戦略	目標
他者を心をもつ主体として理解する（4歳）	信念	計画	欲求

表6-1 社会的・心理的な存在を人間が理解する三つのレベルをインプット（知覚），アウトプット（行動），目標状態という，理解している必要がある三つの主な項目を観点として表現したもの

うしたらよいのかという疑問である。そもそも信念の理解（あるいは「心の理論」をもつ）とはどういうことなのであろうか？ 第三章で私は人間の一〜二歳児は意図をもつ主体として他者を理解すると主張したが，これは新生児が他者を生きた主体として理解するのに比べると進歩ではあるものの，より年長の子供が他者を心をもつ主体として理解するのにはまだ少し及ばない。心をもつ主体としての他者という年長の子供の理解（すなわち彼らの「心の理論」について現在行われている議論の問題の一つは，心の状態を表す多様な用語が整理されないままに用いられていることである。就学前の子供の社会的理解を記述するために心理状態を表す多種多様な用語が使われているが，私の考えでは，そうした用語は(a)知覚またはインプット，(b)行動またはアウトプット，(c)目標または基準状態，という項目を構成原理とする単純な枠組みの中に位置づけることができる。表6-1は新生児やよちよち歩きの幼児が成長するにつれてこれらの項目の内容がどのように進展するかを示している。いずれの項目に関しても，個体発生における基本的な

第六章　談話と表示上の再記述

進展は具体的な行為から徐々に離れて行くというものである。すなわち、生きているということは行動でしか表現されないが、意図的な主体性は、行動で表現されると同時に、表現されなかったり複数の異なる表現の仕方があったりすることもあるために、行動からは少し距離があり、さらに心的な主体性ともなると、欲求、計画、信念という、現実の行動を伴う必要のまったくないものである。したがって、幼児期の初期における社会的認知に関する私の具体的な主張は、子供の他者理解は次のような連続的な発達の過程をたどる、というものである。

- 生きている主体。すべての霊長類と共通の理解（乳児期）。
- 意図をもつ主体。人間という種に特有の同種の個体の理解の仕方で、他者の目標達成を目指した行動と他者の注意の両方の理解を含む（一歳）。
- 心的状態をもつ主体。他者が、その行動に現れる意図や注意だけではなく、行動には表現されない可能性もある——「現実の」状況とは異なる可能性すらある——思考や信念ももっているという理解（四歳）。

変化の過程についての具体的な仮説は、心をもつ主体としての理解への移行は他者との談話——自分の視点とは異なることの多い他者の視点を常にシミュレーションする必要のある談話——で子供が意図の理解を用いることから主として派生する、というものである。したがって、表6–1は幼児の社会・認知スキル（幼児の「心の理論」）の個体発生的な発達の仕方についての理論の一種と見なしても

2　社会的知識と物理的知識

よいことになる。

人間に特有の社会的理解の側面で幼児期の初期の終わり頃に芽生えてくるものがもう一つある。それは道徳性の理解に関係する側面である。Piaget (1932) の説明では、道徳的な推論の本質は、権威のある規則に従うことにあるのではなく、他者に共感し、他者の視点から物事を見たり感じたりできることにある。ピアジェの主張によると、談話でのやりとりは子供の道徳的な推論のスキルにとって決定的に重要であるが、それはそのようなやりとりの相手が仲間である場合のみ（または主としてそういう場合）である。子供は自分の社会的な行動を支配する規則を（「おもちゃを一緒に使いなさい」のような）大人の言いつけから学ぶこともあるけれども、道徳的な推論はそのような規則によって伝達されたり促進されたりするものではないとピアジェは主張したのである。道徳的な推論は、他者に共感を通して関わる、言ってみれば、子供が他者の立場に自分を置いて「その人の痛みを感じる」ことに由来するのである。大人からの報酬と罰を伴う規則はこの経験を促進しないばかりか、阻害する点が多い。知識や力の点で自分と対等の他者との社会的なやりとりや談話に参加するからこそ、子供は、単に規則に従うことを超えて、自分と同じような考えや感情をもった他の道徳的主体と関わるようになっていくのである (Damon, 1983 も参照)。ここでも、子供の道徳的発達の一部は確かに他者から伝達された明示的で言語化された原理からなるとは言え、決定的に重要なのは言語の内容ではなくて、心をもつ主体としての他者と談話において対話的に関わるというプロセスであることに注目されたい。

道徳的な推論が発達するにあたって決定的に重要なのは、「彼女は私がXを好きだと思っているの

241

第六章　談話と表示上の再記述

だろうか？」、「彼女に私のXを欲しいと思って欲しくない」というような、他者または自分の信念や欲求に関わる意見を述べたり、質問をしたりする省察的な談話である。Kruger (1992) (Kruger and Tomasello, 1986 も参照) は七歳と十一歳の子供の研究でこの仮説を支持する根拠を提示した。ある仕事に対して貢献した程度が異なる人々の集団の中でその仕事の報酬をどのように分配するかに関して問題が生じるという話があって、子供たちはまずその話についての主張の組み立て方がどの程度複雑で洗練されているかによって道徳的な推論のスキルの評価を受けた。次に、子供たちの何人かは仲間と、他の何人かは母親と、さらに話し合いをし、その後で再び道徳的な推論のスキルの評価を受けた。その結果、仲間と話し合った子供の方が母親と話し合った子供よりも道徳的な推論のスキルがより大きく向上していたのである。決定的に重要なのは、仲間同士で話し合ったグループでは省察的な談話――一方の参加者がもう一方の述べている意見について語る談話――が母親と話し合ったグループよりもはるかに多く行われ、これが個々の子供に見られた進歩と相関関係をもつことがクルーガーの研究でわかったことである。クルーガーの研究成果を説明するのに役立つ非常に重要な発見としてFoley and Ratner (1997) によるものがある。彼らの研究で、幼児が仲間と協力してある活動を行い、後で誰が何をしたのかを思い出すように言われると、実際には相手がした行為を自分がしたと記憶していることがよくあることがわかった。フォーリーとラトナーの結論は「他者が何をしたか、または、これから何をするかを考えている時に幼児は他者の行為を自分の行為としてコード化し直す」(p. 91) というものである。ここでもまた、やはり、問題になっているのはシミュレーションのプロセスであって、言語を用いて行われる談話は複雑で洗練されたシミュレーションがとりわけ豊富に行われる場

242

2 社会的知識と物理的知識

であることが明確に示されている。

要約すると、基本的な仮説は、生後一年で意図をもつ主体として他者を理解するようになってから間もなく、子供は他者との談話に参加し始める能力をもっている、というものである。それから数年たってからでないと子供は他者を心をもつ主体として理解するようにはならないが、その理由は、他者が世界について自分とは異なる信念をもっていることを子供が理解するには、このような異なる視点が明確に現れるような談話——意見の不一致、誤解、説明の要求、省察的な対話などを含む談話——に他者とともに参加する必要があるからである。だからと言って、他者との他のやりとりや他者の行動の観察も子供が「心の理論」を組み立てるにあたって重要であることを否定するつもりはなく、言語を用いての談話が他者の心に関する情報をとりわけ豊かに与えてくれるものであると言いたいだけである。幼年期の後期に個体発生が進む過程で、行動の説明に行為者本人の心的原因を援用する——場合によっては特定の心的状態の使用という形で表現される——方法に関する異文化間の大幅な変異が子供たちの社会的・心理的な推論に見られるようになることも注目に値する。異なる文化を比較して得られた知見の検討と分析を行った Lillard (1997) の考えでは、ごく幼い子供たちは、どんな文化に属していても、他者の基本的意図や心的状態の理解といった社会的認知に関しては非常に似ているけれども、このような初期の特徴の普遍性にも拘らず、子供たちがその後に身につける心理的な説明の体系には文化によって異なるさまざまなものがある。そうした説明の体系には、個人の思考や信念のみならず、もっと集団的な社会的説明や、さらには呪術による外からの介入なども含まれている。したがって、普遍的な認知能力——談話の中で実現される、意図性の理解に由来する

第六章　談話と表示上の再記述

——がいったん身につくと、子供たちがこの能力を用いて組み立てていく説明の体系はそれぞれの子供が特定の言語と文化の中で触れることになる体系によって、すなわち、特定の文化の中で（主として言語を用いて）「伝達される」ことの内容によって、大きく異なるのである。

因果関係と数量関係の理解

幼児は、一歳の誕生日が近づく頃、自分の感覚運動的な行為が何かの原因になる力があることを理解し始めているということがわかるような道具の使い方をするようになる（Piaget, 1954）。しかし、自分の外にある対象や出来事の間の（すなわち、子供自身の行為から独立したもの同士の）相互作用を因果関係という観点から分析するということになると、子供の成績は——大人にはかなり簡単に見える課題でも——この数年後になるまで非常に悪い（例えば Piaget and Garcia, 1974 ; Schultz, 1982）。したがって、社会的・心理的な領域の場合と同じように、このプロセスが何故こんなに遅いのかという疑問が生じる。

第二章と第三章で主張したように、子供が物理的な出来事間の因果関係を最初に理解するようになるには自分の外で起きる社会的・心理的な出来事を意図という観点から理解できていることが必要である。これが主として生後二年目に生じる因果性理解の基盤である。しかし、この基本を別にすれば、子供が因果的に了解し始めるという場合そのほとんどは、何らかの特定の出来事間に成立する関係を子供が因果的・文化的なプロセスに由来している。すなわち、幼児は、この章で焦点を合わせた三種類の社会的・文化的なプロセスに由来している。すなわち、幼児は自分の観察や実験を通して特定の現象の原因を発見することもあるけれども、ほとんどの場合、大

244

2 社会的知識と物理的知識

人が自分に因果関係を説明しているのを聞いて、この談話を理解しようとするのである。因果関係の説明を含む談話を理解しようと試みることが子供の因果性理解に貢献するレベルはいくつかある。最も根本的なのは、世界のすべての言語において因果性が重要な構造化の役割を担っているという事実である。世界のすべての言語の典型的な構文の多くは、何らかの点で、他動的、あるいはさらに使役的（因果的）である (Hopper and Thompson, 1980)。多分これは因果性が人間の認知のきわめて根本的な側面であるという事実の反映であり、したがって、言語の構造は因果性理解の歴史的な結果であって原因ではないことは明らかである。しかし、個体発生について次のようには言える。子供は自分だけでは作り出すことのできないような因果的な観点から特定の出来事が記述されるのをひっきりなしに耳にする。すなわち、「あなたがグラスを割ったのよ」や「彼は自分の部屋を掃除した」のような単純この上ない状態変化の発話でさえ、結果として生じる状態変化に原因を、あるいは少なくとも変化を引き起こした行為の主体を、割り当てているのである。この種の談話によって、最低限でも、変化の原因となる行為の主体が種々さまざまな物理的な出来事を引き起こす可能性に子供が規則的に注目することにはなる。

もちろん、それに加えて、大人と子供は原因についてより明示的に語ることもあり、子供による特定の因果的説明は、すべてではもちろんないが、多くは大人との談話からの「伝達」を通して得られるものである。しかし、子供が出来事の因果関係を創造的に説明する場合でさえも、それぞれの文化には独自の説明様式があって、子供はそれらを間もなく身につけることになる。例えば、インドの田舎に住む Jalaris の人々の間では、病気と自然災害は、典型的には、霊魂と人間の悪行との相互作用

第六章　談話と表示上の再記述

を通して説明され (Nuckolls, 1991)、中央アフリカのアザンデ (Azande) 族はいろいろな種類の不運な出来事の原因が呪術にあると考えている (Evans-Pritchard, 1937)。また、西洋の中流階級の子供たちが、大人が普通に用いて重視しているような説明をいったん把握すると、自分も同じような説明をするようになることも驚くにはあたらない。例えば、二歳から三歳の期間に幼児が行う最も初期の因果的説明を研究した Bloom and Capatides (1987) によると、因果関係を含む子供の発話のほとんどは自分とは独立に生じる出来事に関するものではなく、社会的・文化的な状況と子供自身がそうした状況を交渉によっていかに成立させるか——Bloom and Capatides が「主観的因果性」と呼んだもの——に関するものであった。このような状況の多くには「恣意的な」規則や慣習が関与していたため、それらに見られる因果の構造を子供が習得できたのは大人との談話を通してという方法以外にはありえない (Hood, Fiess, and Aron, 1982 ; Callanan and Oaked, 1992 も参照)。例えば、

(1) 子供：（電車は）動けないよ。
　　大人：動けないの？
　　子供：うん、だって信号が「進め」になっていないもの。
(2) 大人：どうしてこの子（モルモット）が家にいるの？　学校から連れて帰ってきたの？
　　子供：うん、だってモルモットの居場所は学校じゃないから。
(3) 大人：もう帰りたいよ。
　　子供：ママが来るまで待って。

246

2 社会的知識と物理的知識

大人：どうして？
子供：だってぼく一人だと寂しいから。

Bloom and Capatides は次のように述べている。

これらの出来事間の関係やそうした出来事と因果的に結びついている感情、個人的な判断、文化的な信念を子供が環境に働きかけることによって発見したということはありえない。赤は止まれ、緑は進めを意味し、モルモットの居場所は学校ではない、等を誰かが子供に教えたに違いない。子供が主観的な因果性について知っていることの多くは、過去の談話で大人が子供に与えた信念、理由、行動の正当化などに確実に由来している。(p. 389)

子供が独力である種の因果連関を身につけることや、ある意味では因果的な思考が言語に、系統発生的にも個体発生的にも、先行することを否定するつもりはない。しかし、それにも拘らず、特定の文化的な環境において大人のような因果的説明様式を習得するにあたって、子供が個体発生の過程で大人と談話でやりとりをしながら大人の因果的説明を理解しようと試みることが大きな役割を果たしているように思われる。このプロセスは就学前の子供がある程度の長さのある談話で自分の語りを因果的に一貫性のある形に構造化することができるようになる過程でも非常に重要な部分を占めている (Trabasso and Stein, 1981)。興味深いことに、発達の文化的な経路に位置づけられる、こうした大

247

人がするような説明は物理的な出来事を意図という観点から説明するという子供の自然な傾向と衝突する場合もある。例えば、Kelemen (1998) は、石がとがっているのは動物に座られて割られないようにするため、といったように、アメリカ人の幼児が（多分周囲で聞かれる大人の因果的な説明に対して）意図という観点から自然現象を「見境なく目的論的に」説明しようとする様子を記録している。

物理的な世界の対象についての特別な知識として数量に関するものがある。数学的な知識および推論がここでの議論との関連でとりわけ興味深いのは、数学ほど社会的でないものは他にないように思われるからである。実際、鳥類から霊長類、言語を習得する前の幼児にいたる、言語をもたない生物の多くが小さい数量なら区別することができるのである (Davis and Perusse, 1988 ; Starkey, Spelke, and Gelman, 1990)。ここでも、個体発生にまつわる謎は、言語を習得する前の幼児にも数量に関するある程度のスキルが備わっているけれども、数量は対象の形がさまざまに変わっても保たれるものであることを子供が理解できるのは四歳から五歳になってからであり、そうなって後にはじめて足し算や引き算のような算術の演算ができるようになる、ということである。

算術の演算ができることは、数を表す語であれ数字であれ、数を表示する記号的な媒体を使えることに決定的に依存していることには疑問の余地はない。演算の仕方には、数えるプロセスの進行を把握するために何を用いるかによって文化間で大きな違いがあり（例えば Saxe, 1981）西洋文化内でも、特にアラビア数字と桁表示のシステム（ゼロを表す数字を含む）の導入に伴って、演算の仕方に劇的な変化が生じた。総じて、土地を計測したり所有権の動向を把握しておいたりするのを助けるための一連の実際的な活動としての算術は何らかの記号がなければまったく不可能であることは明ら

2　社会的知識と物理的知識

かである。したがって、第二章で主張した意味で、すなわち、大人が個人でまたは複数で協力して新しい手続きを創り出し、その後に子供がそうして生み出されたものに触れ、その使い方を身につけるという点で、数学は文化的な漸進作用のプロトタイプである。数学的な演算の種類によって事情は異なりこそすれ、人間の子供の大多数は、よりスキルに長けた大人からの明示的な教え込み、すなわち「伝達」がなければ、(大きな数の割り算のような) 複雑な演算ができるようにはならないことはほぼ確実である。

しかし、興味深いことに、数という基本的な概念自体が社会的・文化的な認知に依存しているという、さらに踏み込んだ主張をすることも可能である。ここでも問題になるのは、新生児の頃から数量をある程度は理解している幼児が五歳や六歳にならないと数を完全に把握するようにはならないのは何故かということである。直接の経験を通した個人の学習や実際の数量との関わり合いがそのメカニズムになっているとは考えにくく (Wallach, 1969)、子供の、数を含む保存概念が大人からの直接の教え込みによって促進されるという研究もあるものの、そうした訓練の影響が及びうる最低年齢には相当な制限がある (Gelman and Baillargeon, 1983)。一つ考えられるのは、数を含む保存概念一般の理解が、直接間接に社会的なやりとりや談話に由来する形で、視点の調整に依存しているという可能性である。この考え方の根拠になるのが Doise and Mugny (1979)、Mugny and Doise (1978)、Perret-Clermont and Brossard (1985) で、これらの研究によって、最初は保存課題に失敗した子供の多くが、別の子供と話し合っただけで、その別の子供が彼ら以上の知識を持っていたわけではないのに、成績の著しい向上を示すことがわかったのである。このような場合の変化のメカニズムとして考えら

第六章　談話と表示上の再記述

れるのは、子供が話し相手と対話的なやりとりをして、話し相手が当該の問題について子供の視点と相補う考えを述べたか、それ以外の仕方で、子供が最初持っていた誤った見方を再考することを促した、ということである。例えば、丈の高いビーカーの方が水面が高いのだから水がたくさん入ると思っていた子供が幅の広いビーカーの方が水面が広いのだから水がたくさん入ると思っていた子供とペアを組んだとすると、この二つの視点を組み合わせることによって問題に対する十分な解法が得られることになる。このテーマに少し変化を加えた最近のSiegler (1995)の研究で、数の保存問題に対する大人の実験者の分別ある判断を説明するように幼児に求める方が、いろいろな種類のより伝統的な訓練や教え込みを与えるよりも、幼児は大人が用いるような解法に至りやすいことがわかった。

実際、数学は視点選択と視点変更のスキルの典型的な現れとして見ることもでき、したがって、社会認知と談話のプロセスに究極的には由来する、という考え方もある。ピアジェが指摘したように、数は次の二つの基本的な非社会的概念に基づいている。(a)どんな対象の集まりでも同じ数性を持っていれば「同じ」として扱われるという分類概念（基数性）、および(b)一つの系列の中のある項目は先行する項目よりは大きいと同時に後続する項目よりは小さいという関係概念（連続性）。これらが

——項目のカテゴリーやクラスを形成する範列関係と項目同士を線状に関係づける統合関係という——言語の構造の多くを規定するのと同じ基本的な概念であるのは偶然ではないと私は主張したい。分類し関係づける思考という基本的能力は人間以外の霊長類にも原初的な形では存在しているので、子供が言語的なコミュニケーションに参加することによってこれらの能力が生まれるというわけではないが、上で主張したように、言語を理解し、習得し、用いるためにはこれらのスキルを独自の非常

250

2 社会的知識と物理的知識

に強力な方法で行使することが必要である、ということである。したがって、子供が数を大人のように理解するようになるのにこれほど時間がかかるのは何故かという問いに対する答えの一部は、そのような理解には自然言語を習得し使用するために必要とされるような、分類し関係づけるスキルを用いる訓練や練習を大量に行う必要があるから、ということになる。このことと関連する可能性があるが、聴覚障害児の多くは、幼児期の初期に（その期間の大部分にわたって手話を巧みに使える相手がいないことによると思われるが）言語の発達が大幅に遅れるのであるが、数の保存課題に合格するのにも大きな遅れが見られ、標準からの遅れの幅は二年から場合によっては六年以上にもなる（概観としてMayberry, 1995 を参照）。

これと同じ推論過程をたどっていくと、次のように言える。算術の演算を考えてみると、Von Glasersfeld (1982) が指摘するように、足し算という演算をするにはそれぞれの項目とその集合を同時に頭に入れておく能力が必要である。すなわち、足し算をする人は今加えている項のみならず全体の数を決定する、刻々と変化していく合算記録も心に留めておかなければならない。半分眠った状態だったために、四時の鐘が聞こえたのか、それとも一時の鐘が鳴るのが四回聞こえたのかがはっきりしなかった男の話を想起されたい。1+1+1+1の合計としての4という概念は、それぞれの項を個別に捉える視点を保ちつつ、それらの項すべてが一緒になったものを一つのまとまりとして捉える視点も取っていることになる。

掛け算と割り算は、例えば数える単位［としての項］が、1ではなく、3とか6になる［例えば 3×3＝3+3+3］という点で、このプロセスをさらに一段階発展させたものである。階層的な順序づけを含むこの種の同時的な複数視点の選択を子供が行うためには、言語

第六章　談話と表示上の再記述

的なコミュニケーションのプロセスに内在する分類と関係づけの操作を多少なりとも経験していなければならないと考えることは少なくとも可能ではある。

ここまでの議論を要約すると次のようになる。子供による物理的世界の理解は霊長類の認知の確固たる基盤に基づいている。人間だけに備わっていて、かつ人間なら誰しも身につけているものの、物理的世界を認知するための最も重要なスキルに因果性の理解とある種の数量的な思考に関するものの二つがある。因果性の理解はありとあらゆる種類の専門化した内容領域における人間の認知に首尾一貫性を与える接着剤のようなものであり、数と数学は貨幣から建築、ビジネス、科学にいたるまでの多くの重要な人間の活動の根底にある。この二つの認知スキルのいずれもその究極的な起源が社会的・文化的な生活にあるわけではないが、どちらも今日の姿になっているのは子供が以下のようにして文化的・言語的な環境の中でそれらに遭遇するからである。(a)子供は特定の知識や思考・説明のモデルを言語を通して直接与えられ(知識の伝達)、(b)子供は因果の構造と分類・関係の構造の両方を含む言語を用い(言語の構造化する役割)、(c)これらの概念のいくつかはある種の視点選択に依存しているが、物理的な世界とその仕組みについての他者との談話に子供が参与する際にそのような視点選択が誘発される(談話と視点選択)。

幼児期初期の認知

ここまでの論点をもう一度繰り返しておきたい。個体発生の過程での社会的・文化的なプロセスが基本的な認知スキルを創り出すわけではない。そのようなプロセスがあるがゆえに生じるのは、基本

2 社会的知識と物理的知識

的な認知スキルから非常に複雑で洗練された認知スキルへという変化である。すなわち、伝達意図と言語を理解する子供の能力によって、言語を通して知識や情報が子供に「伝達」されることが可能になるのであるが、情報量が時として膨大になるために、把握しておくためには基本レベルにあると考えられるカテゴリーを変化させることによって自分で情報を組織化し直さなければならない場合もある (Mervis, 1987)。また、自らの文化で慣習化している言語を使い続けているうちに、子供はその言語に具現化されているカテゴリー、視点、関係的なアナロジーなどに基づいて世界を解釈するようになり、ひいては、こうして高度に訓練したカテゴリー化、アナロジー化、視点選択のスキルを数学などの他の領域でも使うようにすらなるのかもしれない。さらに、他者との談話の中で、幼児は物事についての多数の対立する信念や視点を経験するのであるが、こうした経験が、自分の心と似ていることろが異なるところもある心をもった主体として幼児が他者を捉えるようになる過程に不可欠な要因であることはほぼ確実である。

まとめとして、ここでまた無人島に一人きりで住む子供を想像してみてもよいかもしれない——今回は一歳でこの島に連れて来られて、認知的には正常で、意図的・因果的関係を理解することができ、したがって言語習得の準備もできているが、人間にも記号にも接したことはない子供という想定である。この子供はほぼ確実に情報を収集するであろうし、また、ある程度までは外界の因果その他の関係をカテゴリー化し、理解するであろう。しかし、この子供は、

- 物理的な世界の因果性と社会的・心理的な世界の心性のいずれについても、他者の収集した情報

253

第六章　談話と表示上の再記述

- 歴史的に進化した自然言語に具現化された、多数の複雑なカテゴリー化、アナロジー、因果性、メタファー創出のすべてを経験することもなく、
- 他者との対話的なやりとりにおける異なったり対立したりする複数の意見や自分の意見について述べられた意見を経験することもない。

したがって、私の仮説によると、この子供は後になっても因果的な思考、数学的な思考、他者の心的な状態についての推論、道徳的な推論のいずれもほとんど行うようにはならないであろう。これらの思考と推論のすべてが子供の他者との対話的な談話でのやりとりにおいて主に生じるか、そしたやりとりにおいてしか生じないかのいずれかだからである。

3　メタ認知と表示上の再記述

認知発達の物理的・社会的領域の双方において、子供が状況を理解し、状況に対して新しい視点を取るようになることにつながるような談話を何種類か概観してきた。三番目に検討したのは省察的なメタ談話であったが、そうした談話では、誰かが（しばしば教え込むという状況で）言語で表現された他者の思考や信念について意見を言ったり、そういう思考や信念を評価したりする。しかし、上でも少し触れたが、この種の談話には特別な応用の仕方があって、幼児期初期の認知から幼児期の認知

3 メタ認知と表示上の再記述

への移行期における認知発達で特別な役割を果たしているので、詳しく見ておく必要がある。ヴィゴツキーらの仮説によると、大人が子供に指示を与えたり子供の行動を規制したりする談話を子供自身が内面化し（すなわち文化的ないし模倣的に学習し）、そこからさらに、大人がしてきたように、子供が自分の思考や信念を検討し内省するようになる、という点が特に重要である。その結果として子供はさまざまな自己規制とメタ認知のスキルを身につけることになるが、これらのスキルは、幼児期初期の終わりにはじめて生じ、ことによると、表示上の再記述という、対話的な認知表示を生み出すプロセスにも見られるのである。

自己規制とメタ認知

世界のいたるところで、子供は五歳から七歳で発達の新しい段階に入りつつあると見られている。正式な学校制度のある社会のほとんどすべてにおいて、子供が学校に通い始めるのはこの年頃であり、この時期に子供が新しい責任を与えられることも多い（Cole and Cole, 1996）。大人が子供を信頼するようになるのは、少なくとも一つには、大人が与えたさまざまな規則を子供が内面化し、規則を作った大人がいなくても規則に従う能力、すなわち、子供の自己規制能力が発達してくるからである。

もう一つの理由は、この年齢になった子供は、自分の推論と問題解決の活動について話す時に、大人が以前よりもはるかに教育しやすいと感じるような語り方ができるようになっているのである。すなわち、子供はある種の特に有用なメタ認知の能力を身につけているのである。発達および教育の特に有用な大量の文献を詳しく検討する余裕はないが、幼児期初期の終わりに子供が

第六章　談話と表示上の再記述

行うようになるメタ認知活動の主要な領域には以下のようなものがある。

- 知的な問題の解決に役立つように大人が教えた特定の規則を身につけ、それに従うことができるようになるのであるが、これは比較的独立した（自己規制された）過程である（Brown and Kane, 1988 ; Zelazo, 2001）。
- 自分の行動を抑制し、社会的なやりとりをどのように行うかを決め、未来の活動を計画するために、自己規制的に社会的・道徳的な規則を使うことができるようになる（Palincsar and Brown, 1984 ; Gauvain and Rogoff, 1989）。
- 自分が他者に与える社会的な印象を積極的にモニターし始め、したがって、他者が自分をどう見ているかを自分が了解しているかに基づいて、積極的に印象を管理し始める（Harter, 1983）。
- 「彼女は私がXと考えていると考えている」というような埋め込みを含む、心的状態を表す文を理解し、使い始める（Perner, 1988）。
- メタ記憶のスキルが身についてきているために、例えば記憶を助ける道具を使う必要のある記憶課題で計画を含む戦略を考案することができるようになる（Schneider and Bjorkland, 1997）。
- 言語とその仕組みについて語ることを可能にするようなメタ言語的スキルに大きく依存する読み書きのスキルを発揮し始める（Snow and Ninio, 1986）。

直接の証拠が十分にあるとは言えないけれども、以上のような自己規制的でメタ認知的なスキルは

3 メタ認知と表示上の再記述

大人が子供相手に省察的なメタ談話を用いることと関連している――そしてその後子供はこの談話を内面化して自分の行動を自分で規制する際に用いる――ことを示す多少の証拠はある。ここで検討したい考え方は以下のものである。大人が何らかの認知課題や行動において子供の行動を規制すると、子供は大人の観点からその規制を理解しようとする（大人の視点のシミュレーションを試みる）。すると、子供は、それと同じあるいは類似の状況における自分の行動を規制する際に、メタ認知的な戦略を組み立て、自己規制的な発話をするなどの多種多様な行為という形で、大人の教え込みをはっきりと再現することが多くなる。

この考え方を支持する証拠は何種類かある。第一に、Luria (1961) による一連の有名な研究で次のことがわかった。自分に向けた自分の発話を口まねしているにすぎない) ことからわかるように、二～三歳の子供は発話を繰り返し無視する (大人の発話を口まねしているにすぎない) ことができない。しかし、四歳か五歳の誕生日の頃に、ルリアの研究の子供たちは対話的な仕方で自己規制的な発話を課題行動と調和させていることから、自分の発話を用いて実際に自分の行動を規制する能力を身につけていることがはっきりわかったのである。第二に、いくつかの研究によって、子供の自己規制的な発話が大人の規制的で教え込み的な発話に実際に由来するという証拠が発見されている。例えば Ratner and Hill (1991) の研究によって、この年齢の子供たちが、最初に教え込みを受けてから何週間も経った後で、教える状況での教え込む人の役割を再現することができることがわかった (Foley and Ratner, 1997 も参照)。これと同じ結論を示唆する相関関係が教え込む人の行動と学習者の行動との間に成立することを示す証拠もある。例えば Kontos (1983) の研究で、ある問題について母親

257

第六章　談話と表示上の再記述

から教え込まれていた子供たちは後に自分で問題を解く際に（教え込まれていなかった子供たちに比べて）自己規制する発話の量が増加することがわかった。さらに、大人の教え込み方を操作すると、後に子供が自分で同じ問題状況で用いる自己規制的な発話の量が変化することがあるという多少の証拠すら実験から得られている (Goudena, 1987)。第三に、子供たちを普通に観察していれば、自発的に他の子供たちに教えたり他の子供たちの学習を規制したりしようとしているのが初めてはっきりわかるのも以上と同じ年齢の頃であることも興味深い。この行動がここでの論点に関連する意味合いをもつのは、自己規制とは、ある意味では自己に教えることだからである (Ashley and Tomasello, 1998 も参照)。

このように、子供が幼児期初期の後の段階に向かうとともに大人による規制する発話や規則や教え込みを内面化していくことを示すかなりはっきりした証拠がある。ヴィゴツキーが強調したように、内面化されるのは対話である。学習が行われるやりとりで、子供は大人の教え込みを了解する（大人の規制する活動のシミュレーションを行う）のだが、その了解は自分の理解との関連で行われ、それには子供と大人の両方の視点を調和させることが必要になる。したがって、結果として生じる認知表示は、教え込みについてだけのものではなくて、間主観的な対話についての表示である (Fernyhough, 1996)。一つの仮説は、大人による規制の中で子供が流用して内的な対話に転化する可能性が最も高いのは課題の困難な箇所で、すなわち、（他の種類の模倣の場合にそうであるように）子供と大人が二人ともその課題の同じ側面に焦点を合わせているわけではない、時に与えられる規制である、というものである。この視点の食い違いは子供が大人の教え込みを理解しようと努力する過程で子供にとって

3 メタ認知と表示上の再記述

明確になるのであり、したがって、共通の理解を取り戻す試みは——実際のものであれ、内面化されたものであれ——対話という形を取ることになる。この仮説を支持する証拠が多少はあって、それは自己規制の発話を子供が最もよく用いるのは実際に問題解決課題の困難な箇所であるという発見である（Goodman, 1984）。もう一つ強調すべき点は、教え込みと規制の場合に子供が内面化するのは他者の「声」であると考えるのが一番よいかもしれない（Bakhtin, 1981 ; Wertsch, 1991）ということであり、その際の声は血の通わない視点にすぎないのではなく、子供の認知や行動を何らかの権威をもって実際に指揮するものであることが重要である。このように、大人からの教え込み的な命令を内面化することには概念的な視点と道徳的な指令の両方——「それはこのように見るべきだ」——が含まれている。この点を特に重視する Bruner (1993, 1996) は、人間の文化を十全に記述するには、文化と文化学習のこの「義務論的」な面を見落としてはならないと主張してきた。

表示上の再記述

Karmiloff-Smith (1992) は次のような疑問を提示している。人間は生物であり、したがって、他の動物と同じように多くの特殊化した認知能力の領域をもっているのであるが、それでは人間の認知は他の生物種の認知とどこが違うのであろうか。さまざまな種類の研究に基づいて彼女が出した結論は、人間を他の生物と区別するのは表示上の再記述というプロセス、すなわち、人間が次々とより抽象的で適用範囲の広い認知スキルを組み立てていくプロセスである、というものである。

第六章　談話と表示上の再記述

人間に特有の知識獲得の方法とは心がすでに蓄えてあるにして内的に活用することであるというのが私の結論である。すなわち、自らの表示を再記述する、より正確に言えば、自らの内的表示が表示するものを異なる表示の形式で繰り返し提示し直すことによって、人間の心はすでに蓄積されている情報を活用するのである。（p. 15）

このプロセスが重要なのは、知識を異なる形式で——いずれも先行する形式より包括的——で自らに提示し直すことで、個人が自らの知識をより広い範囲のコンテクストに関連する形でより柔軟に用いることができるようになるからである。すなわち、数学における深い一般化の構築や言語における抽象的な構文に見られるように、個人の認知がより「体系的」になるわけである。

このように、カミロフ＝スミスのモデルには基本的な知識と理解の段階が二つある（実際にはそれぞれの段階がさらに細かく区分されるが、それはここでの議論には無関係である）。最初の段階に属するのは人間が他の動物と共有しているような——とは言っても、動物にもそれぞれの種特有の知識はあるが——知識である。これは生得的な基盤の上に組み立てられた暗黙の手続き的な知識であるが、この知識を身につけた主体は外部のデータを用いて特定の領域での行動に熟練するようになる。例えば、手続き的に、すなわち、自分が何をしているかについての明示的な知識がほとんどないままに、課題に熟達しようと努力するうちに、人間は物をどんどん上に積み重ねたり言語を使ったりできるようになる。第二段階の知識はこの手続き的な知識の表示上の再記述に由来するもので、そこから、明示的で、意識することや言語で表現することの可能な、宣言的知識が生じる。課題の熟達度がある程度に

260

3 メタ認知と表示上の再記述

達すると、人間はこのように成功している理由について内省し、それによって、自分の行為の特徴の中から成功の要因を特定し始める（もちろんこのプロセス自体は完全に正確ではないけれども）。表示上の再記述はすべての知識領域で等しく生じるものではなく、個人がある特定の領域での熟練を達成するとその特定の領域で生じる。この内省的な活動から思考の体系が生じるのは、自己観察には外界を知覚、理解、カテゴリー化する際に用いられるカテゴリー化と分析のスキルがすべて動員されるからである。要するに、言語によって自己の認知が外的に表現されているために、主体による自己の認知の知覚、理解、カテゴリー化が容易になるということである。このようにして、個体発生の進行にともなって、より効率的で抽象的な認知の体系が結果として構築されるのである。

表示上の再記述というプロセスの Karmiloff-Smith (1992) による説明は、要するに、人間というシステムはとにかくこういう仕組みになっているのだ、というものである。他の動物とは違って、人間はこういうふうにできているのだ、というわけである。

表示上の再記述というプロセスは領域内および領域間の関係を作り出そうとする内的な衝動の一環として自発的に生じるものと考えられる。私は表示上の再記述が内発的であることを強調してはいるが、このプロセスが外的な影響によって引き起こされることもあるのは明らかである。(p. 18)

これは非常に道理にかなった仮説ではある。しかし、進化という観点から見た場合、人間の場合にだけそのような一般化された「衝動」を選択するような生係にある動物種ではなくて、人間と密接な関

261

第六章　談話と表示上の再記述

態学的条件があったとは想像しがたいと言わざるをえない。

表示上の再記述というプロセスの発生に関しては、個人が自分の行動や認知に対する他者の視点を取ることから生じるという、別の説明も考えられる。すなわち、子供はある行動をし、それから、あたかも他者の行動を観察するかのように、自分のその行動とそれによって顕在化する認知の構造を観察するのである。この内省的なプロセスの起源は上で検討したような省察的なメタ対話——とりわけ大人が子供に教え込み、その教え込みを子供が内面化するというもの——にある。ここでの私の考えは、多くの認知スキルと同様、この内面化のプロセスに対する習熟度が増すと子供はこのプロセスを一般化することができるようになり、結果として、自分の行動と認知を、外から見ている他人になったかのように、内省することができるようになる、というものである。例えば、基本的な数学的概念の体系化は主体が自分の初歩的な数学的活動を内省する過程で生じる可能性が高い（Piaget, 1970）。

また、言語習得において、子供は自らの抽象的構文の生産的な使用を内省する過程で、より複雑な文法構造（例えばある種の言語における文の主語）を組み立てていくのではないかと考えられる（Tomasello, 1992b ; Tomasello and Brooks, 1999）。上で強調したように、自分の行動と認知をこのように内省する際に用いられるのは外界と関わる時に使われるカテゴリー化、スキーマ化、アナロジーなどの基本的スキルなので、子供は外的な現象が対象の場合と同じように自分の認知スキルをカテゴリー化し、組織化し、スキーマ化することができることになる。これらすべてが同じ言語的な形式を媒体にして行われる——すなわち、外界についての子供の意見と子供の意見に対する大人の意見がいずれも通常の言語表現である——という事実によって子供が内省活動において基本的な認知スキルを利

262

このように、人間同士が互いに社会的行動を調整し合う——意図をもつ主体として互いを把握することのできるプロセスが促進されるのではないかと考えられる。——という能力に向けた進化的な適応が、個体発生の過程での大幅な精緻化を経て、人間が自らの行動を内省し、その結果、科学理論のような明示的な知識を体系的に構築する能力の基盤にもなっているのではないかと思われるのである (Humphrey, 1983 も参照)。人間の体系創造の能力は、Gould (1982) のことばを使えば、究極的には社会的・認知的な能力に由来する、人間の内省的な能力からの外適応 (exaptation) なのかもしれない。

4 視点の内面化

幼児期初期の人間の認知発達において文化が不可欠の役割を果たしていることは、以上のような問題についてよく考えたことがある人なら誰もが認めるところである。この年齢の子供たちが当然学習するものと思われていたり、明示的に教えられたり、自分で探し出したりする特定の知識の多くは文化の中で慣習化している記号や他者からの直接の教え込みに由来している。一つの領域の専門家になるということは、他者が習得していることを学習し、その後、場合によっては、自分でもそれに少しでも新しいことを付け加えることを意味する。また、言語の中に具現化された既製のカテゴリーの重要性も見落とすわけにはいかない。そうしたカテゴリーは子供が多種多様な物事を概念的にまとめたり相互に関連づけたりするための出発点の一つになるからである。子供が霊長類に共通の知覚、記憶、

第六章　談話と表示上の再記述

カテゴリー化のスキルをもっていてはじめてこの種の文化的な伝達が可能になることはもちろんであるが、子供が個人に基盤をもつこれらのスキルを人間にしかできない強力な仕方で用いて自分の社会集団に属する他者の知識やスキルから恩恵を受けることが可能になるのは、人間に特有の文化学習のスキルがあるからなのである。

しかし、子供の認知の内容において文化が重要な役割を果たすという認識を超えて、認知発達のプロセスにおける文化の役割まで考察する研究者はほとんどいない。子供に他者の視点を取る能力があることは事実として十分に認められているものの、この能力は他のスキルとは別個のもの——社会的認知のスキルのみ——と見なされるのが普通である。私の考えは、多くの点で初期の Piaget (1928) の表明したいくつかの見解を想起させるものであるが、とりわけ幼児期の初期には、視点選択のプロセスが子供の認知発達のすべての面に行き渡り始める、というものである。その具体的な現れとして重要なのは次の二つである。

- （階層的なカテゴリー化、メタファー、アナロジー、数に見られるような）子供が物事を同時に二つ以上の視点から捉える能力が発達する。
- 子供が自己の意図的な行動と認知を内省することによって行動と認知を表示上再記述し、ひいては行動と認知をより「体系的」にする能力が発達する。

これらのプロセスは、それぞれある程度独立に、かなり明確に定義された認知能力の領域でのみ生じ、

264

4 視点の内面化

それぞれがその特定の領域で機能し始めるには「臨界量」の特定の経験的な素材が与えられている必要があるであろう (Hirschfield and Gelman, 1994)。しかし、成熟した人間の認知の顕著な特徴の一つは多様なタイプのスキルや知識が相互に関連している様子にこそ求められるのである。

人間にはある種の認知や社会的認知に特化した生物学的な適応性があり、そうした認知や社会的認知があるために、人間には同時に複数の視点を取ることや社会的なやりとりがない場面でも自分の認知を内省することができるのであり、このような能力は人間の個体発生の幼児期初期から中期にかけて発現することになっている、と考えることは可能である。しかし、そうであるとすると、これらのスキルが個体発生において発現するのに何故これほど時間がかかるのかがちょっとした謎になってしまう。私自身の考えは、こうした非常に強力な基本的な人間の適応性の発現がこれほどまでに遅いのは、それらが発現するには、社会的認知と文化に対する基本的な人間の適応性を実際の社会的な認知の中で数年間にわたって行使する必要があるからである。特定文化の中で慣習的に用いられる言語を習得し、用いることがこのプロセスにとって不可欠なのは、複数の異なる視点を具現化し、豊かな談話を可能にし、メタ認知と表示上の再記述という内省的な行為で内容にも結びついていない、という役割を言語が果たすからである。特定の認知領域にも内容にも結びついていない、非常に一般的な認知機能がいくつかあって、それらが他の霊長類にはその前身に相当するものがほとんどないのに、認知の個体発生の最中にただ発現するようになっているというのは、少なくとも私には、進化の観点から見て奇妙であるように思われる。それよりはるかに納得がいくのは、これらの新しい機能が意図をもつ主体として他者を了解し、他者からおよび他者を通して文化学習するという、

第六章　談話と表示上の再記述

それ以前に発現する人間に特有の認知スキルと同質のものであり、ただこの場合には、子供が他者からおよび他者を通して学習するのが自らの認知を含めた物事に対する複数の異なる見方や考え方になっているのだ、というものである。

以上のようなテーマのいくつかについて論じた文化心理学者はこれまでにも多くいたが、彼らは子供が個人としてこのプロセスを経験するという言い方はしたがらない（例えば Lave, 1988 ; Rogoff, 1990 ; Rogoff, Chavajay, and Mutusov, 1993）。文化心理学の中でも心理学的な基盤をより重視する陣営の論者の一人として、私は個人としての子供について語る必要があると考えていて、そのためには内面化のプロセスを考察の対象にしなければならないのである（Greenfield, 2000 も参照）。子供は他者が表明した意見──しばしば自分では決して思いつかなかったような考え──が実際に自分の外部にあることを理解していて、そのような考えを将来新たな状況で用いるために「自分のものにしたい」のであれば、子供はそれらを流用または「内面化」しなければならない。以前に別のところでも述べたように（Tomasello, Kruger, and Ratner, 1993）、内面化というプロセスは現行の理論的な定式化になじまない、不可思議で特別な認知プロセスである、などということはない。ある話題、ことによっては子供自身の認知について大人がある見方を表明するのを子供が聞く場合、内面化とは、視点に基盤をもつ他の物事を学ぶのと同じ仕方で、その話題に対するその見方を子供が学ぶことを意味するにすぎない。子供がある話題についての他者の視点を採り入れることを模倣的に学ぶ方法は子供が新しい対象に対する他者の行動を採り入れるようになったり（手段的動作の模倣学習）、対象に対する他者の感情を採り入れるようになったり（社会的参照）するのと同じ方法であると

266

4 視点の内面化

いう意味で、内面化のプロセスは文化的ないし模倣的な学習と呼んでもよい。ただ、この視点が言語で表現される場合には、子供が模倣的に学習する対象が記号的（間主観的）に——自らに向けられる場合すらある——定式化されている、というだけのことである。

結論として、この場合にも人間の個体発生は本当に重要であるように思われる。文化的な継承を行うように遺伝的に決定されているからこそ子供はある種の社会的なやりとりに参加することができるのではあるが、子供が物事や自分自身に対して複数の視点を取るようになる過程を進行させるのはこうした社会的なやりとり自体の働きにほかならない。チェスやバスケットボールのような特定の文化に特有の活動との類似性を考えてみるのがよいかもしれない。言うまでもなく、これらのゲームをするのに必要な、個人の認知的または感覚運動的な能力を文化が生み出すわけではない。しかし、これらのゲームに習熟するには、ある程度の期間にわたって——実際には何年も——他者とともに実際にゲームを行い、どうすればうまく行き、どうすると特定の状況で相手がどのように行動する可能性が高いか、などについての経験を積んでいくほかない。生物学的にも文化的にも人間の子供が継承するものは多いが、その上に子供がしなければならないことも多いのである。

267

第七章 文化的認知

> 思考の本質は記号を用いた活動であるというところにあると言ってもよい。
> ——ルートヴィヒ・ウィトゲンシュタイン

> われわれの思考力は記号なしにはありえない。有意味な記号としてのジェスチャーというものがあってはじめて心や知能が存在することが可能になる。
> ——チャールズ・サンダース・パース

> 思考はことばによって表現されるだけではなく、ことばを通して存在するようになるのだ。
> ——ジョージ・ハーバート・ミード

——レフ・ヴィゴツキー

 人間の認知は霊長類の中でも人間という種に特有のものである。人間のもつ認知スキルや知識の大部分は、物事の間に空間的、時間的、カテゴリー的、量的な関係が成立している感覚運動的な世界と垂直の（支配）関係と水平の（提携）関係を結びながら行動する同種の個体からなる社会的な世界の両方を含めて、他の霊長類と共通である。また、霊長類のすべての種が、物理的な領域においてあれ社会的な領域においてであれ、問題が生じれば自らのスキルと知識を用いて創造的で洞察力に満ちた戦略を案出して対処する。しかし、当然のことながら、霊長類のいずれの種も、他の種と共通の認知スキルに加えて、その種独自の認知スキルを持っている可能性があり、人間も例外ではない。本書

第七章　文化的認知

で提示した仮説では、人間は実際にこの種に特有の認知的な適応の仕方を身につけていて、この適応の仕方は認知的な進化のプロセスを根本的に変えるので、多くの点で、とりわけ強力なものであると言える。

この適応は人間の進化の特定の段階で、ことによると比較的最近になって、多分何らかの遺伝的で自然選択的な出来事が原因で、生じたと考えられる。この適応は、個体が同種の個体を自己と同じような意図的な主体——独自の意図と注意対象をもつ主体——として、さらには、心的な主体——独自の欲求と信念をもつ主体——として、了解することができるような形で個体が同種の個体と一体化する能力と傾向にその本質がある。この新しい他者理解の様式によって、社会的学習を含むあらゆる種類の社会的なやりとりの性格が変化し、その結果、発達過程にある子供が先行する世代からさまざまなことを学習した後にそれらに変更を加えるという形で、そうした変更が蓄積されていって、人間にもっとも典型的には物質的ないし記号的な人工物という形で、そうした変更が蓄積されていって、人間にもっとも典型的には物質的ないし記号的な人工物という種に特有の文化的な進化が歴史時間の範囲内で生じ始めたのである。このようにして生み出された「漸進作用」は人間の子供の個体発生が生じるニッチの性格を根本的に変え、その結果、現代の子供たちの物理的・社会的世界との遭遇と相互作用はほとんど完全に既存の文化的な人工物——それらを用いる際のその発明者や使用者の世界に対する意図的な関係をある程度反映するもの——というレンズを媒介としてその発明した最良の道具や記号に囲まれて成先行する世代が厳しい物理的・社会的世界を生き抜くために発明した最良の道具や記号に囲まれて成長していく。さらに、こうした道具や記号を内面化する——文化学習という基本的なプロセスを通し

第七章　文化的認知

てこうした道具や記号の使い方を学ぶ——過程で、子供は他者の意図的・心的な視点に基盤をもつ、強力な認知表示を新たに創造していく。

したがって、メタ理論的に見た場合の私の主張は、人間の認知——少なくともその人間に特有の面——を十全に理解するには次に挙げる三つの別々の時間枠でのその展開を詳しく考察しなければならない、ということになる。

- 霊長類の中の人間が同種の個体を理解する独自の方法を進化させていく系統発生的な時間枠
- この独自の社会的理解の様式から物質的および記号的な人工物を含む独自の文化的継承の様式が発達し、時間の流れの中でそれらの人工物への変更が蓄積されていく歴史的な時間枠
- 人間の子供が自分の所属する文化が提供するすべてを吸収し、その過程で視点に基づく独自の認知表示の様式を発達させていく個体発生的な時間枠

以下、本書の締めくくりとして、これら三つの時間枠それぞれに関与するプロセスについて私の考えをさらにいくつか述べるとともに、これらのプロセスに対して本書のものとは競合する説明を与える主な理論的枠組みのいくつかに関しての私見も簡単に提示する。

271

第七章　文化的認知

1　系統発生

人間の行動と認知の現代的な研究における支配的なパラダイムの一つによると、人間は互いに区別される生得的な認知モジュールをいくつか持っている。このアプローチはChomsky (1980) やFodor (1983) などの哲学者の宣言に起源があるのだが、その後、発達心理学における新生得主義、進化人類学における社会生物学や進化心理学（例えばSpelke and Newport, 1997; Tooby and Cosmides, 1989; Pinker, 1997）をはじめとして、いくつかの経験的なパラダイムにも入り込んできている。モジュール説には昔から次の大きな問題があった。その場合のモジュールとは何で、どのようにして認定すればよいのか？　一般に認められた方法論がないために、理論家の大多数は自らがもっとも明らかであると考えるものに焦点を合わせるのであるが、これすらも論者によって相当異なるのが実情である。もっとも一般的に想定されているモジュールには、(a)物体についての知識、(b)他者についての知識、(c)数の知識、(d)言語の知識、(e)生物学の知識、などがある。しかし、特定の領域内でさえ、それらの構成要素となるミニ・モジュールがあるか否かに関して論争がある。例えばBaron-Cohen (1995) は他者についての初期の知識は、実際には、四つの非常に特定的なミニ・モジュールから構成されていると考えているし、チョムスキー派の言語学者の多くによると、言語機能もいくつかの別個のミニ・モジュールを構成要素として成立している。モジュール説を唱える学者の中には脳の中に一個のミニ・モジュールを構成要素ではないかと言う人もいるが、これも実際には簡単にいくつもの答えを求めることができるのではない。

1 系統発生

脳における機能の局在化は、知識の内容の遺伝的な特定化を伴わない、さまざまな発達のプロセスの結果として生じる可能性があるからである。例えば、特に複雑な情報を処理する脳の特定の部分があって、そのような計算力を必要とする発達機能の中で最初に発現するものがその部分に局在化することともありうるのである (Bates, in Press ; Elman et al., 1997)。

第一章で概観したように、モジュール理論を唱える学者にとっての第二の大きな問題は時間である。他の哺乳類や霊長類と共通の人間の認知機能の場合には、時間が十分にあったので、生物学的な進化のもたらした驚異的な成果と考えることができる。しかし、人間に特有の認知機能の場合には、多くて六〇〇万年、それよりはるかに可能性の高いのはたった二五万年の間に出現したのであるから、こうした機能がこれだけ多く進化する時間が十分にあったとは言えない。したがって、はるかに道理にかなっているのは、ずっと速く——例えば歴史的時間の範囲内や個体発生の間に——働くプロセスに焦点を合わせ、こうしたプロセスが人間の認知機能を実際にどのようにして創出し、維持するのかを探求することである。人間の認知機能の中に、知覚的なカテゴリー化の基本的プロセスのように、歴史的プロセスと個体発生的プロセスが副次的な役割しか果たさないものがあるのは確かである。しかし、言語記号や社会制度などは社会の中で構成されたものであるから、人間の進化の途上でいきなり完成された形で生じたなどということはありえない。これらが生み出され、維持されるにあたっては、社会的・相互作用的なプロセスが何らかの役割を果たしたに違いないのである。一般的に言って、遺伝に基盤をもったモジュールという考え方の基本的な問題——特に人間に特有の、社会の中で構成される人工物や社会慣習に取り組む場合の問題——は、物語の最初のページ、すなわち遺伝的な

273

第七章　文化的認知

性質から物語の最後のページ、すなわち現在の人間の認知へと一挙に飛ぼうとしてしまって、その間のページにはまったく目を通そうとしないことである。すなわち、モジュール理論を唱える学者は人間の遺伝子型と表現型の間に存在する、歴史的時間と個体発生的時間の双方において認知機能の発達に重要な影響を及ぼす要因を考慮に入れていないことが多いのである。

影響力のある生物学的な適応が一度だけ生じたのではないかと考えてそれを突き止めようと試みた結果、私がたどりついた仮説は、同種の個体を自己と同じような意図的な主体として捉えるという新しい了解の仕方を人間が進化させた、というものであった。そのような適応を促進したのがどういう生態学的圧力であったのかはわからないが、この適応がもたらした可能性のある利点はいくらでも考えることができる。私自身は、数多くありうる適応のシナリオのいずれからも、人間の社会的認知にとっては進化という観点からは同じ結果が生じたのではないかと考えている。というのは、いかなる理由によってであれ——目的が協調、競争、社会的学習、その他何であっても——いったんある個人が意図をもつ主体として同種の個体を了解するようになれば、その個人が他の種類の状況で同種の個体と関わり合う場合にもこの了解の仕方は消えてなくなりはしないからである。換言すれば、コミュニケーションや協調や社会的学習などは、異なるモジュールや異なる知識の領域ではなく、領域の異なる活動であって、同種の個体を了解する新しい仕方が、すなわち新しい社会的認知の仕方が生じれば、いずれも同じく甚大な変化を被ると考えられるのである。重要なのは、その新しい社会的認知の様式が、個人同士が関わり合うときにはいつでも、甚大な影響を及ぼす、ということである。

この社会的認知の様式は、歴史的な時間枠では、社会的な物事を文化的な物事へと変換し、個体発生

1　系統発生

的な時間枠では、霊長類の認知と認知表示のスキルを文化学習と視点に基盤をもつ認知表示という、人間に特有のスキルへと変換するのである。

重要なので強調しておくが、人間に特有のこの社会的な認知の様式は、Piaget (1954) や Premack (1990) が考えたように、他者を移動および力の源となる生きている主体として了解することに関わる、というだけのものではない。そのような了解の仕方はすべての霊長類に共通であるように思われる。そうではなくて、この新しい社会的認知の様式は、他者が知覚と行為に際して選択を行い、また、何らかの望まれた結果、すなわち目標の心的表示がこうした選択の指針になっている、という理解に関わるものなのである。これは単なる有生性の理解をはるかに超えている。一方、他の理論家の中には人間の認知を他の動物の認知と区別するのは「心の理論」なのではないかと考えた人が多い。「心の理論」という用語が社会的認知一般という意味で総称的に用いられているのなら問題はない。しかし、同じ用語を誤信念の理解のみに焦点を合わせるために用いているとしたら、人間の認知が人間以外の霊長類の認知と重要な点で異なり始めるのは共同注意、言語習得、その他の文化学習の生じる一歳から二歳の頃であることに注意すべきである。すなわち、以前にも述べたように、誤信念の理解は人間の社会的認知についてくるおまけのようなものにすぎず、意図性の理解こそが人間の社会的認知の根本的な構成要素なのである。

他の動物の種の認知能力を擬人化したり、美化したりすることは以上のような難しい疑問に答えるのに役立ちはしないこともここで述べておかなくてはならない。このように述べたからといって、研

第七章　文化的認知

究者は人間と人間以外の霊長類の認知の差異だけを探し求めるべきだなどと言うつもりはない。それどころか、人間に特有なのは何であり、またチンパンジーやオマキザルにそれぞれ特有なのは何なのかを明らかにしようと思う。

しかし、動物の行動についての逸話的な観察に基づいた多くの通俗的な説明は、他の生き物も自分たちと変わらない存在と見なしたいという人間の思いをかなり伴っているのであるが、私の考えでは、この探求にとって有益とは言えない。私がその美点を称揚してきた当の能力——他者を自己と同じような意図的な主体と見なす能力——が、ある種の知的な目的にとっては、役に立つどころか有害な傾向になりかねないとは大いに皮肉なことである。私はまた、モジュールを探し求めること自体が答えであるとも考えていない。（多くの動物の種に共通かもしれない非常に特定的で柔軟性を欠く機構を生み出す）近親相姦の回避や（人間に特有の結婚制度ゆえに人間においてとりわけ際立っているように思われるさまざまな種類の性的な嫉妬を生み出す）自分の遺伝子が確実に継承されるようにする必要性などの、進化という観点から見て切迫性が高い問題の中には、他の特殊化した適応として相応しいものも確かにあるかもしれない (Buss, 1994)。しかし、真に認知的な適応は、その本質からしてほとんど当然であるが、これより柔軟である。こうした適応はある特定の適応上の問題を解決すべく生じたとしても、関連する多様な問題に対処するためにも用いられることが多い（例えば認知地図は食物、水、本拠地、つがいの相手、子孫、捕食者などを見つけるのに役立つ）。そういうわけで、私には人間の認知をモジュール化して考えようとすることに意義があるとは思えないし、そのようなモジュールに人間の認知にどんなものがあるかに関してこれほど多くの異なる提案がなさ

276

れていることもモジュール説の実際上の困難さを物語っている。

2 歴 史

　私の意見では、一般的に言って、人間に特有の認知スキルを説明するにあたって特定の遺伝的な適応という考え方にあまりにも安易に飛びつきすぎる理論家が多い。こうした説明は遺伝についての研究を伴っていないのが普通であることも付け加えておくべきであろう。このような説明の手続きに人気がある主な理由は、素早くできて簡単であり、経験的な根拠によって直ちに論破される可能性が低いことである。しかし、多くの理論家が説明の手立てとしてまずは生得的な認知モジュールの存在を想定するという傾向にはもう一つ重要な理由がある。それは、彼らが人間の文化・歴史的プロセス、すなわち社会的生成のプロセスの仕組みを、その直接の生成力という意味でも、その間接的な効果として人間の認知発達のための個体発生のニッチが新たに生み出されるという意味でも、十分に理解していないことである。さらに、歴史的なプロセスは進化のプロセスとはまったく異なる時間のスケールで進行することも重要である (Donald, 1990)。

　チェスというゲームの例を取り上げて考えてみよう。子供がこのゲームのやり方を習得するのは大人の競技者とのやりとりを通してということになるが、子供の中にはこのゲームというコンテクストで用いられる相当高度な認知スキルを身につける者もいて、そうしたスキルの多くは領域固有性が非常に高いように思われる。一方のキング側がビショップを捨て駒にしてまずは相手のキングを守るポ

第七章　文化的認知

ーンを排除し、最後はナイトとルークとクイーンの動きを協調させて完成に至る、という緻密な攻撃を遂行するのに必要な複雑な計画の立て方と想像力の働かせ方には認知心理学者はただただ驚嘆するほかない。関与している認知の作用は複雑ではあるし、この領域に特有の認知スキルが用いられてはいるけれども、チェスをするための生得的なモジュールがあると考える人にはお目にかかったことがない。その理由はチェスが人間の歴史の非常に最近の産物だからであり、その歴史的な発展をたどる図版入りの本まで出ている。チェスはもともとはもっと単純なゲームであったが、どうすればゲームがより面白くなるかについて競技者間の相互理解が成立するのに伴ってルールが変更されたり新しいルールが加えられたりして、現代のチェスが生み出されるに至り、今日の子供たちは、数年間実際にゲームに参加したり練習したりするだけで、相当立派な認知スキルを身につけることができるのである。もちろん、チェスが子供たちの中に記憶、計画立案、空間的な推論、カテゴリー化などの基本的な認知スキルを芽生えさせるわけではない——人間があらかじめこうしたスキルをもっていなければゲームが進化することはありえなかった——けれども、チェスによって基本的な認知プロセスが新しい方向へと向けられ、そのおかげで新しくて非常に特殊化した認知スキルが結果的に生み出されるのである。

私の主張は、要するに、言語や複雑な数学という認知スキルはチェスに似ている、というものである。すなわち、これらの認知スキルは歴史と個体発生の双方において発達してきたものが、もともと存在していたさまざまな人間の認知スキル——他の霊長類と共通のものもあれば人間に特有のものもある——と相互作用した結果生じたと考えられる。これらのことは数学の場合には以下の理由で非常

278

2 歴史

に了解しやすい（この点で数学はチェスに少し似ていることになる）。すなわち、(a)現代数学の歴史的発展の多くは過去二〇〇〇年の中でたどることができ、(b)多くの文化で使われる数学的な操作は非常に単純な数える手続き（およびそれらを算術化したもの）のみであり、(c)複雑な数学を用いる文化においても、単純な手続きしか習得しない個人が大勢いる。これらの事実から、複雑な数学の発展の中で、理由はどうあれ、最初にモジュール説を唱える学者が想定することのできる数学モジュールには数量に関する概念の可能性が制限されるために、ほとんど（書きとめられた資料が残っている少数の言語の比較的最近の歴史しか）わかっておらず、その歴史の中でももっとも基本的なものしか含まれていないことになる。しかし、言語の場合には、(a)その歴史がほとんど（書きとめられた資料が残っている少数の言語の比較的最近の歴史しか）わかっておらず、(b)すべての文化に複雑な言語があり、(c)一つの文化で普通に育つ子供のすべてが基本的には同等の言語的なスキルを獲得する。これらの事実から言語が数学やチェスとは異なることは明確になるが、この違いの理由までが特定できるわけではない。言語がこれらのスキルの発展の中で、現代の言語がこの祖型から分岐し始める前にその複雑度が現在のレベル近くにまで到達していたというだけのことかもしれない。個体発生を認知の複雑度の指針として用いてよければ、現代の子供たちは複雑な数学やチェスの戦略をマスターするよりはるか以前に自然言語を巧みに操り始めるのである。言語が認知の観点から見て基本的なのは、人間の記号活動——それ自体が他者を意図的な主体として了解することに根ざした共同注意と意志伝達の活動に直接由来する——の直接的な現れだからなのかもしれない。このように、言語は特別ではあるが、それほど特別ではないという点が重要である。というわけで、人間の進化の過程で生じた単一の認知的な適応が人間と人間以外の霊長類の認知に

第七章　文化的認知

見られる多くの相違点のすべてをもたらしたという私の考えは、この認知的な適応によって、進化という観点から見て新しいいくつかのプロセス、すなわち社会的生成のプロセスが可能になり、進化よりもはるかに速い時間のスケールで作用するこれらのプロセスが大きな役割を演じた結果として人間に特有の認知スキルが生じた、というものである。この単一の新奇な出来事によって人間同士のやりとりの仕方が変化し、多大の歴史的時間をかけての大いなる努力の結果、こうした新しいやりとりの仕方によってコミュニケーション、支配、交換、探索などの霊長類に見られる基本的な現象が、遺伝上の出来事をそれ以上伴うことなく、言語、政治、貨幣、科学という人間の文化的な制度へと変容されたのかもしれない。この新しい適応の結果として人間の活動の複数の領域でこのように変容が生じたと言っても、そのような変容が瞬時に起こったわけでないのは明らかである。例えば、人間は互いを意図をもつ主体として了解し始めた時にはすでに複雑な仕方で相互にコミュニケーションをしていたので、この新しい他者了解が実効性をもつことによって記号を用いたコミュニケーションが創発するにはある程度の時間が、もしかすると何世代も、かかったはずである。さまざまな種類の協調や社会的学習などの他の活動の領域についても同じことが生じた――この新種の社会的理解によって新種の社会的なやりとりや人工物が徐々に可能になっていった――と考えられる。表7−1は、過度に単純化されているし、決して包括的でもないけれども、人間に特有の社会的認知の適応が人間の歴史の幾多の世代をかけてさまざまな社会的なやりとりのプロセスへと浸透していくにつれて、人間の活動のいくつかの領域がどのように変容したと考えることができるかを示している。

人間の歴史の異なる活動の領域で生じた社会的生成のプロセスについてわれわれが実際よりもずっ

2 歴 史

領域	社会的	文化的
コミュニケーション	信号	記号 (間主観的，視点依存的)
他者の視線	視線追従	共同注意 (間主観性)
社会的学習	エミュレーション，儀式化	文化学習 (意図的行為の再生)
協調 (Cooperation)	協同 (Coordination)	共同 (Collaboration) (役割行動)
教示	容易化	教え込み (他者の心的状態)
対象操作	道具	人工物 (意図に対するアフォーダンス)

表7-1 社会的活動のいくつかの領域が人間に特有の同種の個体了解様式によって歴史的な時間の中で被った文化的活動の領域への変容

と多くのことを知っていれば理想的なのであるが、この問題に関心をもっていてしかるべき文化心理学者は特定の文化的制度がどのような歴史的プロセス——例えば特定の言語の歴史における文法化のプロセスや特定の文化に特徴的な数学的スキルの歴史における共同作業による発明のプロセス——を経て形成されたかを経験的に探求することに概してあまり努力してはこなかった。このようなプロセスの探求の中でもっとも参考になるのはテクノロジーの歴史、科学と数学の歴史、言語の歴史などといったことに関して知の歴史を専門とする学者が行った研究かもしれない (第二章を参照)。しかし、このような学者たちは認知その他の心理的なプロセス自体に関心があるわけではないのが普通であるから、彼らの研究から心理学者が学び取れる情報はどうしても間接的なものにならざるをえない。ある問題領域につい

281

第七章　文化的認知

て経験のない二人のパートナーが、歴史的時間において文化的創造のプロセスが生じるのと同じように、新しい人工物や戦略を何とか共同作業によって発明しおおせるということが生じる協調の研究からも学び取るべき事実があるかもしれない（Ashley and Tomasello, 1998参照）。

まとめとして、社会的生成の力を強調するために無人島の野生児という何度も出てきたテーマを少し変化させたものを提案してみたい。今回は、大量のX線が大気圏外から降下してきたために一歳以上のすべての人間がひどい——お互いとも幼児とも意図的なコミュニケーションができないほどひどい——自閉症になった（けれども、奇跡的なことに、幼児が順調に成長するために必要な飲食物や保護を与えることはできる）という状況を想像してみよう。すると、（映画マッドマックスでのように）現代テクノロジーの産物である巨大なインフラストラクチャーが背景で朽ち果てていく中で、一歳児たちは『蠅の王 Lord of the Flies』でのように）誰の指図や援助を受けることもなく自分たちの好きなように関わっていくことになる。問題は言語、数学、文字、政府、等々の社会慣習や制度を子供たちがもう一度作り出す、または現行のそれらと異なるけれども等価なものを作り出すのにどれくらいの時間がかかるか、である。瞬時といってよいほど短期間しかかからない、特に言語の場合にはそうである、と考える学者がきっといるであろうけれども、これはこうした制度が幾多の世代をかけて少しずつ精緻化していく過程で投入された歴史的な時間枠での努力をひどく過小評価した素朴な考え方であると思う。（言語に熟達した大人とのやりとりや聴覚障害者のための学校というコンテクストでのお互いとのやりとりの中でジェスチャー記号を作り出していく子供の研究は、無関係ではないけれども、ここでの問題に直接取り組んでいるとは言えない。このような場合にはこうした子供たちの生活の場である

282

十分に機能している文化が文化創造のプロセスを促進する点が多々あるからである。）言語は、先に概観したように、人間に特有の社会認知的な適応との関わりがとりわけ緊密であるためにいくぶん特別ではあるけれども、自然言語を構成する社会的慣習はある種の社会的なやりとりの中ではじめて作り出すことができるのであり、言語的な構文の中には他の構文がまず確立していなければ作り出すことのできないものもある。したがって、私の推測によれば、現代の自然言語に似たものが進化するには何世代もかかり、文字や複雑な数学や政府その他の制度ができるには間違いなくさらに多くの世代が必要であろう。

3　個体発生

個体発生は動物の種による違いが非常に大きいプロセスである。子供がはじめて外界と接触する時からほぼ完全に一人前に行動できることが、生殖が可能になる時期まで生存する可能性を最大限に高めるために重要である種もあれば、個体による多大な学習を伴う長期にわたる個体発生を生活史上の戦略として選択している種もある。このように学習は進化の産物——少し擬人化した言い方をしてよければ進化の戦略の一つ——なのであり、文化と文化学習も「長期化した個体発生」という進化論的な戦略の特別な場合である。こういうわけであるから、先天的な素質（nature）と育つ環境からの影響（nurture）を対立的に捉えることは意味をなさない。育つ環境から影響を受けることは先天的な素質が取りうる数ある形のうちの一つにほかならないのである。したがって、発達心理学者が取り組

第七章　文化的認知

むべき問いは、このプロセスがどのように進行するのか、いろいろな要因が発達のどの段階でそれぞれどのような役割を果たすのか、ということだけである。人間の乳児は生まれた時から人間の大人としてまともに生きていけるようになる構えができている。すなわち、子供は必要な遺伝子をもっているし、子供が生活しているあらかじめ構築された文化的な世界が子供の発達を促進するとともに子供に積極的にものごとを教える準備を整えているのである。しかし、子供はその時点ではまだ大人ではない。大人になる前にしておかなければならないことがある。

人間認知の個体発生は、チンパンジーの個体発生を再生してそのおしまいに最終回を一つ付け加えればできあがるというわけではないことに注目しておくことが肝心である。第三章で主張したように、人間認知の個体発生には非常に早い時期から、ことによると生まれた時から、独自性がある。人間の新生児は同種の個体と特別な形で一体化していることを明確に示すさまざまな行為（例えば新生児の模倣や会話の原型）を行うのである。この独自性から人間にのみ見られる他のすべての特性が生じる。これによって自己との類比という他者に関する新しい情報源を利用することができるのである。生後九か月前後で、自分自身が意図的な行為をし始めたばかりの乳児は、自己と他者を類比することによって、他者に同じような意図性があると考えることができるようになる（そして生命のない物体のふるまい方について因果的な推論をする際にも、やや不適切ではあるが、自己との類比を行うことがある）。その結果生じる新しくて強力な社会的な認知の様式によって、子供は他者とともに共同注意を伴う活動に参加し、そうすることによって、多種多様な物質的・記号的な人工物を用いた他者の意図的行為を理解し、そうした行為を自ら再現することを試みることができるようになる。そうい

284

3 個体発生

う意味でこの認知様式は人間発達の文化的な経路を切り開くものである。そして、実際、この他者の行為を模倣的に学習する傾向が非常に強いものであることは、無視した方がよい場合でさえ物を用いた大人の行為を子供が模倣してしまうことがあり、言語習得においても、聞こえてくる大人の発話を構成する文の構造をそのまま再生すると言ってよい期間が長く続くことからもわかる。これは発達の文化的な経路のもっとも強力な形であり、四歳の子供の具体的な行動の仕方が文化によって大いに異なる理由もここにある。しかし、この初期にもそうであるが、後になるとさらに強くなる傾向として、子供は個人としての判断、意志決定、カテゴリー化、アナロジー、評価を——主として発達の個体的な経路の一環として——行い、これらが発達の文化的な経路において子供が周囲の他者のしていることをする傾向と興味深い形で相互作用するのである。

子供が一つの非常に特別な文化的産物——言語——を身につけることによって子供の認知は決定的な質的変化を受けることになる。言語が何もないところから新しい認知プロセスを生み出すわけではもちろんないけれども、子供が他者と間主観的に関わって他者のコミュニケーション上の慣習を採り入れるという社会的プロセスから他の動物の種には見られない、新しい種類の認知表示が生み出される。どこが新しいかと言うと、言語記号が間主観的であると同時に特定の視点を含むことである。人間の言語記号が間主観的な性格をもつというのは動物の用いる信号と違って社会的に「共有」されているという意味であり、このために他者の伝達意図に関するさまざまな——例えば、やはり聞き手と共有している別の記号ではなくてこの記号を選んだのはなぜかについて——推論を行うことのできる語用論的な基盤が形成されるのである。言語記号が特定の視点を含んでいるというのは、子供が大人

第七章　文化的認知

のように単語や構文を使えるようになると、コミュニケーションの行われるコンテクストにおける多様な要因に応じて、コミュニケーション上の目的が異なれば、まったく同じ現象であっても異なる捉え方をされることがありうるという意味になるという意味である。こうして形成された言語的な表示は、このような言語記号を用いることで子供が空間的・時間的に離れた物事について伝達ができるという意味にとどまらず、現に存在しているまったく同じ事物についてさえ無数に異なる仕方での言語による記号化が可能であるという意味においても、直接的な知覚のコンテクストから自由であると言える。コンピュータの時代とか「脳の十年間」と言われる現代では逆説的に思われるかもしれないが、こうしたまったく新しくて強力な認知的表示が成立しているのは、人間の脳の内部に新しい記憶能力や計算力が発達したからではなく、新しい種類の社会的認知によって人間の文化の内部で新しい種類の社会的なやりとりを個人間で行うことが可能になったからなのである。

　言語はまた多様で複雑な仕方で事態とその参加者（物）を記号化するような構造になっており、このことは子供が自らの経験した仕方で事態を多くの複雑な仕方で「切り分ける」ようになるに際して重要な役割を果たすのである。さらに、抽象的な構文が経験される種々の場面をさまざまなアナロジーおよびメタファーに基づいて関連づけて捉えるのに用いられることもある。語りは、一連の単純な事態をつなぎ合わせるのだが、その際に、因果性および意図性に基づく分析を誘発したり、実際に因果性ないし意図性を明示的に記号化する手段を用いたりして、それらの事態に一貫性を与えることによって、さらに複雑性を加える。また、大人とある程度以上の長さの談話その他の社会的なやりとりに参加するうちに、子供はそうしたやりとりによって物事には何らかの仕方で折り合いをつけなければならな

3　個体発生

い複数の対立する見方がありうることが理解できるようになるために、さらに難度の高い認知空間へと導かれることになる。最後に、大人が子供の認知活動に対して意見を述べたり、明示的に教え込んだりするようなやりとりによって、子供は自らの認知に対して他者の視点を取るメタ認知、自己規制、表示上の再記述という行為ができるようになり、その結果、対話形式のより体系的な認知構造が生じるのである。「言語的決定論」に関する古典的な議論が言うように言語が異なれば以上のさまざまなプロセスの生じ方も異なるかどうかは別として、ある一つの言語の間主観性と視点を含む認知、事態の表示、メタ認知にとって——そうした手段をまったく習得しないならばこれらは生じえないという意味で——不可欠の要素であると考えられる。

この章の冒頭に引用したすべての思想家が、それぞれ独自の仕方で、またここでの議論とは具体的な点は異なるけれども、人間の思考の本質は記号を用いた活動というところにあるという趣旨のさまざまな主張をした際に表現しようと試みていたのは以上のことであると筆者は考えている。知覚し、記憶し、カテゴリー化し、霊長類の他の動物と同じようにこの世界の中で賢明に行動するという意味で思考という語を用いるならば、人間はもちろん記号なしでも思考することはできる（Piaget, 1970; Tomasello and Call, 1997）。しかし、人間に特有の思考様式——例えば、この議論を組み立て、それが他の思考者から引き出すであろう対話的な反応（さらにはそうした反応に対する私自身の反応ら）を予想しようと試みる際に筆者が行っているような思考——は、間主観的で特定の視点を含む言語記号、構文、談話の型を媒体にして行われる相互作用的な談話に依存しているばかりか、実はその

第七章　文化的認知

ような談話に由来しているのであり、さらにはそのような談話によって構成されている可能性すらある。そして、個人がそのような記号とそれに伴う思考様式を身につけるには数年間にわたってほとんど四六時中成熟した記号使用者とやりとりを続けなければならないことも重要な事実である。

そういうわけで、進化と歴史と同じく、個体発生は本当に重要である。人間は正常な認知の個体発生が、ある種の文化的環境があってはじめて実現するように進化してきた。個体発生のプロセスにおいて生物学的遺伝が重要なことは自閉症の子供の問題を考えるとよくわかる。自閉症児は他者と一体化するという人間の生物学的な適応の仕方を十分に発達した形では身につけていないため、文化的な継承主体として正常に行動できるようにはならないのである。個体発生のプロセスにおいて文化的な継承が重要なことは、属する文化が異なる人々の間には多くの認知的な違いが存在することや不運にも養育の過程でないがしろにされたり虐待を受けたりしたために文化的に不完全な状況で育った子供のことを考えるとよくわかる。しかし、文化的な継承の重要性をさらに強く認識するには、文化も言語もまったく存在しない環境で成長する子供の認知発達を想像してみるとよい。人間の仲間のいない無人島で育つ子供は、ルソーが思い描いたような社会の制約から自由な「自然な」人間になるのではなくて、ギアーツが予知したような一種の怪物——意図をもち、道徳的な判断を行う主体という意味での完全な人間以外の存在——になってしまうであろう。

4　プロセスの重視

288

4　プロセスの重視

Wittgenstein (1953) とVygotsky (1978) が明確に理解していたように、われわれは文化という水の中で生きる魚である。人間存在について研究し、省察するわれわれ自身人間の大人なのであるから、文化の眼鏡を外して世界を非文化的に眺める——そしてそのようにして見える世界を文化を通して知覚された世界と比較する——などということはできない。人間は言語、数学、貨幣、政府、教育、科学、宗教——文化的慣習からなる文化的制度——の世界に生きている。"tree"という音が木を表すのはわれわれがそういうものだと思っているからで、それ以外には理由はない。男女が結婚しているのはわれわれがそうだと思っているからで、それ以外には理由はない。一枚の紙切れと引き換えに車を入手できるのはその紙にその車と同じ価値があるとわれわれが思っているからで、それ以外に理由はない (Searle, 1996)。このような社会制度や慣習は人間の集団内で成立するある種の関わり合い方や思考様式によって生み出され、維持される。他の動物の種にはこのような関わり合い方や思考様式は見られない。

しかし、だからといって、人間の文化的世界が生物学的世界から自由であるわけではない。実際には、人間の文化は非常に最近の進化上の産物であって、おそらくほんの数十万年前から存在しているにすぎない。文化が進化の産物であるからといって、その個々の特徴一つ一つに独自の遺伝的な基盤があるわけではない。進化の過程にはそのような基盤が生じるだけの時間はなかったのである。より妥当性があるシナリオは、人間の文化的制度はすべてその基盤が社会的慣習と記号を作り出して使うことができるという、人間なら誰もが持っている生物学的に継承された社会認知的能力にあるというものである。しかし、こうした社会的慣習と記号が魔法の杖を振って、人間以外の霊長類の認知を即

289

第七章　文化的認知

座に人間の認知に変えたというわけではない。人間という種の現代の大人の認知は、進化という時間枠で何百万年もかけて生じた文化的な出来事と個体発生的な時間枠で何万時間もかけて生じる個人的な出来事の産物でもある。人間の遺伝子型と表現型との間に生じるこうした中間的なプロセスを徹底的に追究するには厄介な経験的研究が必要なので避けたいという欲求は強く、それが今日の社会科学、行動科学、認知科学にかなり浸透しているような安易な遺伝子決定論を発生させている。遺伝子は人間の認知進化のストーリーの不可欠な部分であり、そもそもこのプロセスを開始させたのも遺伝子なのであるから、見方によっては、ストーリーのもっとも重要な部分であるとすら言えるかもしれない。しかし、遺伝子だけがすべてではなく、プロセスが開始してから随分長い時間が経過しているのである。概括すると、われわれの目標が人間の認知をその進化的、歴史的、個体発生的な次元で動的・進化論的に捉えることであるならば、先天的な素質か育つ環境か、生得的か学習によるものか、さらには遺伝子か環境か、などという古くからの疲弊した哲学的なカテゴリー対立では静的かつ断定的すぎてその目標達成には役立たないのである。

290

訳者解説
―― 進化人類学から見た「こころ」と「ことば」

大堀壽夫・西村義樹

二十世紀の後半、特に世紀の終わりが近づく頃から、さまざまな分野でヒトの心への新たなアプローチが試みられるようになった。それは時として生物学、人類学、脳科学、心理学、言語学など複数の分野にまたがる形で展開し、これまで多くの重要な知見が得られてきた。同時に、それまでの人間観を修正し、新たに統合するための視点が求められている。

このような状況にあって、本書 *The Cultural Origins of Human Cognition, 1999* (Harvard University Press) は「ヒトとは何か」という古来からの問いかけに対し、きわめて重要な洞察を示す著作である。マイケル・トマセロ(マックス・プランク進化人類学研究所)は霊長類研究、発達心理学、そして言語学の各分野において先端的な成果を挙げている、希有な才能の持ち主であり、ヒトの認知の本質に「進化」と「比較」という視点から迫るには最もふさわしいポジションにいる研究者といえる。

本書の構成は次の通りである。第一章「謎と仮説」では進化論的な「時間の問題」を定義し、全体

訳者解説

の概要を示している。第二章「生物学的遺伝・文化的継承」は他の動物との比較を通じてヒトに特有の認知を明らかにし、その帰結として累進的な文化の進化が生まれることを解き明かす。第三章「共同注意と文化学習」はヒトの個体発生に特に着目しつつ、前章で出された発達のシナリオをより詳しく提示している。続く第四章「言語的コミュニケーションと記号的表示」と第五章「言語の構文と出来事の認知」はヒトの認知能力の中でも、言語に議論をしぼって独自の言語習得理論を展開する。第六章「談話と表示上の再記述」は言語に軸を置きつつ、談話・対話を通じた社会構成を論じる。第七章「文化的認知」は結論である。以下、主な論点を概観していく。

ヒトと他の類人猿との距離は、系統的にも、また認知能力からいってもきわめて近いことが知られている。例えば、ヒトとチンパンジーの差は、時間的には約六百万年前の分化、遺伝子では九九％近い一致率という事実からわかるように、「紙一重」である。遺伝子の変異とそれに基づく進化プロセスは非常に保守的であり、長い時間を要することから、両者の間に見られる違いのそれぞれに遺伝子の変異を想定することには無理がある。同時に、遺伝子情報の中でも成体のあり方を直接決定する「有意な」ものはかなり限られており、成体のあらゆる属性に一個ずつ対応する遺伝子があるわけではないことも知られている（この意味で生物の「設計図」というイメージは誤解を含んでいる）。この事実は、「ヒトとは何か」という問いに答える上で、重要な示唆を与える。ヒトの文明は、進化論的時間のスケールからすれば、ほとんど一瞬とも言うべき間に生み出された。それを可能にした認知能力を科学的に妥当な形で説明しようとすれば、わずかな相違から大きく異なった結果が生まれるよう

292

訳者解説

なメカニズムが求められるのである。

この問題を解くために、トマセロはヒトの成人の認知を、一方で類人猿の認知と、もう一方でヒトの幼児の認知と比較しつつ探るという方法をとる。まず、ヒトを含む霊長類は他の哺乳類一般と同じ感覚運動世界に住んでいることが示される。これに対し、霊長類に固有の認知スキルは、関係的カテゴリーの理解であるとトマセロは主張する。例えば、霊長類は社会的領域において、自己を含まない第三者間の関係を一般化して、「母ー子」などのカテゴリーを形成する。しかしヒトには、チンパンジーなどの類人猿（少なくとも野生の者）にはない認知スキルが存在する。それは他者を自己と同じく意図を持った主体として認知し、行動の背後にある意図性と因果的構造のスキーマを見出す能力である。すなわち、ヒトと他の類人猿の「紙一重」の差とは、「模倣能力・同調能力」に他ならない。他者を単なる「行動主体」でなく、「意図的主体」として理解することは、他者の心的状態を推察し、共有し、ある方向に導き、あるいは模倣することを可能とする。ここで興味深い指摘の一つが、チンパンジーなどにとって困難なのは、創意の発揮ではなく、それを忠実に継承することだという見解である。つまり、他者によって作られた「文化」という環境を、その背後にある意図性とともに内在化する能力がヒトの特性なのである。トマセロは、「類人猿は猿真似をするか？」という論文中で、行動の結果だけでなく、そのプロセスを忠実に再現するのはヒトだけだという事実を示している。ヒトの文化学習を支える模倣というメカニズムは、単独で見れば必ずしも「高度」で「有利」な学習メカニズムではないが、その社会性ゆえに複雑な文化が可能となった——これが本書の主な議論の一つである。

293

訳者解説

このような認知能力を新生児からの発達を通して見ると、「九か月革命」と呼ばれる転機が明らかになる。生後間もないから、乳児は他者を自分と似た存在として認めるが、それは自律行動のできる主体としての理解にとどまる。一方、自己については、行動と結果との間に明確な因果性があることを把握していない。ところが、「九か月革命」の直前になると、「自己」を意志・意図をもち、主体的動作を行う存在として認めるようになる。これは事象間にはたらく媒介的な力の理解ができるということである。ヒトの決定的な特性は、こうした自己理解と同じスキーマを適用して、他者理解を行う点にある。

「九か月革命」を境い目として、ヒトは本格的に共同注意の行動をするようになる。この時期に乳児は三者関係、すなわち自己と相手（例えば親）とその他の対象（例えばオモチャ）に成り立つ関係に参与するようになる。それは相手の視線を追うことであったり、同一の対象を相手と共に操作することであったりする。また、指さし行動によって、相手の注意を自己に同調させようとする動作も見られるようになる。これは他者に対する命令によって、ある事実を宣言的に指し示しており（すなわち、「命令文」ではなく「平叙文」）、トマセロによれば、このようなコミュニケーション行動は共同注意に関する能力があって初めて可能であるという。共同注意を反映した行動は多様であるが、それらは短い時期に重なり合って現れる。この事実を説明するのが、上に述べた「模倣能力・同調能力」という認知の仕方である。

他者を意図をもった主体として認知するようになると、これまで、哲学者や人類学者はヒトを他の動物から決定的に分かつ構造を理解することが可能になる。

訳者解説

つ特性として、言語記号、道具使用、社会組織を挙げ、これらを根源で統べるのは（言語を包括する形での）象徴・記号体系であるとする論が出されてきた。トマセロの理論は、この議論を深化させ、そのようなシステムを支えるのは、ヒトに固有の他者理解であるとするものである。

ここで非常に重要な点は、生命体は遺伝子と環境の双方を継承して成り立っているということである。ヒトにとって、社会・文化は生存のための環境（＝「個体発生のニッチ」）をなす。トマセロが示す「二重継承理論」とは、ヒトは生物学的な継承（＝遺伝）に基づいた個体的な発達と、文化学習による継承に基づいた発達という、二つの発達系列にしたがって生きる存在だという見方である。ヒトの認知をめぐっては、「生まれ（nature）か育ち（nurture）か」という粗悪な二分法が見られるが、発達のプロセスを真に解き明かすためには、生物学的遺伝と文化的継承とが相互に作用し、ダイナミックに展開される全体像を描き出さねばならない。トマセロは「不適格な哲学的問題は解決不能であり、われわれに出来るのはその悪影響を癒すことだけだ」というヴィトゲンシュタインの言を引くが、これは累進的な文化進化の重要性を思えば至言であろう。

このような人間観からヒトの言語を捉え直すと、言語能力の進化と発達についても新たな理論化が可能となる。系統発生の観点からは、言語は類人猿一般がもつ認知スキルと関連づけて理解されたため、直接的な適応上の意義をもたない突然変異とみなす立場は、自ずと棄却される。一方、個体発生の観点からは、言語習得の臨界期について、なぜそれが生後約十二か月なのかという問いに対する明快な答えが得られる。それは言語が「九か月革命」を契機として発達する共同注意のスキルと、他者の意図性を理解する能力の発現を前提としているからである。

訳者解説

本書は一つの理論を提示するために書かれており、論争を喚起することを目的とはしていない。そこで以下は、言語理論における（時として過度に政治的な）対立の背景について解説する。

チョムスキーの創始した生成文法は、一九五〇年代後半から現在に至るまで、理論言語学の世界において主流を形成してきた。その一方、一九八〇年代以降、生成文法と対立する複数の枠組みが支持を広げてきた。その多様性を残しながら、ゆるやかに合流して生じたのが認知言語学と呼ばれる理論である。このような成立の経緯を考えれば容易に想像がつくように、認知言語学の特徴の多くは、この理論と生成文法との主要な対立点に見出すことができる。

その名称が示唆するように、認知言語学の特徴は、人間の認知（＝心の仕組み）の一環として言語を捉える——すなわち、言語の使用を可能にする、大部分は暗黙の知識の解明を目標とする——ところにあると言えるが、実はこれだけでは認知言語学を生成文法と区別することはできない。それどころか、この目標は二つの理論に共通の特徴なのである。多くの言語学者が「認知革命」の功労者の一人としてチョムスキーの名を挙げることからもわかる通り、生成文法がメンタリズムへの舵取りを果たした功績は大きい。それはこの理論が言語の知識とその習得の仕組みを明らかにすることを当初から目指してきたからに他ならない。その生成文法と対立する理論として登場したのが認知言語学なのであるから、後者の名称に含まれる「認知」という表現には、単に言語の知識の解明という目標以上の意味が込められている。

実際、認知言語学という名称の由来は、人間の心の仕組み全般との関連で言語の知識をどのように

296

訳者解説

位置づけるかをめぐって、この理論が生成文法と決定的に異なる立場を表明しているところに求めることができるのである。生成文法が「言語の知識は(実際の言語使用に関与する)他の認知諸領域から自律したモジュールすなわち『心的器官』を構成する」という言語観を旗印とするのに対して、認知言語学を特徴づけるのが「言語の知識は他の認知諸領域と密接不可分の関係にあり、認知の本質は後者との関連を考慮してはじめて十分に解明されうる」という言語観であることがわかれば、前者の本質は生成言語学という名称がそのように呼ばれる理論に相応しいものであることは理解しやすいであろう。生成文法を特徴づける言語観が「モジュール的」であるのに対して、認知言語学の基盤にあるのは「統合的・全体論的」な言語観であると言える。

これと関連して注意を要するのが、言語を適応の産物と見なすか否かという点である。モジュール性の立場をとるチョムスキーは否と答える。生成文法にとって、ヒト言語の本質とは、他の認知から切り離された計算機構(より厳密には再帰的計算)だからである。これに対し、これまで認知言語学では生物学的な観点からの問題設定をすることがあまりなかったのだが、本書で展開されるトマセロの説は、認知言語学の立場と高い親和性をもちつつ、言語の起源と発達に光を当てるものといえる。近年盛んに行われている、言語進化をめぐる進化生物学と生成文法の間の論争は、不毛と思える時が少なくない。次代につながるような生産的な議論が出てくるとすれば、それは思慮深い進化学者と認知言語学者との間においてであろう。

以上は言語の知識全体が認知機構においてどのように位置づけられるかをめぐる二つの理論の対立点であるが、言語知識そのものがどのように構成されているかをめぐっても、認知言語学(例えばラ

訳者解説

ネカーの認知文法）の考え方は生成文法のそれとは著しく対照的である。われわれの通常の言語使用は、個々に記憶に蓄えられている単語、連語、熟語のような語彙項目という表現単位を、何らかのパターンにしたがっていくつか結合して、複合的な表現を組み立てることによって成立している（単一の語彙項目のみからなる発話や、相互関係不明な語彙項目の連鎖による発話はきわめて非典型的な言語使用である）。このことから、特定言語の知識は語彙項目の目録である「辞書」（または「語彙」）と語彙項目の組み合わせのパターンを規定する（狭義の）「文法」という相補的な部門から構成されると一般に考えられている。このうち辞書に属する知識が特定の音声や文字の連鎖と特定の意味との組み合わせ、すなわち一種の記号であることには異論の余地はまずない。それに対して、文法的な知識の構成単位（例えば、名詞、動詞などの品詞、主語、目的語などの文法関係、受動構文、there 構文などの構文）がすべて特定の意味を担っているかどうかは、容易には答えの出せない問いであるばかりか、言語理論にとって根本的な問題であると言ってよい。

生成文法の基本的な主張の一つに、「統語論の自律性テーゼ」として知られる考え方がある。これによれば、文法的な知識は、意味との間に規則的な対応関係はあるものの、それ自体としては意味に基づいて特徴づけることの不可能な要素や原理によって構成されている。それに対して、認知文法の根底にある文法観である「記号体系としての文法」という考え方においては、文法的な知識を構成する単位（複数の語彙項目の結合パターンおよびその成分）は、語彙項目と同様、一定の形式と一定の意味との組み合わせ、すなわち一種の記号であるとする。すなわち、文法的な知識は語彙的な知識と連続性をもった記号システムを構成するという立場をとる。

訳者解説

言語の意味や機能という時、どうしても実質的な情報の受け渡しを考えがちだが、認知言語学では高度にスキーマ化された事物の捉え方も「意味」に含む。トマセロが本書で主張しているのも、言語記号には視点の選択が織り込まれており、それによってヒトの認識の眼界が広がり、同時に他者の視点で事態を捉えることが可能となるということである。そしてそのような意味の担い手となるのが、単語に加えて複合的な記号としての構文なのである。文法知識とは、他の文化の産物と同じく、種々の構文に織り込まれた意図性の構造を理解することによって習得され（＝文化学習）、そのネットワーク化によって個体発生が展開する——こうした立場は認知言語学においても暗黙のうちに支持されてきたと思われるが、それをきわめて明快な形で理論化した本書の意義は大きい。（なお、本書第五章で示される言語習得の理論では、初期段階が「一語文（holophrase）」という用語で表されている。この訳語は比較的定着していると思われるが、I-wanna-do-it や lemme-see（＝let me see）のように、成人の文法であれば内部構造をもった複合的な形も含まれる。その意味で、一語文とは形態的な基準というより、幼児にとって未分割で使われている言語要素と理解すべきである。)

文法知識の習得は、ヒトの認知発達にとって不可欠ではあっても、それで終わりではない。言語学者は往々にして、文を分析上の最大の単位としがちである。だが現実の言語行動を見ると、恣意的に規定された単位に過ぎず、言語を通してヒトの本質を理解しようとすれば、「談話」と呼ばれるより大きな単位に目を向けねばならない。この点については、認知言語学も生成文法も十分な対応ができているとは言い難い。本書では文法についての議論に続いて、認知発達にとって談話（二者間での対面的なやりとりならば「対話」であり、ある出来事を時系列に沿って語るならば「物語」）がもつ

299

訳者解説

役割が論じられている。文化心理学と呼ばれる分野において、社会・文化的な発達プロセスは重視されてはきたが、それはまだ十分ではないとトマセロは言う。ヒトの成熟した認知を特徴づけるのは、柔軟性をもった多元的な認知表象を駆使する能力である。場合によっては、単独の個人の思考であっても、内面においては対話的な性質をもつ。言語によるやりとりは、仮想の事象も含めた複合的な表象の競合や調整をもたらす。高度な文化知識への参入は、この意味で言語による談話を通じて行われるのである。言語を文化の伝播メディアとする見方は、これまでにもとられてきた。しかし、それをヒトのヒトたるゆえんとした認知発達と結びつけ、ひいては談話を介した文化への参入を二重継承モデルの中に位置づけた本書の功績は大きい。

加えて、本書では取り上げられていないが、複数の質的に異なる心的領域をリンクさせ、意味を創り出していく操作は、フォコニエやターナーといった研究者によって探求され、興味深い成果があがっている。メタ認知をも含んだ、多元的な認知表象を構築する能力は、フォコニエたちのいう概念融合の操作の中に（彼らの理論では、メタファーはその特殊例とされる）、時に驚くべき複雑さをもって現れている。このようなプロセスは、文化の創造的側面の中核にあり、談話を介した文化の継承と共に「漸進作用」を駆動する主要因と思われる。（なお、漸進作用の原語 ratchet effect は、爪のついた歯車が逆戻りせずに進むことから来ている。「ラチェット効果」と訳されることもあるが、本書では主旨が反映されるような訳とした。）

本書全体を通じて伝わるのは、トマセロの優れて学際的な知識に支えられた、ヒトの本質への深い

300

訳者解説

洞察である。そしてヒトと他の動物の関係について、バランスのとれた見方がされている点も貴重である。言語学者の中には、「言語をもつのはヒトだけである」という命題に固執するあまり、他の動物との進化論上の連続性（そしてその背後にある、言語をとりまく認知システムの役割）を十分に考慮しない人々がいる。一方、動物の研究にあっては、ヒトとの連続性を強調するあまり（曰く、動物は文化を持つ、動物はコミュニケーションを行う、動物は再帰的な計算機構を持つ、等）、ヒトとしての「示差的特徴」は何なのか、という問いが疎かになる恐れが潜在的に存在する。不幸なことに、現代の知的風土では、心の問題はともすれば非常に限定された関心へと還元され、ヒトの存在にとって決定的に重要な文化＝共同体を支える記号作用についての考慮が欠ける危険を常に含んでいる。決定論的な還元主義は、知性にとっての甘美な罠である。この罠に陥ることなく、ヒトの認知の根源に文化を惹かれるすべての人々に手に取って頂きたいと思う。

勁草書房編集部の土井美智子さんには、訳語の統一、索引の作成を含む編集全般にわたって大変お世話になった。ここに記し、深く感謝申し上げる。

文献案内（本書で挙げられているものは＊印をつけた）

認知進化をめぐる研究は急速な発展を見せており、文献も多い。ここでは長谷川＆長谷川 (2000)、および訳書として Premack & Premack (2002) を挙げるにとどめる。言うまでもないが、本書とは異なる

301

訳者解説

立場も取られており、各自の判断で比較することが望ましい。ヒトの属性の一個一個に対応する遺伝子があるという考えは、古びた誤謬である。遺伝子レベルから高次認知機能への橋渡しのシナリオを描いた一般向けの解説書としては、Marcus (2004) を推す。認知発達についても良書が多いが、生得性をめぐる激烈な論争のランドマークとして、*Elman et al. (1997) は必読であろう。「類人猿は猿真似をするか?」という題名は*Tomasello (1996) のものである。「九か月革命」にともなう他者理解との関連では、「心の理論」についての一連の (これまた大量の) 文献がある。ここでは訳のあるものとしてBaron-Cohen et al. (1993) を挙げるが、これには大幅にアップデートした第二版Baron-Cohen et al. (2000) がある (こちらは訳が出ていない)。模倣能力についての比較心理学的研究の最新の成果は、Hurley & Chater (2005) に見ることができる。霊長類の認知については*Tomasello and Call (1997) がある。

言語学方面では、*Pinker (1994) が進化の観点から言語能力に迫った一般向け解説書として知られているが、これに対する*Tomasello (1995) の書評では、「言語は本能ではない」という主張が説得的に繰り広げられている。現在では、言語を適応の観点から考えることに積極的でない生成文法の本流、自律的な計算機構であるとする立場はとりつつ適応という観点を取り入れるピンカー、そして社会的認知の立場から言語進化を説明するトマセロと、三つどもえの感がある (ピンカーからのチョムスキーへの批判としてはPinker & Jackendoff 2005を参照)。言語進化論については、例えば入來他 (2004) による座談会を含む『科学』の特集が現状の見取り図を与えてくれる。言語と認知についての概観としては、大堀 (2002)、Lee (2002)、Croft & Cruse (2004) をすすめる。松本 (2003) は意味論に特化した入門書だが、認知言語学への優れた手引き Dabrowska (2004) が広い視野に立った魅力的な導入となっている。認知言語学の概説書としては、本多 (2005) はアフォーダンスの観点からの斬新な言語分析である。

302

となっている。この他、教育的配慮をもった研究論文集として、Tomasello (1998b, 2002)、坂原 (2001) がある。認知文法については、ラネカーの原著と共に Taylor (2002) が必読である。この本では理論の歴史的背景についても信頼できる解説がされている。日本語で書かれたよりコンパクトな入門書としては早瀬&堀田 (2005) がある。トマセロが打ち出す言語観と合致する、構文を基本単位とした文法分析は、西村 (2002)、近刊、早瀬 (2002)、中村 (2004) などに事例研究が収められている。雑誌連載では、『英語青年』二〇〇一年十二月号に「構文理論の現在」という特集がある他（この号に掲載された藤井 2001 はトマセロ流の言語習得理論の要を得た解説となっている）、同誌で二〇〇三年四月号から十二月号にリレー連載が掲載された。興味深いことに、かつて生成文法の推進力となっていた研究者による最新の研究を収めた Culicover & Jackendoff (2005) は、見事なまでに「構文理論」的であり、認知言語学への大きな貢献となっている。

言語習得についても非常に多くの著作が出ている。コンパクトかつ信頼できる入門としては小林&佐々木 (1997) を推す。より進んだ研究に今井 (2000)、Bloom (2000) がある。これらの本は語彙習得が中心となっているが、同様の議論は文法知識についても、構文ネットワークという観点を導入するならば可能である。教育的な論文集としては、Bloom (1993)、Tomasello & Bates (2001)、Lust & Foley (2003) を挙げる。トマセロ自身は、本書の刊行後も精力的に言語の個体発生について研究を進めている。

Tomasello (1998a) は構文の概念の重要性を*Goldberg (1995) へのコメントという形で宣言している。Tomasello (2000) を含む言語習得の特集号である。*Cognitive Linguistics* の二〇〇〇年 1－2 号は、Tomasello (2000) を含む言語習得の特集号である。談話と文化学習については、この方面の研究の一つの到達点となっている。Tomasello (2003) はこの方面の研究の一つの到達点となっている。トマセロ自身が述べる通り、今後の研究に期待するところが大である。国

内外共に研究は盛んであるが、よくこなれた概説書はまだない。ヴィゴツキーの再評価としては、Frawley (1997) が注目すべき著作である。概念融合については、Fauconnier (1997) の他、Fauconnier & Turner (2003) が代表的な理論書である。

以上、はなはだ簡略ながら、関連する文献を紹介した。もとよりこれは、本書と関連する学問分野の総体的な展望を意図したものではない。後は読者の興味に応じて、認知科学のあるべき姿を求めていくことを期待したい。なお、トマセロ自身の研究リストは、彼のウェブサイト (http://email.eva.mpg.de/~tomas/) で知ることができる。

Baron-Cohen, S., Tager-Flusberg, H., and Cohen, D. J. (eds.) (1993, 訳1997)『心の理論――自閉症の視点から (上・下)』八千代出版

Baron-Cohen, S., Tager-Flusberg, H., and Cohen, D. J. (eds.) (2000) *Understanding Other Minds : Perspectives from Developmental Cognitive Neuroscience*. Oxford University Press.

Bloom, P. (ed.) (1993) *Language Acquisition : Core Readings*. Bradford Books.

Bloom, P. (2000) *How Children Learn the Meanings of Words*. MIT Press.

Croft, W. & Cruse, D. A. (2004) *Cognitive Linguistics*. Cambridge University Press.

Culicover, P. W. & Jackendoff, R. (2005) *Simpler Syntax*. Oxford University Press.

Dąbrowska, E. (2004) *Language, Mind and Brain*. Edinburgh University Press.

Fauconnier, G. & Turner, M. (2003) *The Way We Think : Conceptual Blending and the Mind's Hidden Complexities*. Basic Books.

Fauconnier, G. (1997, 訳2000)『言語と思考におけるマッピング――メンタル・スペース理論の意味構築モデル』岩波書店

Frawley, W. (1997) *Vygotsky and Cognitive Science : Language and the Unification of the Social and Computational Mind*. Harvard University Press.

藤井聖子 (2001)「構文理論と言語習得」『英語青年』12月号 12-16.

長谷川寿一＆長谷川真理子 (2000)『進化と人間行動』東京大学出版会

早瀬尚子 (2002)『英語構文のカテゴリー形成――認知言語学の視点から』勁草書房

早瀬尚子＆堀田優子 (2005)『認知文法の新展開』研究社出版

本多啓 (2005)『アフォーダンスの認知意味論――生態心理学から見た文法現象』東京大学出版会

Hurley, S. & Chater, N. (eds.) (2005) *Perspectives on Imitation : From Neuroscience to Social Science*. 2 vols. MIT Press.

今井むつみ (2000)『心の生得性――言語・概念獲得に生得的制約は必要か』共立出版

入來篤史、岡ノ谷一夫、長谷川寿一、池内正幸、内田亮子、川島隆太、藤田和生 (2004)「言語：思考の道具か、コミュニケーションの道具か？」『科学』74巻7号 825-849.

小林春美＆佐々木正人 (1997)『子どもたちの言語獲得』大修館書店

Lee, D. (2002) *Cognitive Linguistics : An Introduction*. Oxford University Press.

Lust, B. C. & Foley, C. (2003) *First Language Acquisition : The Essential Readings*. Blackwell.

Marcus, G. (2004, 訳 2005)『心を生み出す遺伝子』岩波書店

松本曜 (編) (2003)『認知意味論』大修館書店

中村芳久 (編) (2004)『認知文法論II』大修館書店

西村義樹 (編) (2002)『認知言語学I：事象構造』東京大学出版会

西村義樹 (編) (近刊)『認知文法論I』大修館書店

大堀壽夫 (2002)『認知言語学』東京大学出版会

Pinker, S. & Jackendoff, R. (2005) "The faculty of language : what's special about it?" *Cognition* 95.

201-236.

Premack, D. & Premack, A. J. (2002, 訳 2005)『心の発生と進化──チンパンジー、赤ちゃん、ヒト』新曜社

坂原茂（編）(2001)『認知言語学の発展』ひつじ書房

Taylor, J. R. (2002) *Cognitive Grammar*. Oxford University Press.

Tomasello, M. (1998a) "The return of constructions : review article of Goldberg (1995)". *Journal of Child Language* 25. 431-442.

Tomasello, M. (ed.) (1998b) *The New Psychology of Language : Cognitive and Functional Approaches to Language Structure*. Lawrence Erlbaum Associates.

Tomasello, M. (2000) "First steps toward a usage-based theory of language acquisition". *Cognitive Linguistics* 11-1/2 : Special issue on language acquisition. 61-82.

Tomasello, M. (ed.) (2002) *The New Psychology of Language : Cognitive and Functional Approaches to Language Structure vol.2*. Lawrence Erlbaum Associates.

Tomasello, M. (2003) *Constructing A Language : A Usage-Based Theory Of Language Acquisition*. Harvard University Press.

Tomasello, M. & Bates, E. (eds.) (2001) *Language Development : The Essential Readings*. Blackwell.

参考文献

action. Cambridge, MA : Harvard University Press. (ジェームス V. ワーチ『心の声』田島信元・佐藤公治・茂呂雄二・上村佳世子訳, 福村出版, 2004.)

Whiten, A., Custance, D. M., Gomez, J. C., Teixidor, P., and Bard, K. A. 1996. Imitative learning of artificial fruit processing in children (*Homo sapiens*) and chimpanzees (*Pan troglodytes*). *Journal of Comparative Psychology 110*, 3-14.

Wilcox, J., and Webster, E. 1980. Early discourse behaviors : Children's response to listener feedback. *Child Development 51*, 1120-25.

Winner, E. 1988. *The point of words : Children's understanding of metaphor and irony*. Cambridge, MA : Harvard University Press.

Wittgenstein, L. 1953. *Philosophical investigations*. New York : Macmillan. (『ウィトゲンシュタイン全集8 哲学探究』藤本隆志訳, 大修館書店, 1979.)

Wolfberg, P., and Schuler, A. 1993. Integrated play groups : A model for promoting the social and cognitive dimensions of play in children with autism. *Journal of Autism and Developmental Disorders 23*, 467-489.

Wood, D., Bruner, J., and Ross, G. 1976. The role of tutoring in problem solving. *Journal of Child Psychology and Psychiatry 17*, 89-100.

Woodruff, G., and Premack, D. 1979. Intentional communication in the chimpanzee : The development of deception. *Cognition 7*, 333-362.

Woodward, A. 1998. Infants selectively encode the goal object of an actor's reach. *Cognition 69*, 1-34.

Wrangham, R. W., McGrew, W. C., de Waal, F. B. M., and Heltne, P. G. 1994. *Chimpanzee cultures*. Cambridge, MA : Harvard University Press.

Zelazo, P. 2001. Self-reflection and the development of consciously controlled processing. In P. Mitchell and K. Riggs, eds., *Children's reasoning and the mind*, 169-190. London : Psychology Press.

参考文献

Traugott, E., and Heine, B. 1991a, 1991b. *Approaches to grammaticalization*, vols. 1 and 2. Amsterdam : John Benjamins.

Trevarthen, C. 1979. Instincts for human understanding and for cultural cooperation : Their development in infancy. In M. von Cranach, K. Foppa, W. Lepenies, and D. Ploog, eds., *Human ethology : Claims and limits of a new discipline*. Cambridge : Cambridge University Press.

—— 1993a. Predispositions to cultural learning in young infants. *Behavioral and Brain Sciences 16*, 534-535.

—— 1993b. The function of emotions in early communication and development, In J. Nadel and L. Camaioni, eds., *New perspectives in early communicative development*, 48-81. New York : Routledge.

Trueswell, J., Tanenhaus, M., and Kello, C. 1993. Verb-specific constraints in sentence processing. *Journal of Experimental Psychology : Learning, Memory, and Cognition 19*, 528-553.

van Valin, R., and LaPolla, R. 1996. *Syntax : Structure, meaning, and function*. Cambridge : Cambridge University Press.

Visalberghi, E., and Fragaszy, D. M. 1990. Food-washing behaviour in tufted capuchin monkeys, *Cebus apella*, and crab-eating macaques, *Macaca fascicularis. Animal Behaviour 40*, 829-836.

Visalberghi, E., and Limongelli, L. 1996. Acting and understanding : Tool use revisited through the minds of capuchin monkeys. In A. E. Russon, K. A. Bard, and S. T. Parker, eds., *Reaching into thought*, 57-79. Cambridge : Cambridge University Press.

von Glasersfeld, E. 1982. Subitizing : The role of figural patterns in the development of numerical concepts. *Archives de Psychologie 50*, 191-218.

Vygotsky, L. 1978. *Mind in society : The development of higher psychological processes*. Ed. M. Cole. Cambridge, MA : Harvard University Press.

Wallach, L. 1969. On the bases of conservation. In D. Elkind and J. Flavell, eds., *Studies in cognitive development*. Oxford : Oxford University Press.

Want, S., and Harris, P. 1999. Learning from other people's mistakes. Manuscript.

Wellman, H. 1990. *The child's theory of mind*. Cambridge, MA : MIT Press.

Wellman, H., and Gelman, S. 1997. Knowledge acquisition in foundational domains. In D. Kuhn and R. Siegler, eds., *Handbook of child psychology*, vol. 2. New York : Wiley.

Wertsch, J. 1991. *Voices of the mind : A sociocultural approach to mediated*

参考文献

Child Development 57, 1454-63.
Tomasello, M., Farrar, J., and Dines, J. 1983. Young children's speech revisions for a familiar and an unfamiliar adult. *Journal of Speech and Hearing Research 27*, 359-363.
Tomasello, M., George, B., Kruger, A., Farrar, J., and Evans, E. 1985. The development of gestural communication in young chimpanzees. *Journal of Human Evolution 14*, 175-186.
Tomasello, M., Gust, D., and Frost, G. T. 1989. The development of gestural communication in young chimpanzees : A follow up. *Primates 30*, 35-50.
Tomasello, M., and Kruger, A. 1992. Joint attention on actions : Acquiring verbs in ostensive and non-ostensive contexts. *Journal of Child Language 19*, 311-334.
Tomasello, M., Kruger, A. C., and Ratner, H. H. 1993. Cultural learning. *Behavioral and Brain Sciences 16*, 495-552.
Tomasello, M., Mannle, S., and Kruger, A. C. 1986. Linguistic environment of 1-to 2-year-old twins. *Developmental Psychology 22*, 169-176.
Tomasello, M., Mannle, S., and Werdenschlag, L. 1988. The effect of previously learned words on the child's acquisition of words for similar referents. *Journal of Child Language 15*, 505-515.
Tomasello, M., and Merriman, W., eds. 1995. *Beyond names for things : Young children's acquisition of verbs*. Mahwah, NJ : Erlbaum.
Tomasello, M., Savage-Rumbaugh, E. S., and Kruger, A. C. 1993. Imitative learning of actions on objects by children, chimpanzees, and enculturated chimpanzees. *Child Development 64*, 1688-1705.
Tomasello, M., Striano, T., and Rochat, P. 1999. Do young children use objects as symbols ? *British Journal of Developmental Psychology 17*, 563-584.
Tomasello, M., Strosberg, R., and Akhtar, N. 1996. Eighteen-month-old children learn words in non-ostensive contexts. *Journal of Child Language 22*, 1-20.
Tomasello, M., and Todd, J. 1983. Joint attention and lexical acquisition style. *First Language 4*, 197-212.
Tooby, J., and Cosmides, L. 1989. Evolutionary psychology and the generation of culture, part I. *Ethology and Sociobiology 10*, 29-49.
Trabasso, T., and Stein, N. 1981. Children's knowledge of events : A causal analysis of story structure. *Psychology of Learning and Motivation 15*, 237-282.

—— 1998. One child's early talk about possession. In J. Newman, ed., *The linguistics of giving*. Amsterdam : John Benjamins.

—— 1999a. The cultural ecology of young children's interactions with objects and artifacts. In E. Winograd, R. Fivush, and W. Hirst, eds., *Ecological approaches to cognition : Essays in honor of Ulric Neisser*. Mahwah, NJ : Erlbaum.

—— 1999b. Do young children operate with adult syntactic categories? Manuscript.

—— 2001. Perceiving intentions and learning words in the second year of life. In M. Bowerman and S. Levinson, eds., *Language acquisition and conceptual development*, 132-158. Cambridge : Cambridge University Press.

Tomasello, M., and Akhtar, N. 1995. Two-year-olds use pragmatic cues to differentiate reference to objects and actions. *Cognitive Development 10*, 201-224.

Tomasello, M., Akhtar, N., Dodson, K., and Rekau, L. 1997. Differential productivity in young children's use of nouns and verbs. *Journal of Child Language 24*, 373-387.

Tomasello, M., and Barton, M. 1994. Learning words in non-ostensive contexts. *Developmental Psychology 30*, 639-650.

Tomasello, M., and Brooks, P. 1998. Young children's earliest transitive and intransitive constructions. *Cognitive Linguistics 9*, 379-395.

—— 1999. Early syntactic development. In M. Barrett, ed., *The development of language*. London : Psychology Press.

Tomasello, M., and Call, J. 1994. Social cognition of monkeys and apes. *Yearbook of Physical Anthropology 37*, 273-305.

—— 1997. *Primate cognition*. New York : Oxford University Press.

Tomasello, M., Call, J., and Gluckman, A. 1997. The comprehension of novel communicative signs by apes and human children. *Child Development 68*, 1067-81.

Tomasello, M., Call, J., Nagell, K., Olguin, K., and Carpenter, M. 1994. The learning and use of gestural signals by young chimpanzees : A transgenerational study. *Primates 35*, 137-154.

Tomasello, M., Call, J., Warren, J., Frost, T., Carpenter, M., and Nagell, K. 1997. The ontogeny of chimpanzee gestural signals : A comparison across groups and generations. *Evolution of Communication 1*, 223-253.

Tomasello, M., and Farrar, J. 1986. Joint attention and early language.

参考文献

Thomas, R. K. 1986. Vertebrate intelligence : A review of the laboratory research. In R. J. Hoage and L. Goldman, eds., *Animal intelligence : Insights into the animal mind*, 37-56. Washington : Smithsonian Institution Press.

Tomasello, M. 1987. Learning to use prepositions : A case study. *Journal of Child Language 14*, 79-98.

—— 1988. The role of joint attentional process in early language development. *Language Sciences 10*, 69-88.

—— 1990. Cultural transmission in the tool use and communicatory signaling of chimpanzees? In S. Parker and K. Gibson, eds., *Language and intelligence in monkeys and apes : Comparative developmental perspectives*. Cambridge : Cambridge University Press.

—— 1992a. The social bases of language acquisition. *Social Development 1* (1), 67-87.

—— 1992b. *First verbs : A case study in early grammatical development*. Cambridge : Cambridge University Press.

—— 1993. The interpersonal origins of self concept. In U. Neisser, ed., *The perceived self : Ecological and interpersonal sources of self knowledge*, 174-184. Cambridge : Cambridge University Press.

—— 1994. The question of chimpanzee culture. In R. W. Wrangham, W. C. McGrew, F. B. M. de Waal, and P. G. Heltne, eds., *Chimpanzee cultures*, 301-317. Cambridge, MA : Harvard University Press.

—— 1995a. Joint attention as social cognition. In C. Moore and P. Dunham, eds., *Joint attention : Its origins and role in development*, 103-130. Hillsdale, NJ : Erlbaum.

—— 1995b. Understanding the self as social agent. In P. Rochat, ed., *The self in early infancy : Theory and research*, 449-460. Amsterdam : North Holland-Elsevier.

—— 1995c. Pragmatic contexts for early verb learning. In M. Tomasello and W. Merriman, eds., *Beyond names for things : Young children's acquisition of verbs*. Mahwah, NJ : Erlbaum.

—— 1995d. Language is not an instinct. *Cognitive Development 10*, 131-156.

—— 1996a. Do apes ape? In B. G. Galef Jr. and C. M. Heyes, eds., *Social learning in animals : The roots of culture*, 319-346. New York : Academic Press.

—— 1996b. Chimpanzee social cognition. Commentary for *Monographs of the Society for Research in Child Development 61* (3).

rhetorical style. *Pragmatics 1*, 7-26.
—— 1997. The origins of grammaticalizable notions : Beyond the individual mind. In D. Slobin, ed., *The cross-linguistic study of language acquisition*. Mahwah, NJ : Erlbaum.
Smith, C. B., Adamson, L. B., and Bakeman, R. 1988. Interactional predictors of early language. *First Language 8*, 143-156.
Smith, D., and Washburn, D. 1997. The uncertainty response in humans and animals. *Cognition 62*, 75-97.
Smith, L. 1995. Self-organizing processes in learning to use words : Development is not induction. *Minnesota symposium on child psychology*, vol. 28. Mahwah, NJ : Erlbaum.
Snow, C., and Ninio, A. 1986. The contracts of literacy : What children learn from learning to read books. In W. Teale and E. Sulzby, eds., *Emergent literacy : Writing and reading*. Norwood, NJ : Ablex.
Spelke, E. 1990. Principles of object perception. *Cognitive Science 14*, 29-56.
Spelke, E., Breinliger, K., Macomber, J., and Jacobson, K. 1992. Origins of knowledge. *Psychological Review 99*, 605-632.
Spelke, E., and Newport, E. 1997. Nativism, empiricism, and the development of knowledge. In R. Lerner, ed., *Handbook of child psychology*, vol. 1. New York : Wiley.
Sperber, D., and Wilson, D. 1986. *Relevance : Communication and cognition*. Cambridge, MA : Harvard University Press. (D. スペルベル, D. ウィルソン『関連性理論』内田聖二・宗南先・中逵俊明・田中圭子訳, 研究社出版, 2000.)
Starkey, P., Spelke, E. S., and Gelman, R. 1990. Numerical abstraction by human infants. *Cognition 36*, 97-128.
Stern, D. 1985, *The interpersonal world of the infant*. New York : Basic Books. (D. N. スターン『乳児の対人世界(臨床編)』小此木啓吾・丸田俊彦監訳, 岩崎学術出版社, 1991.)
Striano, T., Tomasello, M., and Rochat, P. 1999. Social and object support for early symbolic play. Manuscript.
Stringer, C., and McKie, R. 1996. *African exodus : The origins of modern humanity*. London : Jonathon Cape. (クリストファー・ストリンガー, ロビン・マッキー『出アフリカ記 人類の起源』河合信和訳, 岩波書店, 2001.)
Talmy, L. 1996. The windowing of attention in language. In M. Shibatani and S. Thompson, eds., *Grammatical constructions : Their form and meaning*. Oxford : Oxford University Press.

参考文献

Russell, P., Hosie, J., Gray, C., Scott, C., Hunter, N., Banks, J., and Macaulay, D. 1998. The development theory of mind in deaf children. *Journal of Child Psychology and Psychiatry 39*, 905-910.

Russon, A., and Galdikas, B. 1993. Imitation in ex-captive orangutans. *Journal of Comparative Psychology 107*, 147-161.

Samuelson, L., and Smith, L. 1998. Memory and attention make smart word learning : An alternative account of Akhtar, Carpenter, and Tomasello. *Child Development 69*, 94-104.

Savage-Rumbaugh, E. S., McDonald, K., Sevcik, R. A., Hopkins, W. D., and Rubert, E. 1986. Spontaneous symbol acquisition and communicative use by pygmy chimpanzees (*Pan paniscus*). *Journal of Experimental Psychology : General 115*, 211-235.

Savage-Rumbaugh, E. S., Rumbaugh, D. M., and Boysen, S. T. 1978. Sarah's problems in comprehension. *Behavioral and Brain Sciences 1*, 555-557.

Saxe, G. 1981. Body parts as numerals : A developmental analysis of numeration among a village population in Papua New Guinea. *Child Development 52*, 306-316.

Scarr, S., and McCarthy, K. 1983. How people make their own environments : A theory of genotype-environment effects. *Child Development 54*, 424-435.

Schieffelin, B., and Ochs, E. 1986. *Language socialization across cultures*. Cambridge : Cambridge University Press.

Schneider, W., and Bjorkland, D. 1997. Memory. In D. Kuhn and R. Siegler, eds., *Handbook of child psychology*, vol. 2. New York : Wiley.

Schultz, T. 1982. Rules of causal attribution. *Monographs of the Society for Research in Child Development 47*.

Scollon, R. 1973. *Conversations with a one year old*. Honolulu : University of Hawaii Press.

Searle, J. 1996. *The social construction of reality*. New York : Pergamon.

Siegler, R. 1995. How does change occur : A microgenetic study of number conservation. *Cognitive Psychology 28*, 225-273.

Sigman, M., and Capps, L. 1997. *Children with autism : A developmental perspective*. Cambridge, MA : Harvard University Press.

Slobin, D. 1985. The language making capacity. In D. Slobin, ed., *The crosslinguistic study of language acquisition*, 1157-1256. Hillsdale, NJ : Erlbaum.

—— 1991. Learning to think for speaking : Native language, cognition, and

Sciences 6, 125-167.
—— 1986. *Gavagai!* Cambridge, MA : MIT Press.（デイビッド・プリマック『ギャバガイ』西脇与作訳, 産業図書, 1989.）
—— 1990. The infant's theory of self-propelled objects. *Cognition 36*, 1-16.
Premack, D., and Woodruff, G. 1978. Does the chimpanzee have a theory of mind ? *Behavioral and Brain Sciences 4*, 515-526.
Quine, W. 1960. *Word and object*. Cambridge, MA : Harvard University Press.（W. V. O. クワイン『ことばと対象』大出晁・宮館恵訳, 勁草書房, 1984.）
Ratner, H., and Hill, L. 1991. Regulation and representation in the development of children's memory. Paper presented to the Society for Research in Child Development, Seattle.
Reaux, J. 1995. Explorations of young chimpanzees' (*Pan troglodytes*) comprehension of cause-effect relationships in tool use. Master's thesis, University of Southwestern Louisiana.
Rochat, P., and Barry, L. 1998. Infants reaching for out-of-reach objects. Paper presented at the International Conference for Infant Studies, Atlanta.
Rochat, P., and Morgan, R. 1995. Spatial determinants of leg movements by 3-t 0-5-month-old infants. *Developmental Psychology 31*, 626-636.
Rochat, P., Morgan, R., and Carpenter, M. 1997. The perception of social causality in infancy. *Cognitive Development 12*, 537-562.
Rochat, P., and Striano, T. 1999. Social cognitive development in the first year. In P. Rochat, ed., *Early social cognition*. Mahwah, NJ : Erlbaum.
Rogoff, B. 1990. *Apprenticeship in thinking*. Oxford : Oxford University Press.
Rogoff, B., Chavajay, P., and Mutusov, E. 1993. Questioning assumptions about culture and individuals. *Behavioral and Brain Sciences 16*, 533-534.
Rollins, P., and Snow, C. 1999. Shared attention and grammatical development in typical children and children with autism. *Journal of Child Language 25*, 653-674.
Rubino, R., and Pine, J. 1998. Subject-verb agreement in Brazilian Portuguese : What low error rates hide. *Journal of Child Language 25*, 35-60.
Russell, J. 1997. *Agency : Its role in mental development*. Cambridge, MA : MIT Press.

参考文献

—— 1997. Domain specificity and everyday thinking in normal, autistic, and deaf children. In H. Wellman and K. Inagaki, eds., *New directions in child development*, no. 75. San Francisco : Jossey-Bass.

Piaget, J. 1928. *The development of logical thinking in childhood*. London : Kegan Paul.

—— 1932, *The moral judgment of the child*. London : Kegan Paul. (『児童道徳判断の発達』大伴茂訳, 同文書院, 1954.)

—— 1952. *The origins of intelligence in children*. New York : Basic Books. (J. ピアジェ『知能の誕生』谷村覚・浜田寿美男訳, ミネルヴァ書房, 1978.)

—— 1954. *The construction of reality in the child*. New York : Basic Books.

—— 1970. Piaget's theory. In P. Mussen, ed., *Manual of child development*, 703-732. New York : Wiley.

Piaget, J., and Garcia, R. 1974. *Understanding causality*. New York : Norton.

Pine, J. M., and Lieven, E. V. M. 1993. Reanalysing rote-learned phrases : Individual differences in the transition to multi-word speech. *Journal of Child Language 20*, 551-571.

Pinker, S. 1989. *Learnability and cognition : The acquisition of verb-argument structure*. Cambridge, MA : Harvard University Press.

—— 1994. *The language instinct : How the mind creates language*. New York : Morrow. (スティーブン・ピンカー『言語を生みだす本能』上・下, 椋田直子訳, NHK出版, 1995.)

—— 1997. *How the mind works*. London : Penguin. (スティーブン・ピンカー『心の仕組み』上・中・下, 椋田直子・山下篤子訳, NHK出版, 2003.)

Pizutto, E., and Caselli, C., 1992. The acquisition of Italian morphology. *Journal of Child Language 19*, 491-557.

Povinelli, D. 1994. Comparative studies of animal mental state attribution : A reply to Heyes. *Animal Behaviour 48*, 239-241.

Povinelli, D., and Cant, J. 1996. Arboreal clambering and the evolutionary origins of self-conception. *Quarterly Review of Biology 70*, 393-421.

Povinelli, D., Nelson, K., and Boysen, S. 1990. Inferences about guessing and knowing by chimpanzees (*Pan troglodytes*). *Journal of Comparative Psychology 104*, 203-210.

Povinelli, D., Perilloux, H., Reaux, J., and Bierschwale, D. 1998. Young chimpanzees' reactions to intentional versus accidental and inadvertent actions. *Behavioural Processes 42*, 205-218.

Premack, D. 1983. The codes of man and beasts. *Behavioral and Brain*

(*Homo sapiens*). *Journal of Comparative Psychology* 107, 174-186.

Neisser, U. 1988. Five kinds of self-knowledge. *Philosophical Psychology 1*, 35-59.

—— 1995. Criteria for an ecological self. In P. Rochat, ed., *The self in infancy: Theory and research*. Amsterdam: Elsevier.

Nelson, K. 1985. *Making sense: The acquisition of shared meaning*. New York: Academic Press.

—— 1986. *Event knowledge: Structure and function in development*. Hillsdale, NJ: Erlbaum.

——, ed. 1989. *Narratives from the crib*. Cambridge, MA: Harvard University Press.

—— 1996. *Language in cognitive development*. New York: Cambridge University Press.

Nelson, K. E. 1986. A rare event cognitive comparison theory of language acquisition. In K. E. Nelson and A. van Kleeck, eds., *Children's language*, vol. 6. Hillsdale, NJ: Erlbaum.

Nishida, T. 1980. The leaf-clipping display: A newly discovered expressive gesture in wild chimpanzees. *Journal of Human Evolution 9*, 117-128.

Nuckolls, C. 1991. Culture and causal thinking. *Ethos 17*, 3-51.

Palincsar, A., and Brown, A. 1984. Reciprocal teaching of comprehension-fostering and monitoring activities. *Cognition and Instruction 1*, 117-175.

Perner, J. 1988. Higher order beliefs and intentions in children's understanding of social interaction. In J. Astington, P. Harris, and D. Olson, eds., *Developing theories of mind*. Cambridge: Cambridge University Press.

Perner, J., and Lopez, A. 1997. Children's understanding of belief and disconfirming visual evidence. *Cognitive Development 12*, 367-380.

Perner, J., Ruffman, T., and Leekham, S. 1994. Theory of mind is contagious: You catch it from your sibs. *Child Development 65*, 1228-38.

Perret-Clermont, A.-N., and Brossard, A. 1985. On the interdigitation of social and cognitive processes. In R. A. Hinde, A.-N. Perret-Clermont, and J. Stevenson-Hinde, eds., *Social relationships and cognitive development*. Oxford: Clarendon Press.

Peters, A. 1983. *The units of language acquisition*. Cambridge: Cambridge University Press.

Peterson, C., and Siegal, M. 1995. Deafness, conversation, and theory of mind. *Journal of Child Psychology and Psychiatry 36*, 459-474.

from autism, 335-366. New York : Oxford University Press.

Meltzoff, A., and Moore, K. 1977. Imitation of facial and manual gestures by newborn infants. *Science 198*, 75-78.

—— 1989. Imitation in newborn infants : Exploring the range of gestures imitated and the underlying mechanisms. *Developmental Psychology 25*, 954-962.

—— 1994. Imitation, memory, and the representation of persons. *Infant Behavior and Development 17*, 83-99.

Mervis, C. 1987. Child basic categories and early lexical development. In U. Neisser, ed., *Concepts and conceptual development*. Cambridge : Cambridge University Press.

Moore, C. 1996. Theories of mind in infancy. *British Journal of Developmental Psychology 14*, 19-40.

Moore, C., and Dunham, P., eds. 1995. *Joint attention : Its origins and role in development*, Hillsdale, NJ : Erlbaum. (『ジョイント・アテンション』大神英裕監訳, ナカニシヤ出版, 1999.)

Mugny, G., and Doise, W. 1978. Sociocognitive conflict and the structure of individual and collective performances. *European Journal of Social Psychology 8*, 181-192.

Muir, D., and Hains, S. 1999. Young infants' perception of adult intentionality : Adult contingency and eye direction. In P. Rochat, ed., *Early social cognition*. Mahwah, NJ : Erlbaum.

Mundinger, P. 1980. Animal cultures and a general theory of cultural evolution. *Ethology and Sociobiology 1*, 183-223.

Mundy, P., Sigman, M., and Kasari, C. 1990. A longitudinal study of joint attention and language development in autistic children. *Journal of Autism and Developmental Disorders 20*, 115-128.

Murray, L., and Trevarthen, C. 1985. Emotional regulation of interactions between two-month-olds and their mothers. In T. M. Field and N. A. Fox, eds., *Social perception in infants*, 177-197. Norwood, NJ : Ablex.

Myowa, M. 1996. Imitation of facial gestures by an infant chimpanzee. *Primates 37*, 207-213.

Nadel, J., and Tremblay-Leveau, H. 1999. Early perception of social contingencies and interpersonal intentionality : dyadic and triadic paradigms. In P. Rochat, ed., *Early social cognition*. Mahwah, NJ : Erlbaum.

Nagell, K., Olguin, K., and Tomasello, M. 1993. Processes of social learning in the tool use of chimpanzees (*Pan troglodytes*) and human children ry perspective taking in lower functioning children with autism and Down syndrome. Paper submitted to Society for Research in Child Development, Seattle.

Lucy, J. 1992. *Grammatical categories and cognition*. New York : Cambridge University Press.

Luria, A. 1961. *The role of speech in the regulation of normal and abnormal behavior*. New York : Boni and Liveright.

Mandler, J. 1992. How to build a baby, Ⅱ : Conceptual primitives. *Psychological Review 99*, 587-604.

Marchman, V., and Bates, E. 1994. Continuity in lexical and morphological development : A test of the critical mass hypothesis. *Journal of Child Language 21*, 339-366.

Markman, E. 1989. *Categorization and naming in children*. Cambridge, MA : MIT Press.

—— 1992. Constraints on word learning : Speculations about their nature, origins, and word specificity. In M. Gunnar and M. Maratsos, eds., *Modularity and constraints in language and cognition*. Hillsdale, NJ : Erlbaum.

Mayberry, R. 1995. The cognitive development of deaf children : Recent insights. In S. Segalowitz and I. Rapin, eds., *Handbook of neuropsychology*, vol. 7, 51-68. Amsterdam : Elsevier.

McCrae, K., Ferretti, T., and Amyote, L. 1997. Thematic roles as verbspecific concepts. *Language and Cognitive Processes 12*, 137-176.

McGrew, W. 1992. *Chimpanzee material culture*. Cambridge : Cambridge University Press. (ウィリアム・C・マックグルー『文化の起源をさぐる』足立薫・鈴木滋訳, 中山書店, 1996.)

—— 1998. Culture in nonhuman primates ? *Annual Review of Anthropology 27*, 301-328.

Meltzoff, A. 1988. Infant imitation after a one-week delay : Long-term memory for novel acts and multiple stimuli. *Developmental Psychology 24*, 470-476.

—— 1995, Understanding the intentions of others : Re-enactment of intended acts by 18-month-old children. *Developmental Psychology 31*, 838-850.

Meltzoff, A., and Gopnik, A. 1993. The role of imitation in understanding persons and developing a theory of mind. In S. Baron-Cohen, H. Tager-Flusberg, and D. J. Cohen, eds., *Understanding other minds : Perspectives*

参考文献

about the mind. Chicago : University of Chicago Press.（ジョージ・レイコフ『認知意味論』池上嘉彦・河上誓作他訳, 紀伊国屋書店, 1993.）

Lakoff, G., and Johnson, M. 1980. *Metaphors we live by*. Chicago : University of Chicago Press.（ジョージ・レイコフ『レトリックと人生』渡部昇一・楠瀬淳三・下谷和幸訳, 大修館書店, 1986.）

Langacker, R. 1987a. *Foundations of cognitive grammar*, vol. 1. Stanford : Stanford University Press.

—— 1987b. Nouns and verbs. *Language 63*, 53-94.

—— 1991. *Foundations of cognitive grammar*, vol. 2. Stanford : Stanford University Press.

Lave, J. 1988. *Cognition in practice*. Cambridge : Cambridge University Press.（ジーン・レイヴ『日常生活の認知行動』無藤隆・山下清美・中野茂・中村美代子訳, 新曜社, 1995.）

Legerstee, M. 1991. The role of person and object in eliciting early imitation. *Journal of Experimental Child Psychology 51*, 423-433.

Leonard, L. 1998. *Children with specific language impairment*. Cambridge, MA : MIT press.

Leslie, A. 1984. Infant perception of a manual pick up event. *British Journal of Developmental Psychology 2*, 19-32.

Levinson, S. 1983. *Pragmatics*. Cambridge : Cambridge University Press.（S. C. レヴィンソン『英語語用論』安井稔・奥田夏子訳, 研究社出版, 1990.）

Lewis, M., and Brooks-Gunn, J. 1979. *Social cognition and the acquisition of self*. New York : Plenum.

Lewis, M., Sullivan, M., Stanger, C., and Weiss, M. 1989. Self-development and self-conscious emotions. *Child Development 60*, 146-156.

Lieven, E., Pine, J., and Baldwin, G. 1997. Lexically-based learning and early grammatical development. *Journal of Child Language 24*, 187-220.

Lillard, A. 1997. Other folks' theories of mind and behavior. *Psychological Science 8*, 268-274.

Lock, A. 1978. The emergence of language. In A. Lock, ed., *Action, gesture, and symbol : The emergence of language*. New York : Academic Press.

Loveland, K. 1993. Autism, affordances, and the self. In U. Neisser, ed., *The perceived self*, 237-253. Cambridge : Cambridge University Press.

Loveland, K., and Landry, S. 1986. Joint attention in autism and developmental language delay. *Journal of Autism and Developmental Disorders 16*, 335-349.

Loveland, K., Tunali, B., Jaedicke, N., and Brelsford, A. 1991. Rudimenta-

参考文献

Johnson, M. 1987. *The body in the mind*. Chicago : University of Chicago Press.（マーク・ジョンソン『心のなかの身体』菅野盾樹・中村雅之訳，紀伊国屋書店，1991.（復刊版 2001.））

Karmiloff-Smith, A. 1992. *Beyond modularity : A developmental perspective on cognitive science*. Cambridge, MA : MIT Press.（A. カミロフースミス『人間発達の認知科学』小島康次・小林好和訳，ミネルヴァ書房，1997.）

Kawai, M. 1965. Newly-acquired pre-cultural behavior of the natural troop of Japanese monkeys on Koshima Islet. *Primates 6*, 1-30.

Kawamura, S. 1959. The process of sub-culture propagation among Japanese macaques. *Primates 2*, 43-60.

Kelemen, D. 1998. Beliefs about purpose : On the origins of teleological thought. In M. Corballis and S. Lea, eds., *The evolution of the hominid mind*. Oxford : Oxford University Press.

Keller, H., Scholmerich, A., and Eibl-Eibesfeldt, I. 1988. Communication patterns in adult-infant interactions in western and non-western cultures. *Journal of Cross-Cultural Psychology 19*, 427-445.

Killen, M., and Uzgiris, I. C. 1981. Imitation of actions with objects : The role of social meaning. *Journal of Genetic Psychology 138*, 219-229.

King, B. J. 1991. Social information transfer in monkeys, apes, and hominids. *Yearbook of Physical Anthropology 34*, 97-115.

King, M., and Wilson, A. 1975. Evolution at two levels in humans and chimpanzees. *Science 188*, 107-116.

Klein, R. 1989. *The human career : Human biological and cultural origins*. Chicago : University of Chicago Press.

Kontos, S. 1983. Adult-child interaction and the origins of metacognition. *Journal of Educational Research 77*, 43-54.

Kruger, A. 1992. The effect of peer and adult-child transactive discussions on moral reasoning. *Merrill-Palmer Quarterly 38*, 191-211.

Kruger, A., and Tomasello, M. 1986. Transactive discussions with peers and adults. *Developmental Psychology 22*, 681-685.

—— 1996. Cultural learning and learning culture. In D. Olson, ed., *Handbook of education and human development : New models of teaching, learning, and schooling*, 169-187. Oxford : Blackwell.

Kummer, H., and Goodall, J. 1985. Conditions of innovative behaviour in primates. *Philosophical Transactions of the Royal Society of London B 308*, 203-214.

Lakoff, G. 1987. *Women, fire, and dangerous things : What categories reveal*

参考文献

Hayes, K., and Hayes, C. 1952. Imitation in a home-raised chimpanzee. *Journal of Comparative and Physiological Psychology 45*, 450-459.

Heyes, C. M. 1993. Anecdotes, training, trapping and triangulating : Do animals attribute mental states? *Animal Behaviour 46*, 177-188.

Heyes, C. M., and Galef, B. G. Jr., eds. 1996. *Social learning in animals : The roots of culture*. New York : Academic Press.

Hirschfield, L., and Gelman, S., eds. 1994. *Mapping the mind : Domain specificity in cognition and culture*. Cambridge : Cambridge University Press.

Hobson, P. 1993. *Autism and the development of mind*. Hillsdale, NJ : Erlbaum. (R. ピーター・ホブソン『自閉症と心の発達』木下孝司監訳, 学苑社, 2000.)

Hockett, C. 1960. Logical considerations in the study of animal communication. In W. Lanyon and W. Tavolga, eds., *Animal sounds and communication*. Washington : American Institute of Biological Sciences, no. 7.

Hood, L., Fiess, K., and Aron, J. 1982. Growing up explained : Vygotskians look at the language of causality, In C. Brainerd and M. Pressley, eds., *Verbal processes in children*. Berlin : Springer-Verlag.

Hopper, P., and Thompson, S. 1980. Transitivity in grammar and discourse. *Language 56*, 251-291.

—— 1984. The discourse basis for lexical categories in universal grammar. *Language 60*, 703-752.

Hopper, P., and Traugott, E. 1993. *Grammaticalization*. Cambridge : Cambridge University Press. (P. J. ホッパー, E. C. トラウゴット『文法化』日野資成訳, 九州大学出版会, 2003.)

Humphrey, N. 1976. The social function of intellect. In P. Bateson and R. A. Hinde, eds., *Growing points in ethology*, 303-321. Cambridge : Cambridge University Press.

Humphrey, N. 1983. *Consciousness regained*. Oxford : Oxford University Press.

Hutchins, E. 1995. *Cognition in the wild*. Cambridge, MA : MIT press.

James, W. 1890. *The principles of psychology*. New York : Holt.

Jarrold, C., Boucher, J., and Smith, P. 1993. Symbolic play in autism : A review. *Journal of Autism and Developmental Disorders 23*, 281-308.

Jenkins, J., and Astington, J. 1996. Cognitive factors and family structure associated with theory of mind development in children. *Developmental Psychology 32*, 70-78.

preschool children, *Child Development 52*, 280-289.
Gopnik, A. 1993. How we know our minds : The illusion of first-person knowledge about intentionality. *Behavioral and Brain Sciences 16*, 1-14.
Gopnik, A., and Choi, S. 1995. Names, relational words, and cognitive development in English and Korean speakers : Nouns are not always learned before verbs. In M. Tomasello and W. E. Merriman, eds., *Beyond names for things : Young children's acquisition of verbs*, 63-80. Hillsdale, NJ : Erlbaum.
Gopnik, A., and Meltzoff, A. 1997. *Words, thoughts, and theories*. Cambridge, MA : MIT Press.
Goudena, P. P. 1987. The social nature of private speech of preschoolers during problem solving. *International Journal of Behavioral Development 10*, 187-206.
Gould, S. J. 1982. Changes in developmental timing as a mechanism of macroevolution. In J. Bonner, ed., *Evolution and development*. Berlin : Springer-Verlag.
Greenfield, P. 2000. Culture and universals : Integrating social and cognitive development. In L. Nucci, G. Saxe, and E. Turiel, eds., *Culture, thought, and development*, 231-278. Mahwah, NJ : Erlbaum.
Greenfield, P., and Lave, J. 1982. Cognitive aspects of informal education, In D. Wagner and H. Stevenson, eds., *Cultural perspectives on child development*. San Francisco : Freeman.
Grice, P. 1975. Logic and conversation. In P. Cole and J. Morgan, eds., *Speech acts, syntax, and semantics*. New York : Academic Press.
Haith, M., and Benson, J. 1997. Infant cognition. In D. Kuhn and R. Siegler, eds., *Handbook of child psychology*, vol. 2. New York : Wiley.
Happe, F. 1995. *Autism : An introduction to psychological theory*. Cambridge, MA : Harvard University Press. (フランシス・ハッペ『自閉症の心の世界』石坂好樹・田中浩一郎・神尾陽子・幸田有史訳, 星和書店, 1997.)
Harris, P. 1991. The work of the imagination. In A. Whiten, ed., *Natural theories of mind*, 283-304. Oxford : Blackwell.
―― 1996. Desires, beliefs, and language. In P. Carruthers and P. Smith, eds., *Theories of theories of mind*, 200-222. Cambridge : Cambridge University Press.
Harter, S. 1983. Developmental perspectives on the self system. In P. Mussen, ed., *Carmichael's manual of child psychology*, vol. 4, 285-386. New York : Wiley.

参考文献

S. Halford, eds., *Developing cognitive competence: New approaches to process modeling*, 263-313. Hillsdale, NJ: Erlbaum.

Gergely, G., Nadasdy, Z., Csibra, G., and Biro, S. 1995. Taking the intentional stance at 12 months of age. *Cognition 56*, 165-193.

Gibbs, R. 1995. *The poetics of mind: Figurative thought, language, and understanding*. Cambridge: Cambridge University Press.

Gibson, E., and Rader, N. 1979. Attention: The perceiver as performer. In G. Hale and M. Lewis, eds., *Attention and cognitive development*, 6-36. New York: Plenum.

Gibson, J. J. 1979. *The ecological approach to visual perception*. Boston: Houghton Mifflin. (J. J. ギブソン『生態学的視覚論』古崎敬訳, サイエンス社, 1986.)

Givón, T. 1979. *On understanding grammar*. New York: Academic Press.

—— 1995. *Functionalism and grammar*. Amsterdam: John Benjamins.

Gleitman, L. 1990. The structural sources of verb meaning. *Language Acquisition 1*, 3-55.

Goldberg, A. 1995. *Constructions: A construction grammar approach to argument structure*. Chicago: University of Chicago Press. (A. E. ゴールドバーグ『構文文法論』河上誓作・谷口一実・早瀬尚子・堀田優子訳, 研究社出版, 2001.)

Goldin-Meadow, S. 1997. The resilience of language in humans. In C. Snowdon and M. Hausberger, eds., *Social influences on vocal development*, 293-311. New York: Cambridge University Press.

Golinkoff, R. 1993. When is communication a meeting of the minds? *Journal of Child Language 20*, 199-208.

Gómez, J. C., Sarria, E., and Tamarit, J. 1993. The comparative study of early communication and theories of mind: Ontogeny, phylogeny, and pathology. In S. Baron-Cohen, H. Tager-Flusberg, and D. J. Cohen, eds., *Understanding other minds: Perspectives from autism*, 397-426. New York: Oxford University Press.

Goodall, J. 1986. *The chimpanzees of Gombe: Patterns of behavior*. Cambridge, MA: Harvard University Press. (ジェーン・グドール『野生チンパンジーの世界』杉山幸丸・松沢哲郎監訳, ミネルヴァ書房, 1990.)

Goodman, J., McDonough, L., and Brown, N. 1998. The role of semantic context and memory in the acquisition of novel nouns. *Child Development 69*, 1330-44.

Goodman, S. 1984. The integration of verbal and motor behavior in struction. *Berkeley Linguistic Society 11*, 73-86.

―― 1988. Toward a frame-based lexicon. In A. Lehrer and E. Kittay, eds., *Frames, fields, and contrast*. Hillsdale, NJ : Erlbaum.

Fillmore, C. J., Kay, P., and O'Conner, M. C. 1988. Regularity and idiomaticity in grammatical constructions : The case of *let alone*. *Language 64*, 501-538.

Fisher, C. 1996. Structural limits on verb mapping : The role of analogy in children's interpretations of sentences. *Cognitive Psychology 31*, 41-81.

Fisher, C., Gleitman, H., and Gleitman, L. R. 1991. On the semantic content of subcategorization frames. *Cognitive Psychology 23*, 331-392.

Fodor, J. 1983. *The modularity of mind*. Cambridge, MA : MIT Press. (ジェリー・A・フォーダー『精神のモジュール形式』伊藤笏康・信原幸弘訳，産業図書，1985.)

Foley, M., and Ratner, H. 1997. Children's recoding in memory for collaboration : A way of learning from others. *Cognitive Development 13*, 91-108.

Foley, R., and Lahr, M. 1997. Mode 3 technologies and the evolution of modern humans. *Cambridge Archeological Journal 7*, 3-36.

Franco, F., and Butterworth, G. 1996. Pointing and social awareness : declaring and requesting in the second year. *Journal of Child Language 23*, 307-336.

Frye, D. 1991. The origins of intention in infancy. In D. Frye and C. Moore, eds., *Children's theories of mind*, 101-132. Hillsdale, NJ : Erlbaum.

Galef, B. 1992. The question of animal culture. *Human Nature 3*, 157-178.

Gauvain, M. 1995. Thinking in niches : Sociocultural influences on cognitive development. *Human Development 38*, 25-45.

Gauvain, M., and Rogoff, B. 1989. Collaborative problem solving and children's planning skills. *Developmental Psychology 25*, 139-151.

Gelman, R., and Baillargeon, R. 1983. A review of some Piagetian concepts. In P. Mussen, ed., *Carmichael's manual of child psychology*, 167-230. New York : Wiley.

Gentner, D., and Markman, A. 1997. Structure mapping in analogy and similarity. *American Psychologist 52*, 45-56.

Gentner, D., and Medina, J. 1997. Comparison and the development of cognition and language. *Cognitive Studies 4*, 112-149.

Gentner, D., Rattermann, M. J., Markman, A., and Kotovsky, L. 1995. Two forces in the development of relational similarity. In T. J. Simon and G.

tional issues, current evidence and a new research agenda. *Behavioral and Brain Sciences 11*, 561-615.

Decasper, A. J., and Fifer, W. P. 1980. Of human bonding : Newborns prefer their mothers' voices. *Science 208*, 1174-76.

DeLoache, J. S. 1995. Early understanding and use of symbols : The model model. *Current Directions in Psychological Science 4*, 109-113.

de Waal, F. B. M. 1986. Deception in the natural communication of chimpanzees. In R. W. Mitchell and N. S. Thompson, eds., *Deception : Perspectives on human and nonhuman deceit*, 221-244. Albany : SUNY Press.

Doise, W., and Mugny, G. 1979. Individual and collective conflicts of centrations in cognitive development. *European Journal of Psychology 9*, 105-108.

Donald, M. 1991. *Origins of the modern mind*. Cambridge, MA : Harvard University Press.

Dryer, M. 1997. Are grammatical relations universal? In J. Bybee, J. Haiman, and S. Thompson, eds., *Essays on language function and language type*. Amsterdam : John Benjamins.

Dunham, P., Dunham, F., and Curwin, A. 1993. Joint attentional states and lexical acquisition at 18 months. *Developmental Psychology 29*, 827-831.

Dunn, J. 1988. *The beginnings of social understanding*. Oxford : Blackwell.

Dunn, J., Brown, J., and Beardsall, L. 1991. Family talk about feeling states and children's later understanding about others' emotions. *Developmental Psychology 27*, 448-455.

Durham, W. 1991. *Coevolution : Genes, culture, and human diversity*. Stanford : Stanford University Press.

Elman, J., Bates, E., Karmiloff-Smith, A., Parisi, D., Johnson, M., and Plunkett, K. 1997. *Rethinking innateness*. Cambridge, MA : MIT Press. (『認知発達と生得性』乾敏郎・山下博志・今井むつみ訳, 共立出版, 1998.)

Evans-Pritchard, E. 1937. *Witchcraft, oracles, and magic among the Azande*. Oxford : Clarendon Press. (E. E. エヴァンズ＝プリチャード『アザンデ人の世界』向井元子訳, みすず書房, 2001.)

Eves, H. 1961. *An introduction to the history of mathematics*. New York : Holt, Rinehart and Winston.

Fantz, R. L. 1963. Pattern vision in newborn infants. *Science 140*, 296-297.

Fernyhough, C. 1996. The dialogic mind : A dialogic approach to the higher mental functions. *New Ideas in Psychology 14*, 47-62.

Fillmore, C. 1985. Syntactic intrusions and the notion of grammatical con-

Sciences 3, 1-61.

Clark, E. 1987. The principle of contrast : A constraint on language acquisition. In B. MacWhinney, ed., *Mechanisms of language acquisition*, 1-33. Hillsdale, NJ : Erlbaum.

―― 1988. On the logic of contrast. *Journal of Child Language 15*, 317-336.

―― 1997. Conceptual perspective and lexical choice in acquisition. *Cognition 64*, 1-37.

Clark, H. 1996. *Uses of language*. Cambridge : Cambridge University Press.

Cole, M., 1996. *Cultural psychology : A once and future discipline*. Cambridge, MA : Harvard University Press. (マイケル・コール『文化心理学』天野清訳, 新曜社, 2002.)

Cole, M., and Cole, S. 1996. *The development of children*. San Francisco : Freeman.

Comrie, B., ed. 1990. *The world's major languages*. Oxford : Oxford University Press.

Croft, W. 1998. Syntax in perspective : Typology and cognition. Presentation at DGFS, Mainz, Germany.

Csibra, G., Gergeley, G., Biro, S., Koos, O. and Brockbank, M. 1999. Goal attribution without agency cues : The perception of 'pure reason' in infancy. *Cognition 72*, 237-267.

Custance, D., Whiten, A., and Bard, K. 1995. Can young chimpanzees imitate arbitrary actions ? *Behaviour 132*, 839-858.

Damerow, P. 1998. Prehistory and cognitive development. In J. Langer and M. Killen, eds., *Piaget, evolution, and development*. Mahwah, NJ : Erlbaum.

Damon, W. 1983. *Social and personality development*. New York : Norton. (W. デーモン『社会性と人格の発達心理学』山本多喜司編訳, 浅川潔司ほか訳, 北大路書房, 1990.)

Danzig, T. 1954. *Number : The language of science*. New York : Free Press. (トビヤス・ダンツィク『科學の言葉』河野伊三郎訳, 岩波書店, 1945.)

Dasser, V. 1988a. A social concept in Java monkeys. *Animal Behaviour 36*, 225-230.

―― 1988b. Mapping social concepts in monkeys. In R. W. Byrne and A. Whiten, eds., *Machiavellian intelligence : Social expertise and the evolution of intellect in monkeys, apes, and humans*, 85-93. New York : Oxford University Press.

Davis, H., and Perusse, R. 1988. Numerical competence in animals : Defini-

参考文献

ワイトゥン編『ヒトはなぜ賢くなったか』藤田和生・山下博志・友永雅己監訳,ナカニシヤ出版, 2004.)

Call, J., and Tomasello, M. 1996. The role of humans in the cognitive development of apes. In A. Russon, ed., *Reaching into thought : The minds of the great apes.* Cambridge : Cambridge University Press.

—— 1998. Distinguishing intentional from accidental actions in orangutans, chimpanzees, and human children. *Journal of Comparative Psychology 112*, 192-206.

—— 1999. A nonverbal false belief task : The performance of chimpanzees and human children. *Child Development 70*, 381-395.

Callanan, M., and Oakes, L. 1992. Preschoolers' questions and parents' explanations : Causal thinking in everyday activity. *Cognitive Development 7*, 213-233.

Carey, S. 1978. The child as word learner. In M. Halle, J. Bresnan, and G. Miller, eds., *Linguistic theory and psychological reality.* Cambridge, MA : MIT Press.

Carey, S., and Spelke, E. 1994. Domain-specific knowledge and conceptual change. In L. Hirschfeld and S. Gelman, eds., *Mapping the mind : Domain specificity in cognition and culture.* New York : Cambridge University Press.

Carpenter, M., Akhtar, N., and Tomasello, M. 1998. Fourteen-through 18-month-old infants differentially imitate intentional and accidental actions. *Infant Behavior and Development 21*(2), 315-330.

Carpenter, M., Nagell, K., and Tomasello, M. 1998. Social cognition, joint attention, and communicative competence from 9 to 15 months of age. *Monographs of the Society for Research in Child Development 63*.

Carpenter, M., and Tomasello, M. 2000. Joint attention, cultural learning, and language acquisition : Implications for children with autism. In A. Wetherby and B. Prizant, eds., *Communication and language issues in autism*, 31-54. New York : Brooks.

Carpenter, M., Tomasello, M., and Savage-Rumbaugh, E. S. 1995. Joint attention and imitative learning in children, chimpanzees and enculturated chimpanzees. *Social Development 4*, 217-237.

Charman, T., and Shmueli-Goetz, Y. 1998. The relationship between theory of mind, language, and narrative discourse : An experimental study. *Cahiers de Psychologie Cognitive 17*, 245-271.

Chomsky, N. 1980. Rules and representations. *Behavioral and Brain*

参考文献

Brooks, P., and Tomasello, M. 1999. Young children learn to produce passives with nonce verbs. *Developmental Psychology 35*, 29-44.

Brown, A., and Kane, M. 1988. Preschool children can learn to transfer: Learning to learn and learning from example. *Cognitive Psychology 20*, 493-523.

Brown, P. 2001. Learning to talk about motion UP and DOWN in Tzeltal: Is there a language-specific bias for verb learning? In M. Bowerman and S. Levinson, eds., *Language acquisition and conceptual development*, 512-543. Cambridge: Cambridge University Press.

Brown, R. 1973. *A first language: The early stages*. Cambridge, MA: Harvard University Press.

Bruner, J. 1972. The nature and uses of immaturity. *American Psychologist 27*, 687-708.

—— 1975. From communication to language. *Cognition 3*, 255-287.

—— 1983. *Child's talk*. New York: Norton. (J. S. ブルーナー『乳幼児の話しことば』寺田晃・本郷一夫訳, 新曜社, 1988.)

—— 1986. *Actual minds, possible worlds*. Cambridge, MA: Harvard University Press. (ジェローム・ブルーナー『可能世界の心理』田中一彦訳, みすず書房, 1998.)

—— 1990. *Acts of meaning*. Cambridge, MA: Harvard University Press. (J・ブルーナー『意味の復権』岡本夏木・仲渡一美・吉村啓子訳, ミネルヴァ書房, 1999.)

—— 1993. Commentary on Tomasello et al., "Cultural Learning." *Behavioral and Brain Sciences 16*, 515-516.

—— 1996. *The culture of education*. Cambridge, MA: Harvard University Press. (J. S. ブルーナー『教育という文化』岡本夏木・池上貴美子・岡村佳子訳, 岩波書店, 2004.)

Bullock, D. 1987. Socializing the theory of intellectual development. In M. Chapman and R. Dixon, eds., *Meaning and the growth of understanding*. Berlin: Springer-Verlag.

Buss, D. 1994. *The evolution of desire*. New York: Basic Books. (デヴィッド・M・バス『女と男のだましあい』狩野秀之訳, 草思社, 2000.)

Byrne, R. W. 1995, *The thinking ape*. Oxford: Oxford University Press. (リチャード・バーン『考えるサル』小山高正・伊藤紀子訳, 大月書店, 1998.)

Byrne, R. W., and Whiten, A. 1988. *Machiavellian intelligence: Social expertise and the evolution of intellect in monkeys, apes, and humans*. New York: Oxford University Press. (リチャード・バーン, アンドリュー・ホ

xvii

language comprehension in children. London : Psychology Press.
Bloom, L., and Capatides, J. 1987. Sources of meaning in the acquisition of complex syntax : The sample case of causality. *Journal of Experimental Child Psychology 43*, 112-128.
Bloom, L., Tinker, E., and Margulis, C. 1993. The words children learn : Evidence for a verb bias in early vocabularies. *Cognitive Development 8*, 431-450.
Boesch, C. 1991. Teaching among wild chimpanzees. *Animal Behavior 41*, 530-532.
—— 1993. Towards a new image of culture in wild chimpanzees ? *Behavioral and Brain Sciences 16*, 514-515.
—— 1996. The emergence of cultures among wild chimpanzees. In W. Runciman, J. Maynard-Smith, and R. Dunbar, eds., *Evolution of social behaviour patterns in primates and man*, 251-268. Oxford : Oxford University Press.
Boesch, C., and Boesch-Achermann, H. 2000. *The chimpanzees of the Taï Forest : Behavioural Ecology and Evolution*. Oxford University Press.
Boesch, C., Marchesi, P., Marchesi, N., Fruth, B., and Joulian, F. 1994. Is nut crackng in wild chimpanzees a cultural behavior ? *Journal of Human Evolution 26*, 325-338.
Boesch, C., and Tomasello, M. 1998. Chimpanzee and human culture. *Current Anthropology 39*, 591-614.
Bolinger, D. 1977. *Meaning and form*. New York : Longmans. (D. ボリンジャー『意味と形』中右実訳, こびあん書房, 1994.)
Bourdieu, P. 1977. *Outline of a theory of practice*. Cambridge : Cambridge University Press.
Bowerman, M. 1982. Reorganizational processes in lexical and syntactic development. In L. Gleitman and E. Wanner, eds., *Language acquisition : The state of the art*. Cambridge : Cambridge University Press.
Boyd, R., and Richerson, P. 1985. *Culture and the evolutionary process*. Chicago : University of Chicago Press.
—— 1996. Why culture is common but cultural evolution is rare. *Proceedings of the British Academy 88*, 77-93.
Braine, M. 1963. The ontogeny of English phrase structure. *Language 39*, 1-14.
—— 1976. Children's first word combinations. *Monographs of the Society for Research in Child Development 41(1)*.

67, 1915-39.

Baron-Cohen, S. 1988. Social and pragmatic deficits in autism : Cognitive or affective ? *Journal of Autism and Developmental Disorders 18*, 379-401.

—— 1993. From attention-goal psychology to belief-desire psychology : The development of a theory of mind and its dysfunction. In S. Baron-Cohen, H. Tager-Flusberg, and D. J. Cohen, eds., *Understanding other minds : Perspectives from autism*. New York : Oxford University Press. (サイモン・バロン＝コーエン『心の理論』上・下，田原俊司訳，八千代出版，1997，所収.)

—— 1995. *Mindblindness : An essay on autism and theory of mind*. Cambridge, MA : MIT Press. (サイモン・バロン＝コーエン『自閉症とマインド・ブラインドネス』長野敬・長畑正道・今野義孝訳，青土社，1997. (新装版 2002.))

Barresi, J., and Moore, C. 1996. Intentional relations and social understanding. *Behavioral and Brain Sciences 19*, 107-154.

Barsalou, L. 1992. *Cognitive psychology : An overview for cognitive scientists*. Hillsdale, NJ : Erlbaum.

Bartsch, K., and Wellman, H. 1995. *Children talk about the mind*. New York : Oxford University Press.

Basalla, G. 1988. *The evolution of technology*. Cambridge : Cambridge University Press.

Bates, E. 1979. *The emergence of symbols : Cognition and communication in infancy*. New York : Academic Press.

—— In press. Modularity, domain specificity, and the development of language. *Journal of Cognitive Neuroscience*.

Bauer, P., and Fivush, R. 1992. Constructing event representations : Building on a foundation of variation and enabling relations. *Cognitive Development 7*, 381-401.

Bauer, P., Hestergaard, L., and Dow, G. 1994. After 8 months have passed : Long term recall of events by 1-to 2-year-old chldren. *Memory 2*, 353-382.

Berman, R., and Armon-Lotem, S. 1995. How grammatical are early verbs ? Paper presented at the Colloque International de Besancon sur l'Acquisition de la Syntaxe, Besancon, France.

Berman, R., and Slobin, D. 1995. *Relating events in narrative*. Mahwah, NJ : Erlbaum.

Bishop, D. 1997. *Uncommon understanding : Development and disorders of*

参考文献

Acredolo, L. P., and Goodwyn, S. W. 1988. Symbolic gesturing in normal infants. *Child Development 59*, 450-466.

Akhtar, N., Carpenter, M., and Tomasello, M. 1996. The role of discourse novelty in children's early word learning. *Child Development 67*, 635-645.

Akhtar, N., Dunham, F., and Dunham, P. 1991. Directive interactions and early vocabulary development : the role of joint attentional focus. *Journal of Child Language 18*, 41-50.

Akhtar, N., and Tomasello, M. 1996. Twenty-four month old children learn words for absent objects and actions. *British Journal of Developmental Psychology 14*, 79-93.

—— 1997. Young children's productivity with word order and verb morphology. *Developmental Psychology 33*, 952-965.

Anselmi, D., Tomasello, M., and Acunzo, M. 1986. Young children's responses to neutral and specific contingent queries. *Journal of Child Language 13*, 135-144.

Appleton, M., and Reddy, V. 1996. Teaching three-year-olds to pass false belief tests : A conversational approach. *Social Development 5*, 275-291.

Ashley, J., and Tomasello, M. 1998. Cooperative problem solving and teaching in preschoolers. *Social Development 17*, 143-163.

Baillargeon, R. 1995. Physical reasoning in infancy. In M. Gazzaniga, ed., *The cognitive neurosciences*, 181-204. Cambridge, MA : MIT Press.

Bakhtin, M. 1981. *The dialogic imagination*. Austin : University of Texas Press.

Baldwin, D. 1991. Infants' contributions to the achievement of joint reference. *Child Development 62*, 875-890.

—— 1993. Infants' ability to consult the speaker for clues to word reference. *Journal of Child Language 20*, 395-418.

Baldwin, D., and Moses, L. 1994. The mindreading engine : Evaluating the evidence for modularity. *Current Psychology of Cognition 13*, 553-560.

—— 1996. The ontogeny of social information gathering. *Child Development*

理論説　94
歴史　12-4, 17, 49-50, 58, 127-8, 167, 211, 273-4, 277-8, 288
　——的な時間　6-9, 12-4, 51, 59-60, 68-9, 129, 168, 180, 208, 212, 290
連辞的関係　163
ローマ数字　57

事項索引

話すための思考　201, 219
ハビトゥス　64, 106-8, 124
場面　134-6, 147, 170, 175, 194, 204-5, 207-8
　経験――　182-5, 203-4
　指示――　136
ヒト科　1-3
ヒトの文化にさらされた類人猿　42-5, 102
表示　129, 165, 167-8, 170, 173
　――形態　132
　――上の再記述　12, 218, 259-64, 287
　記号的――　127-77, 186
　言語的――　166, 171, 286
　知覚的――　168
　出来事の――　212
　認知的――　10-2, 18, 20, 22, 128-9, 144, 159, 165-6, 168, 170, 174-5, 177, 218, 231, 233, 258, 271, 275, 285-6
物体
　――についての理解　22-3, 72-5, 143-4, 148, 166, 169, 171-4
　無生の（自力で動かない）――　92-3, 96, 100, 102
物理的知識　234, 244-52
ふり遊び（ごっこ遊び）　103, 114, 118, 125, 172, 176-7, 213
文化　167, 173-4, 180
　――学習　6-8, 10, 12, 17, 31, 45, 47, 49-51, 64-5, 68, 104-24, 126, 130, 140-1, 143, 173, 175, 192-5, 198, 213, 215, 264-5, 270, 275, 281, 283
　――心理学　60, 64, 66, 216-7, 266, 281
　――的継承　4-5, 7, 13, 15-7, 31-2, 35, 41, 46, 48-9, 64-5, 67, 129, 167, 180, 200, 209, 211, 213, 267, 271, 288

　――的認知　129, 167, 249, 269-90
　累進的な――進化　5-6, 8, 45-51
文法化　53-5, 167
ボノボ　3, 45
ホモ・サピエンス　2-4, 14, 16, 67

マ 行

マカク　33-4, 170
真似　32
身振り　81, 118-21, 139, 142, 149, 164-5, 173, 182
命名ゲーム　150
メタ認知　11-2, 218, 255-9, 265, 287
メタファー　11-2, 158, 170-1, 209-12, 220, 223-7, 254, 264, 286
目標　98, 114, 132, 141, 168-9, 188
　――志向的　79, 85, 105, 111
　――と手段（の分離）　37-8, 40, 89, 96-7, 99-100, 102, 110, 113, 124
モジュール理論（説）　68, 87-8, 216, 233-4, 272-4, 276-9
模倣　140-2, 171-2, 192, 194, 198, 212-3, 258, 285
　――学習　5-6, 9, 32-3, 36-43, 48-50, 65, 81, 84, 102, 108-20, 125, 140-1, 171, 193-4, 213, 267
　役割交替を伴う――　130, 135, 140-4, 156, 175, 215

ヤ 行

野生児　9-10, 282
指さし　25, 43-4, 81, 83, 87, 102, 119-21, 137, 142, 149-50

ラ 行

理解（意図性・因果性の）　22-31, 119-30, 136-8, 143, 146, 155, 166, 177, 209

タ 行

対照　145, 152, 157-64
他者理解　75-8, 98, 129, 136, 138, 140, 142-3, 155, 172, 176-7
立ち上げ　157-64
　統語的――　151, 162
騙し行動　24-5
単語学習　133, 144-5, 147, 149-64, 179, 192, 195
ターンテイキング構造　76
談話　11, 53-4, 66, 145, 156, 168, 191-2, 195-8, 202, 215-67, 286-8
注意　90, 98, 128, 131-2, 134-40, 143, 146-7, 149, 156, 168-71, 174-7, 183, 192, 202, 208, 214
　――の状態　137-41, 144, 169
　――の対象　84, 91, 132, 147, 149, 151, 156, 171, 206
聴覚障害児　176, 236
チンパンジー　3-4, 23-5, 27, 32, 34-46, 48-50, 68, 102-4, 107, 137-9, 142
転移　11
伝達　2, 4-5, 7, 10-1, 128, 130, 136-7, 140, 142, 159-61, 164, 175-6, 182, 192, 196-9, 201, 203-4, 206-13, 220, 231, 233, 244-5, 252-4
　――意図　116, 120, 128, 130, 136-40, 142-3, 145, 149, 152, 155-7, 171, 173-6, 195-7, 202-3, 206, 215, 227, 230, 253, 285
　――記号　140-3, 164
　――機能　192, 196, 198-9, 212
　――目的　119, 156-7, 161, 164, 170, 175
同一化　16, 77, 98-9, 102, 104, 110, 120, 123-4
道具　2, 4-5, 7, 34-8, 41-2, 155, 185-6, 203, 213, 271, 281

統語　188, 199, 208
　――化　167, 204
　――構造（化）　53-5, 162
　――スキル　148, 187
動作と結果のつながり　96
動詞の島　182, 185-8, 192-5, 198-9, 203-4, 212
　――スキーマ　199, 203
道徳的な推論　241-2
特異的言語発達障害　176
捉え方　10-1

ナ 行

内面化　66, 129, 167-71, 174, 202, 255, 258-9, 262-7, 270
二項関係　80-1, 86, 118
二重継承理論　16, 67-9
ニホンマカク　33-4
認知言語学　158, 224
認知スキル
　ヒトの――　2, 4-6, 8-10, 12-4, 17-8, 22-3, 44-5, 58-9, 65, 68, 209, 215-67, 269-90
　哺乳類の――　18-20
　類人猿（ヒト以外）の――　8, 13, 20-8, 44-5, 65, 68, 74

ハ 行

胚　62-3
媒介（目標達成のための）　96, 102
　――的な力　28-31
発生生物学　61-3
発達
　――心理学　60, 272, 283
　――の個体（人）的な経路　64-6, 117, 227, 285
　――の文化的な経路　64-6, 117, 124, 126, 215, 227, 247, 285

事項索引

――対象　130, 139, 145, 150-1, 156, 159, 161, 164, 195, 205, 208
――的な言語　84
――場面　133-4, 160, 195, 198, 201, 204, 206, 208
事象構造　11, 156, 194
視線追従　80, 82-4, 87-8, 149, 151, 281
視点　132, 134-5, 142-3, 157-64, 168-71, 175-7, 188, 202, 204, 207-9, 212, 214, 218, 231, 236, 240-1, 249-50, 254, 258-9, 262-7, 275, 285, 287
――依存的　129, 143-5, 158-9, 164-5, 170, 174-5, 177, 214, 220, 281
――選択・設定・とり方　10, 103, 201, 204-9, 221-3, 226-33, 250-3, 264-5
「自分に似ている」　6, 92-5, 101
自閉症　8-10, 82, 102-4, 125, 176-7, 282, 288
シミュレーション理論（説）　92-4, 98-101, 123, 234-6, 240, 242
社会
　――学習　6-7, 20, 31-2, 36-8, 40-1, 46, 48-50, 108-9, 274, 280
　――組織　2, 4-5
　――的参照　80, 84, 122
　――的生成　7-8, 12, 17, 31, 51-9, 67-8, 180, 277, 280, 282
　――的知識　232-44
　――的認知　6, 8, 14, 19-22, 45-6, 79-126, 129-44, 149, 173, 176, 180, 192, 199, 240, 243, 249-50, 265, 274-5, 284, 286, 289
主体
　生きた（有生の）――　75, 89, 98-9, 103, 239-40, 275
　意図を持つ――　6-9, 12, 17, 26, 30, 41, 49, 67, 71, 79, 89-90, 94, 98-100, 104-5, 109, 117, 121-2, 124, 126, 129, 136, 138, 143, 174, 177, 215, 233-44, 263, 265, 270, 274-6, 279-80
　心的（心を持つ）――　17, 24-6, 209, 233-44, 253, 270
手話　176, 214
指令的（な身振り／指さし）　81-2, 84, 102, 118
新ヴィゴツキー派　217
進化　1-4, 8, 15, 18, 29-30, 68, 127, 261, 263, 265, 270, 273-4, 276-80, 283, 288-90
　――論的時間　8, 69
新生児模倣　76-7, 91, 93
新生得主義　272
新ピアジェ派　216
数学　56-60, 65, 248, 250, 260, 262, 278-9, 281-2, 289
数量関係　248-52, 264, 272, 279
スキーマ　170, 180-1, 185-8, 191-2, 198-200, 203, 209, 212, 215, 223, 226, 262
　認知――　188
生活形式　145-6
省察的な対話　242-3, 257, 262
生得
　――主義　60-4, 180, 192
　――性（的）　56, 58, 60-4, 69, 216, 260, 278
積極的な教え込み　42, 48, 106-9
前件―後件の関係　28
宣言的（な身振り／指さし）　25-6, 44, 81-2, 84, 103, 119, 182
漸進作用　6, 45-51, 68, 249, 270
遭遇　32, 161
創造性　6-7, 30, 47, 49, 51-2, 65-6, 194, 209, 212-4

第一次—— 86
記号 2, 4-5, 10-2, 43, 52-3, 55, 57-8, 65, 116, 119-20, 127-30, 133-4, 140-3, 156, 160, 164-5, 167-77, 179, 181, 184-6, 188, 190-3, 195, 198-205, 214-5, 233, 253, 263, 271, 279, 281-2, 284-9
儀式化 38-41, 45, 48, 81, 118-21, 281
機能主義言語学 158, 224
機能に基づく分布分析 163, 195-200
九か月革命 79-104
教示 5-6, 11, 41-2
協調行動 80, 82-4, 281
共同作業（による学習・発明） 6-7, 10, 45, 51-2
共同注意 9, 45, 79-92, 102-3, 125, 128, 131-6, 145-9, 156, 167-71, 174-5, 215, 275, 279, 281, 284
—— 場面 130-6, 138, 141-7, 155-7, 163, 175, 188, 192, 204-6, 208, 212
位取り記数法 57, 248
系統発生 12, 59-61, 64, 127, 247, 271-7
系列的関係 163
原会話 75-8, 91
言語 7, 10-2, 43-4, 48, 51-6, 58-60, 65-6, 68, 127-77, 179-214, 278-9, 282-3, 285-9
—— 記号 128-32, 139, 142-6, 156-8, 160-2, 164-6, 168-76, 179, 182, 195, 200, 202, 205, 212-4, 215, 218, 231, 273, 285-7
—— 習得 10-1, 129-67, 175-6, 179, 181, 184, 193, 198, 200-1, 204, 212, 214, 248, 253, 262, 265, 275, 285
—— 的決定論 219, 287
—— 的コミュニケーション 127-77, 217-32, 236, 250-2

行為連鎖学習説 88-9
構文 52-4, 170, 179-214, 215, 231, 245, 286-7
言語の—— 179-214, 283
抽象的—— 180-2, 188-92, 198-200, 203, 209, 212, 225-6, 260, 262, 286
心の理論 11, 239-40, 243, 275
誤信念課題 235-7
個体学習 32, 34, 45, 48, 107, 110, 114, 124
個体中心主義 216-7
個体発生 7-9, 12-5, 17, 43, 45, 59-66, 71, 123-6, 128, 180, 216-7, 232, 239-40, 243, 245, 247-8, 252, 261, 263, 265, 267, 271, 273-4, 278-9, 283-90
—— 的儀式化 38-41, 45, 48
—— のニッチ 105-8, 277
コンテクスト・フレーム 158

サ 行
探し物ゲーム 152, 155, 195
サラ 23
参加者（物） 130, 134-6, 140-2, 169, 179, 182, 184-6, 188, 191, 194, 196, 198, 201-4, 207-8, 212, 286
第一焦点—— 207
第二焦点—— 207
三項関係 44, 80-1, 86-7, 119
ジェスチャー 25, 35, 38-41, 215, 282
時間の問題 4, 8, 69
軸語構文 185, 204
刺激強調 32, 109
自己 134-5, 138-9, 171
—— 規制 218, 255-9, 287
—— 理解 78-9, 121-3, 125
指示
—— 機能 130-1, 147, 165

事項索引

ア 行

アウストラロピテクス　　1, 3
足場（スキャッフォルディング）
　　107-8, 149, 156
アナロジー　　11-2, 65, 199, 209-10,
　　220, 223-7, 253-4, 262, 264, 285-6
アフォーダンス　　36, 110, 113, 168,
　　173-4
　　意図的な――　　113-7
アラビア数字　　57, 248
アルファベット文字　　55
一語文　　182-5, 202, 204
遺伝　　273, 280
　　――学　　13, 61
　　――子　　4, 13, 59, 61-2, 68-9, 127,
　　　274, 276, 284, 290
　　――的　　267, 270, 277, 289-90
　　生物学的――　　15-8, 59, 64, 104, 288
意図性　　22-4, 28-31, 37-8, 52, 64, 95-
　　101, 124, 156, 253, 284, 286
意味役割
　　参加者（物）の――　　179, 185-6,
　　　191, 196, 203-4, 208
イメージ・スキーマ　　166-7, 170
イモ　　33-4
イモ洗い（マカクの）　　33-4
因果関係　　28-9, 102, 166, 183, 191,
　　244-8, 253
因果性　　22-3, 26-31, 252, 254, 286
　　主観的な――　　246-7
ヴィッキー　　42
エコロジカル・セルフ　　78-9

エミュレーション学習　　36-7, 40-1,
　　45, 48, 110-1, 113-4, 281
オマキザル　　27

カ 行

改変（の累積）　　46-50
格標識　　54, 185, 188, 203
過剰一般化　　199-200
語り　　182, 191-2, 211
カテゴリー　　10-1, 19, 65, 129, 144,
　　157-8, 166-7, 169-70, 179-80, 186,
　　191, 193-4, 199-201, 203-5, 209, 212,
　　215, 221-7, 253-4, 261-4, 269, 278,
　　285, 287
　　概念――　　157
　　関係的――　　20-2, 28, 30, 67
　　経験の――　　166
　　言語――　　170, 186-7
　　知覚――　　166
　　認知――　　157, 188, 220, 223
感覚運動的（性）　　173, 244
　　――カテゴリー　　170
　　――行動　　73, 102, 104, 124
　　――スキーマ　　174
　　――世界　　18, 170, 269
　　――なアフォーダンス　　114, 116-7,
　　　173
　　――表示　　129, 165-74
環境形成　　35-6, 129
間主観性（的）　　76, 119-20, 129, 133,
　　140-4, 164-5, 170-1, 174-6, 214, 258,
　　267, 281, 285, 287

Want, S. 213
Washburn, D. 78
Webster, E. 229
Wellman, H. 101, 216, 234, 236
Werdenschlag, L. 162
Wertsch, J. 259
Whiten, A. 25, 37, 43
Wilcox, J. 229
Wilson, A. 4
Wilson, D. 134

Wittgenstein, Ludwig 62, 127, 130, 144-6, 149, 175-6, 179, 211, 269, 289
Wolfberg, P. 177
Wood, D. 107
Woodruff, G. 23-4
Woodward, A. 98
Wrangham, R. W. 35

Zelazo, P. 256

人名索引

Richerson, P. 16, 50
Rochat, P. 78, 85-6, 116-7, 172-3, 213
Rogoff, B. 256, 266
Rollins, P. 148
Ross, G. 107
Rousseau, Jean-Jacques 288
Rubino, R. 187
Ruffman, T. 237
Rumbaugh, D. M. 23
Russell, J. 78
Russell, P. 236
Russon, A. 37

Samuelson, L. 155
Sarriá, E. 82
Savage-Rumbaugh, E. S. 23, 43-5
Saxe, G. 56, 248
Scarr, S. 61
Schieffelin, B. 156
Schneider, W. 256
Schölmerich, A. 76
Schuler, A. 177
Schultz, T. 244
Scollon, R. 197
Searle, J. 289
Shmueli-Goetz, Y. 236
Siegal, M. 236
Siegler, R. 250
Sigman, M. 8, 103, 125
Slobin, D. 180, 183, 192, 201, 219
Smith, C. B. 147
Smith, D. 78
Smith, L. 148, 155
Smith, P. 177
Snow, C. 148, 256
Spelke, E. S. 63, 73, 232, 248, 272
Sperber, D. 134

Starkey, P. 248
Stein, N. 247
Stern, D. 77
Striano, T. 86, 116-7, 172-3, 213
Stringer, C. 4
Strosberg, R. 152

Talmy, L. 208
Tamarit, J. 82
Tanenhaus, M. 191
Thomas, R. K. 21
Thompson, S. 202, 204, 245
Tinker, E. 184
Todd, J. 147
Tomasello, M. 5-8, 13, 18, 21-4, 36, 38-40, 42-5, 48, 65, 80, 82-5, 88-90, 108, 111-2, 114, 116-8, 121, 131-2, 136, 141, 145, 147, 149-50, 152-5, 159, 162-3, 172-3, 180, 186-7, 193-5, 197, 200, 213, 221, 223, 230, 236, 242, 258, 262, 266, 282, 287
Tooby, J. 69, 272
Trabasso, T. 247
Traugott, E. 53
Tremblay-Leveau, H. 87
Trevarthen, C. 75-6, 86
Trueswell, J. 191

Uzgiris, I. C. 109

Van Valin, R. 180
Vico, Giambattista 92
Visalberghi, E. 26-8, 34
Von Glasersfeld, E. 251
Vygotsky, Lev 12, 60, 64, 124, 167, 170, 217, 231, 255, 258, 269, 289

Wallach, L. 249

vi

Lock, A.   39, 118
Lopez, A.   235
Loveland, K.   103, 125
Lucy, J.   165, 219
Luria, A.   257

Mandler, J.   166
Mannle, S.   147, 162
Marchman, V.   199
Margulis, C.   184
Markman, A.   11, 145, 148, 151, 162, 199, 224, 226
Mayberry, R.   251
McCarthy, K.   61
McCrae, K.   191
McDonough, L.   163
McGrew, W.   34-5
McKie, R.   4
Mead, George Herbert   15, 92, 122, 269
Medina, J.   225
Meltzoff, A.   76-7, 93-4, 110-2
Merriman, W.   131
Mervis, C.   253
Moore, C.   80, 88, 94, 134
Moore, K.   76-7
Morgan, R.   78, 85
Moses, L.   88, 230
Mugny, G.   249
Muir, D.   87
Mundinger, P.   5, 16
Mundy, P.   103
Murray, L.   86
Mutusov, E.   266
Myowa, M.   77

Nadel, J.   87
Nagell, K.   36, 82-5, 88-9, 111, 147, 149, 213
Neisser, U.   78
Nelson, K.   24, 134, 149, 192, 198
Nelson, K.E.   196
Newport, E.   272
Newton, Isaac   9
Ninio, A.   256
Nishida, T.   38
Nuckolls, C.   246

Oakes, L.   246
Ochs, E.   156
O'Conner, M.C.   188
Olguin, K.   36

Palincsar, A.   256
Peirce, Charles Sanders   1, 269
Perner, J.   235, 237, 256
Perret-Clermont, A.-N.   249
Perusse, R.   248
Peters, A.   184
Peterson, C.   236
Piaget, J.   19, 63, 72-3, 95-6, 98, 100, 165, 216, 229, 241, 244, 250, 262, 264, 275, 287
Pine, J.M.   184, 187
Pinker, S.   59, 69, 180, 199, 272
Pizutto, E.   187
Plato   220
Povinelli, D.   23-4, 79
Premack, D.   23-4, 165, 275

Quine, W.   130, 144, 149

Rader, N.   90
Ratner, H.H.   6, 22, 242, 257, 266
Reaux, J.   27
Reddy, V.   236

人名索引

Goldberg, A.　180, 190
Goldin-Meadow, S.　176
Golinkoff, R.　230, 238
Gómez, J. C.　82
Goodall, J.　6, 38-9, 49
Goodman, J.　163
Goodman, S.　259
Goodwyn, S. W.　142
Gopnik, A.　77, 93-4, 101, 184, 234
Goudena, P. P.　258
Gould, S. J.　263
Greenfield, P.　107, 266
Grice, P.　138, 142

Hains, S.　87
Haith, M.　74, 166
Happé, F.　125, 236
Harris, P.　213, 234-5
Harter, S.　122, 256
Hayes, C.　42
Hayes, K.　42
Heine, B.　53
Herder, Johann Gottfried von　219
Hestergaard, L.　166
Heyes, C. M.　5, 16, 24
Hill, L.　257
Hirschfield, L.　216, 265
Hobson, P.　8, 115, 125, 128
Hockett, C.　11, 175
Hood, L.　246
Hopper, P.　53, 202, 204, 245
Humboldt, Wilhelm von　219
Humphrey, N.　21, 263
Hutchins, E.　52

James, William　72, 122
Jarrold, C.　177
Jenkins, J.　236

Johnson, M.　224-6

Kane, M.　256
Karmiloff-Smith, A.　12, 232, 259-61
Kasari, C.　103
Kawai, M.　33-4
Kawamura, S.　33
Kay, P.　188
Keleman, D.　248
Keller, H.　76
Kello, C.　191
Killen, M.　109
King, B. J.　108
King, M.　4
Klein, R.　4
Kontos, S.　257
Kruger, A. C.　6, 22, 42-3, 65, 108, 147, 150, 221, 242, 266
Kummer, H.　6, 49

Lahr, M.　4
Lakoff, G.　11, 224-6
Landry, S.　103
Langacker, R.　158, 180, 201-2, 204-5
Langdell, T.　103
LaPolla, R.　180
Lave, J.　107, 266
Leekham, S.　237
Legerstee, M.　75
Leonard, L.　176
Leslie, A.　98
Levinson, S.　137, 165, 219
Lewis, M.　122-3
Lieven, E. V. M.　184, 187
Lillard, A.　233, 243
Limongelli, L.　28

111-2, 147, 149, 154
Caselli, C. 187
Charman, T. 236
Chavajay, P. 266
Choi, S. 184
Chomsky, N. 56, 63, 127, 272
Clark, E. 159-62
Clark, H. 131, 137
Cole, M. 114, 255
Cole, S. 255
Comrie, B. 180
Cooley, Charles Horton 92
Cosmides, L. 69, 272
Croft, W. 180
Csibra, G. 85
Curwin, A. 147
Custance, D. 43

Damerow, P. 57
Damon, W. 229, 241
Danzig, T. 57
Darwin, Charles 61-3
Dasser, V. 21
Davis, H. 248
Decasper, A. J. 75
DeLeon, L. 156
DeLoache, J. S. 172-3
Descartes, René 57
de Waal, F. B. M. 25
Dilthey, Wilhelm 92
Dines, J. 230
Doise, W. 249
Donald, M. 277
Dow, G. 166
Dryer, M. 180
Dunham, F. 147
Dunham, P. 80, 147
Dunn, J. 229, 235, 237

Durham, W. 16

Eibl-Eibesfeldt, I. 76
Elman, J. 60, 273
Evans-Pritchard, E. 246
Eves, H. 57

Fantz, R. L. 75
Farrar, J. 147, 230
Feretti, T. 191
Fernyhough, C. 258
Fiess, K. 246
Fifer, W. P. 75
Fillmore, C. J. 158, 180, 188
Fisher, C. 163, 196, 208
Fivush, R. 199
Fodor, J. 63, 165, 232, 272
Foley, R. 4, 242, 257
Fragaszy, D. M. 34
Franco, F. 119, 121
Frye, D. 97

Galdikas, B. 37
Galef, B. G. 5, 16, 34
Garcia, R. 244
Gauvain, M. 106, 256
Geertz, Clifford 288
Gelman, R. 248-9
Gelman, S. 216, 265
Gentner, D. 11, 199, 224-6
Gergely, G. 85, 90
Gibbs, R. 224
Gibson, E. 90
Gibson, J. J. 113, 168
Givón, T. 55, 180
Gleitman, H. 208
Gleitman, L. R. 145, 151, 162, 208
Gluckman, A. 137

人名索引

Acredolo, L. P.　142
Acunzo, M.　229
Akhtar, N.　112, 147, 152-5, 193-4
Amyote, L.　191
Anselmi, D.　229
Appleton, M.　236
Aristotle　71, 220
Armon-Lotem, S.　187
Aron, J.　246
Ashley, J.　258, 282
Astington, J.　236

Baillargeon, R.　63, 73-4, 249
Bakhtin, Mikhail　215, 259
Baldwin, D.　88, 151, 230
Baldwin, G.　187
Bard, B.　43
Baron-Cohen, S.　8, 82, 87, 103, 125, 234, 272
Barresi, J.　88, 94, 134
Barry, L.　78
Barsalou, L.　191, 223
Barton, M.　152-3
Bartsch, K.　101, 236
Basalla, G.　48
Bates, E.　161, 182, 199, 273
Bauer, P.　166, 199
Beardsall, L.　237
Benson, J.　74, 166
Berman, R.　187, 192
Bishop, D.　176
Bjorkland, D.　256

Bloom, L.　184, 246-7
Boesch, C.　34-5, 41-2, 48
Bolinger, D.　188
Boucher, J.　177
Bourdieu, P.　106
Bowerman, M.　200
Boyd, R.　16, 50
Boysen, S. T.　23-4
Braine, M.　185, 194
Brooks, P.　187, 193, 262
Brooks-Gunn, J.　123
Brossard, A.　249
Brown, A.　256
Brown, J.　237
Brown, N.　163
Brown, P.　141, 150
Brown, R.　162, 182
Bruner, J.　16, 107, 131, 135, 145-6, 149, 182, 211, 259
Bullock, D.　108
Buss, D.　276
Butterworth, G.　119, 121
Byrne, R. W.　18, 25

Call, J.　7, 13, 18, 21-4, 44, 118, 136, 223, 236, 287
Callanan, M.　246
Cant, J.　79
Capatides, J.　246-7
Capps, L.　8, 125
Carey, S.　143, 232
Carpenter, M.　8, 45, 82-5, 88-9,

訳者略歴

大堀壽夫（おおほり　としお，第一章・第二章・訳者解説）

1960 年生まれ。1992 年，カリフォルニア大学バークレー校言語学科博士課程修了（Ph. D.）。慶應義塾大学環境情報学部教授。専門は言語学（意味論，機能的類型論）。

主著・主論文：『認知言語学』（東京大学出版会，2002），"Coordination in Mentalese"（*Coordinating Constructions*, 2004）

中澤恒子（なかざわ　つねこ，第四章・第五章）

1956 年生まれ。1991 年，イリノイ州立大学言語学部博士課程修了（Ph. D.）。東京大学大学院総合文化研究科教授。専門は理論言語学。

主著・主論文：*Complex Predicates in Nonderivational Syntax*（編著，Academic Press, 1998），"Partial-VP and split-NP topicalization in German"（*Studies in Contemporary Phrase Structure Grammar*, 1999）

西村義樹（にしむら　よしき，第六章・第七章・訳者解説）

1960 年生まれ。1989 年，東京大学大学院人文科学研究科博士課程中退。東京大学大学院人文社会系研究科教授。専門は認知言語学，意味論，日英語対照研究。

主著・主論文：『認知言語学Ⅰ：事象構造』（編著，シリーズ言語科学 2，東京大学出版会，2002），『構文と事象構造』（共著，研究社出版，1998）

本多　啓（ほんだ　あきら，第三章）

1965 年生まれ。1995 年，東京大学大学院人文科学研究科博士課程修了。神戸市外国語大学外国語学部教授。専門は認知言語学。

主著・主論文：『アフォーダンスの認知意味論』（東京大学出版会，2005），『知覚と行為の認知言語学』（開拓社，2013）

著者略歴

マイケル・トマセロ（Michael Tomasello）
1950年生まれ。1980年、ジョージア大学にて博士号を取得（心理学）。マックス・プランク進化人類学研究所共同所長。他の著書に *Constructing a Language* (Harvard University Press, 2003), *Primate Cognition* (Josep Call と共著, Oxford University Press, 1997), *First Verbs* (Cambridge University Press, 1992) がある。

心とことばの起源を探る
文化と認知　　　　　　　シリーズ認知と文化4

2006年2月20日　第1版第1刷発行
2020年6月20日　第1版第7刷発行

著　者　マイケル・トマセロ
訳　者　大堀壽夫・中澤恒子
　　　　西村義樹・本多　啓
発行者　井　村　寿　人

発行所　株式会社　勁草書房

112-0005 東京都文京区水道 2-1-1　振替 00150-2-175253
（編集）電話 03-3815-5277／FAX 03-3814-6968
（営業）電話 03-3814-6861／FAX 03-3814-6854
大日本法令印刷・松岳社

© OHORI Toshio, NAKAZAWA Tsuneko, NISHIMURA Yoshiki, HONDA Akira　2006

ISBN978-4-326-19940-2　Printed in Japan

JCOPY ＜出版者著作権管理機構　委託出版物＞
本書の無断複製は著作権法上での例外を除き禁じられています。複製される場合は、そのつど事前に、出版者著作権管理機構（電話 03-5244-5088、FAX 03-5244-5089、e-mail: info@jcopy.or.jp）の許諾を得てください。

＊落丁本・乱丁本はお取替いたします。

http://www.keisoshobo.co.jp

■シリーズ認知と文化　最先端の知見をわかりやすく伝える

K・ダンジガー
河野哲也監訳
中込和幸・高沢悟・工藤紀子
心を名づけること 心理学の社会的構成　上・下　四六判　上三九〇〇円／下三〇〇〇円

石川幹人
メンタルクリニックの脳科学　四六判　三〇〇〇円

内田亮子
心と認知の情報学 ロボットをつくる・人間を知る　四六判　二二〇〇円

M・C・コーバリス
大久保街亜訳
人類はどのように進化したか 生物人類学の現在　四六判　二八〇〇円

日下部裕子・和田有史編著
言葉は身振りから進化した 進化心理学が探る言語の起源　四六判　三七〇〇円

太田博樹・長谷川眞理子編著
味わいの認知科学 舌の先から脳の向こうまで　四六判　三〇〇〇円

ヒトは病気とともに進化した　四六判　二七〇〇円

◆シリーズ言葉と社会　領域を越えて新しい切り口から世界を見る

宮原浩二郎
論力の時代 言葉の魅力の社会学　四六判　一九〇〇円

菅野覚明
詩と国家 「かたち」としての言葉論　四六判　二二〇〇円

佐藤泉
国語教科書の戦後史　四六判　二二〇〇円

＊表示価格は二〇二〇年六月現在。消費税は含まれておりません。